会计从业资格无纸化考试指导用书

会计电算化辅导教材

（用友 T3 & 财政部电算化模拟考试版）

苏　飏　主编

黄铁军　曾东明　副主编

顾蔚坤　主审

科学出版社

北　京

内 容 简 介

  本书严格依据 2014 年 4 月财政部发布的《会计从业资格考试大纲（修订）》编写，内容包括会计电算化概述、会计软件的运行环境、会计软件的应用及 Excel 在会计中的应用。其中，会计软件的应用部分详细讲解了用友 T3 和财政部会计电算化考试平台两种会计电算化实操软件的使用方法。

  本书从考证的目的出发，通过对知识点的梳理、重难点的比较分析，并配备了大量的练习，能较好地帮助读者掌握考试大纲的内容，方便记忆，提高考试通过率。

  本书主要供参加会计从业资格考试的人员学习使用，也可作为大中专会计专业学生学习会计电算化课程的辅助教材。

图书在版编目（CIP）数据

会计电算化辅导教材：用友 T3 & 财政部电算化模拟考试版/苏飏主编.
—北京：科学出版社，2016
（会计从业资格无纸化考试指导用书）
ISBN 978-7-03-049174-9

Ⅰ.①会… Ⅱ.①苏… Ⅲ.①会计电算化-资格考试-习题集
Ⅳ.①F232-44

中国版本图书馆 CIP 数据核字（2016）第 145961 号

责任编辑：王纯刚　涂　晟 / 责任校对：陶丽荣
责任印制：吕春珉 / 封面设计：艺和天下

科学出版社 出版
北京东黄城根北街 16 号
邮政编码：100717
http://www.sciencep.com

百善印刷厂 印刷
科学出版社发行　　各地新华书店经销
*

2016 年 6 月第 一 版　　开本：787×1092　1/16
2016 年 6 月第一次印刷　　印张：20 3/4
字数：492 000

定价：42.00 元
（如有印装质量问题，我社负责调换〈百善〉）
销售部电话 010-62136230　编辑部电话 010-62135763-2013

前　　言

　　2014 年 4 月财政部对会计从业资格考试大纲进行了全面调整,为更好地服务广大考生,369 会计网组织优秀的会计从业资格考证辅导专家,在总结多年教学与考证辅导经验的基础上,编写了这本考证辅导教材。本书的设计理念是以考证为出发点,围绕考证的难点和重点,梳理知识脉络,并结合大量经典考题,使考生熟练掌握考点,达到提高成绩、顺利过关的目的。

　　全书分为五章,涵盖了会计从业资格考试中该科目的所有考点,结合考证和实际工作中的重点和难点,穿插考证真题,以达到帮助学生加深理解、增强记忆、提高知识水平的目的。本书编写注重突出以下特点:将基本知识与巩固练习相结合,用★标示出考点,通过典型的例题分析及讲解,加强学生对知识点的理解,有助于学生在短期内显著提高应试水平和实际能力,适应现代会计工作的需要。

　　根据财政部要求,新大纲新题库的会计从业资格考试会计电算化科目的实务操作不指定任何公司的品牌产品,考试平台为财政部新开发的实务操作系统,侧重于对知识点的考查。但学好用友 T3 或金蝶 KIS 等任何一种财务软件都可以为考试打好基础。因此此次修订,在会计软件的应用部分,分两章分别介绍了用友 T3 和财政部会计电算化考试两种软件的使用方法,结合经典题型与常见考点进行讲解与训练,注重对学生实践能力和考试能力的双重开发。通过对重难点的比较与分析,并结合经典例题,加深学生对知识的理解,方便记忆,提高考试过关率。同时,也使学生从事会计工作后,能迅速进入工作情境,做好本职工作。

　　本书由广东省财政职业技术学校苏飏任主编,广东省佛山市三水区理工(技工)学校黄铁军、广东省财政职业技术学校曾东明任副主编,顾蔚坤任主审,杜宜同、朱琼华、罗朝霞、倪红霞参编。具体编写分工如下:苏飏编写第一章,曾东明、罗朝霞编写第二章,黄铁军、倪红霞编写第三章,苏飏编写第四章,杜宜同、朱琼华编写第五章。

　　本书的编写得到了广州业速互联网科技有限公司(http://www.acc369.com/)的技术支持,在此表示感谢!虽力求完美,但由于编写时间有限,本书疏漏之处在所难免,恳请广大读者批评指正。

369 会计网会计从业资格考试

指导用书编写小组

2016 年 1 月

目 录

第一章

>>> 会计电算化概述

本章是学习会计电算化的基础，包括会计电算化的概念及其特征、会计软件的配备方式及其功能模块、企业会计信息化工作规范等三个方面的内容。与旧大纲相比，本章删除了"会计电算化简介"、"会计核算软件的概念和演进"、"会计核算软件的分类"和"会计核算软件与手工会计核算的异同"等知识点，新增了"会计电算化的概念及其特征"、"会计软件的配备方式"、"XBRL 的相关知识"和"企业会计信息化工作规范"等考点。与近年来国家的会计信息化工作改革密切接轨，需要考生加强学习与记忆。

本章的考试题以选择题和判断题为主，考生应重点记忆会计电算化和会计信息化的概念及两者间的联系，熟悉 ERP 和 XBRL 的科学概念，了解 XBRL 的作用、优势和发展历程，掌握会计核算软件的功能模块，了解与企业会计信息化工作规范相关的背景资料和知识，为进一步的学习打下坚实基础。

第一节　会计电算化的概念及其特征

一、会计电算化的相关概念

1. 会计电算化和会计信息化

会计电算化和会计信息化的相关概念如表 1-1-1 所示。

表 1-1-1　会计电算化、会计信息化的相关概念

名　词	概　念
会计电算化	狭义：电子计算机信息技术在会计工作中的应用，简称会计电算化
	广义：指与实现会计工作电算化有关的所有工作，包括会计软件的开发应用及其软件市场的培育、会计电算化人才的培训、会计电算化的宏观规划和管理、会计电算化制度建设等
会计信息化	指企业利用计算机、网络通信等现代信息技术手段开展会计核算，以及利用上述技术手段将会计核算与其他经营管理活动有机结合的过程

会计电算化与会计信息化的联系：会计电算化是会计信息化的初级阶段和基础工作，会计信息化是会计电算化的一次质的飞跃。现代信息技术手段能够实时便捷地获取、加工、传递、存储和应用会计信息，为企业经营管理、控制决策和经济运行提供充足、实时、全方位的信息。

📧 知识拓展

会计电算化在我国的产生过程如表 1-1-2 所示。

表 1-1-2　会计电算化的产生过程

时　间	相　关　事　件
1979 年	财政部拨款 500 万元，用于长春第一汽车制造厂的会计电算化试点工作，为我国会计电算化发展拉开序幕，是我国会计电算化发展元年
1981 年 8 月	在财政部、第一机械工业部和中国会计学会的支持下，中国人民大学和长春第一汽车制造厂联合召开了"财务、会计、成本应用电子计算机专题研讨会"，正式提出"会计电算化"一词

2. 会计软件的概念及功能

会计软件的概念及功能如表 1-1-3 所示。

表 1-1-3　会计软件的概念及功能

概　念	会计软件是指专门用于会计核算、财务管理的计算机软件、软件系统或者其功能模块，包括一组指挥计算机进行会计核算与管理工作的程序、存储数据及有关资料
功　能	➤ 为会计核算、财务管理直接提供数据输入； ➤ 生成凭证、账簿、报表等会计资料； ➤ 对会计资料进行转换、输出、分析、利用

3. 会计信息系统的概念及其分类

会计信息系统的概念及其分类如表 1-1-4 所示。

表 1-1-4　会计信息系统的概念及功能

概　念	会计信息系统（Accounting Information System，AIS），指利用信息技术对会计数据进行采集、存储和处理，完成会计核算任务，并提供会计管理、分析与决策相关会计信息的系统	
实　质	会计信息系统实质上是将会计数据转化为会计信息的系统，是企业管理信息系统的一个重要子系统	
根据信息技术的影响程度分类	手工会计信息系统（15世纪）	➤ 特点：以纸张作为会计数据的载体，以笔、算盘等为工具。 ➤ 目标：实现会计数据的记录、计算、分类汇总并编制报表。 ➤ 适用范围：适用于会计信息量不大的企业
	传统自动化会计信息系统	➤ 特点：利用计算机技术完成会计核算工作，并在此基础上向管理者提供财务信息、辅助决策的系统
	现代会计信息系统（1982年）	➤ 核心是集成，集成业务处理、信息处理、实时控制和管理决策。 ➤ 不仅局限于财务管理，而是面向整个企业管理；从详细记录最原始经济业务事件的属性或语义表述于数据库中开始，而不是从会计分录开始，其基本元素不再是科目、分录、账簿；充分利用信息技术并克服了电算化会计信息系统的弊端
根据功能和管理层次的高低分类	会计核算系统	➤ 特点：运用计算机代替手工核算。 ➤ 任务：完成初始化和日常的会计核算业务
	会计管理系统	➤ 特点：利用会计核算系统提供的数据和其他有关信息，借助计算机会计管理软件提供的功能和其他信息。 ➤ 任务：进行会计预测、编制财务计划、进行财务控制和开展会计分析等
	会计决策支持系统	➤ 特点：在会计管理电算化系统提供信息的基础上，结合其他数据和信息，借助决策支持系统的理论和方法。 ➤ 任务：帮助决策者制定科学的决策方案

📧 **知识拓展**

会计数据处理技术在会计信息化的趋势下也在不断地发展变化，经历了手工、机械式和电算化三个阶段，并逐步形成了一门独立的新兴学科，如表 1-1-5 所示。

表 1-1-5　会计数据处理技术的发展阶段

发 展 阶 段	工　具
手工处理阶段	算盘、计算器
机械式处理阶段	穿孔卡片系统（我国没有经历此阶段）
电算化处理阶段	计算机硬件、软件

✏️ **例题精讲**

【重点例题·判断题】会计电算化是会计信息化的初级阶段，是会计信息化的基础工作。

（　　）

【答案与解析】√。通过会计信息化和会计电算化的概念可以知道，会计电算化是会计信息化的初级阶段和基础工作。

【重点例题·单选题】 在电子计算机日益普及和网络飞速发展的新形势下，（   ）已经成为会计发展的大趋势。

    A. 经济全球化   B. 会计信息化

    C. 会计电算化   D. 计算机替代手工记账

【答案与解析】 B。在电子计算机日益普及和网络飞速发展的新形势下，会计信息化已经成为会计发展的大趋势。

【重点例题·单选题】 会计电算化概念是（   ）年在长春市召开的"财务、会计、成本应用电子计算机专题研讨会"上提出的。

    A. 1981   B. 1979   C. 1989   D. 1993

【答案与解析】 A。1981 年 8 月，在财政部、第一机械工业部和中国会计学会的支持下，中国人民大学和长春第一汽车制造厂联合召开了"财务、会计、成本应用电子计算机专题研讨会"，正式提出"会计电算化"一词。

名师点评

    若题目是我国会计电算化始于哪一年，则答案应该为 1979 年，此年为我国会计电算化发展元年；若问"会计电算化"一词始于哪一年，则答案为 1981 年。答题时考生应仔细阅读题目。

【重点例题·单选题】（   ）就是会计工作与电子计算机、网络技术的有机融合，即充分利用电子计算机和网络技术更好地发挥会计的职能作用，极大地提高会计工作的效能和水平。

    A. 会计电算化   B. 计算机替代手工记账

    C. 会计信息化   D. 会计全球化

【答案与解析】 C。此题考核的是会计信息化的概念。

【重点例题·多选题】 按照管理层次和服务功能的高低，会计信息系统可分为（   ）。

    A. 会计核算系统   B. 会计管理系统

    C. 会计决策支持系统   D. 会计分析系统

【答案与解析】 ABC。会计电算化按服务功能和管理层次的深度可划分为会计核算系统、会计管理系统和会计决策支持系统三个层次。

【重点例题·判断题】 在引入会计专业判断的渗透融合阶段，企业开始建立以会计电算化为核心的管理信息系统和 ERP 系统。   （   ）

【答案与解析】 √。此阶段是我国会计电算化的高级阶段，目标主要是实现会计管理的电算化。

    4. ERP 和 ERP 系统

    ERP（Enterprise Resource Planning，企业资源计划）是指利用信息技术，一方面将企业内部所有资源整合在一起，对开发设计、采购、生产、成本、库存、分销、运输、财务、人力资源、品质管理进行科学规划，另一方面将企业与其外部的供应商、客户等市场要素有机结合，实现对企业的物资资源（物流）、人力资源（人流）、财务资源（财流）和信息资源（信息流）等资源进行一体化管理（即"四流一体化"或"四流合一"）。其核心思想是供应链管理，强调对整个供应链的有效管理，提高企业配置和使用资源的效率。

在功能层次上，ERP 除了最核心的财务、分销和生产管理等管理功能以外，还集成了人力资源、质量管理、决策支持等企业其他管理功能。会计信息系统已经成为 ERP 系统的一个子系统。

📧 知识拓展

（1）ERP 的发展历程

ERP 的发展历程如表 1-1-6 所示。

表 1-1-6　ERP 的发展历程

时　间	发展阶段	特　点
20 世纪 40 年代	订货点法	计算机未出现，为解决库存控制问题而提出
20 世纪 60 年代	时段式 MRP 阶段或基本 MRP 阶段	随着计算机的出现与应用，能快速计算大量且复杂的数据，从而提出的一种库存订货计划方法
20 世纪 70 年代	闭环 MRP 阶段	计算机系统进一步发展与应用，为解决采购、库存、生产和销售的管理而提出
20 世纪 80 年代	MRP II	随着计算机网络技术的发展，企业资源得到充分利用和共享，集合了采购、库存、生产、销售、财务和工程技术等子系统
20 世纪 90 年代	ERP 系统	国际市场及全球的供应链环境形成，包括订单、采购、库存、计划、生产制造、质量控制、运输、分销、服务与维护、财务管理和人事管理等

（2）建立 ERP 系统集成管理时的内控要素

企业内部控制一般由五个要素构成，如表 1-1-7 所示。

表 1-1-7　企业内部控制的构成要素

要素名称	特　点	内　容
内部环境	是基础，是影响和制约内控制度的建立与执行的各种内部因素的总称	治理结构、组织机构设置与权责分配、企业文化、人力资源政策、内部审计机制和反舞弊机制等
监督检查	是重要保证，是企业对其内控制度的健全性、合理性和有效性进行的监督检查与评估，是形成书面报告并做出相应处理的过程	对建立并执行内控制度的整体情况进行持续性监督检查，对内控的某些方面进行专项监督检查，并提交相应的检查报告和改进措施等
分析评估	是重要环节和内容，是及时识别、科学分析影响企业战略和经验管理目标实现的各种不确定因素并采取应对策略的过程	目标设定、风险识别、风险分析和风险应对等
信息与沟通	是重要条件，是及时、准确、完整地收集与企业经营管理相关的各种信息，并使其以适当的方式在企业有关层级间进行传递、有效沟通和正确应用的过程	信息的收集机制及在企业和外部有关方面的沟通机制等
控制措施	是具体方式和载体，是根据风险评估结果、结合风险应对策略所采取的确保企业内控目标得以实现的方法和手段	分工控制、审核批准控制、预算控制、会计系统控制、内部报告控制和绩效考评控制等

（3）建立 ERP 对企业内控的影响

① 内控重点发生转移：由会计人员和会计业务部门转移到了计算机数据处理部门。

② 控制范围扩大：在传统的内控制度上有取有舍，增加了许多内控的新内容，如对系统开发过程、数据编码和调用、修改程序、系统维护等方面的控制。

③ 控制方法与手段转为人工控制和程序化控制相结合，控制程序的智能化提高了很多。

5. 信息化社会平台的构建——XBRL

概念：XBRL（Extensible Business Reporting Language，可扩展商业报告语言）是一种基于可扩展标记语言（Extensible Markup Language）的开放性业务报告技术标准。

（1）XBRL 的作用与优势

XBRL 的作用与优势如表 1-1-8 所示。

表 1-1-8　XBRL 的作用与优势

主要作用	➢ 将财务和商业数据电子化，促进了财务和商业信息的显示、分析和传递。 ➢ XBRL 通过定义统一的数据格式标准，规定了企业报告信息的表达方法
企业应用 XBRL 的优势	➢ 提供更为精确的财务报告与更具可信度和相关性的信息； ➢ 降低数据采集成本，提高数据流转及交换效率； ➢ 帮助数据使用者更快捷方便地调用、读取和分析数据； ➢ 使财务数据具有更广泛的可比性； ➢ 增加资料在未来的可读性与可维护性； ➢ 适应变化的会计准则制度的要求

（2）我国 XBRL 发展历程

进入 21 世纪后，XBRL 作为一种基于互联网、跨平台操作、专门应用于财务报告编制、披露和使用的计算机语言，在全球范围内迅速应用。这种语言能从根本上实现数据的集成与最大化利用，使会计信息数出一门、资料共享成为现实。其发展历程如表 1-1-9 所示。

表 1-1-9　XBRL 的发展历程

时　间	组　织	标志性事件
2003 年 11 月	上海证券交易所	在全国率先实施基于 XBRL 的上市公司信息披露标准
2005 年 1 月	深圳证券交易所	颁布了 1.0 版本的 XBRL 报送系统
2005 年 4 月	上海证券交易所	加入了 XBRL 国际组织
2006 年 3 月	深圳证券交易所	加入了 XBRL 国际组织
2008 年 11 月 12 日	财政部及相关部门	中国会计信息化委员会暨 XBRL 中国地区组织成立；这是深化会计改革、全面推进我国信息化建设的重大举措，标志着我国会计信息化建设迈上了一个新台阶
2009 年 4 月	财政部	在《关于全面推进我国会计信息化工作的指导意见》中将 XBRL 纳入会计信息化的标准
2010 年 10 月 19 日	国家标准化管理委员会和财政部	颁布了 XBRL 技术规范系列国家标准和企业会计准则通用分类标准
2011 年	财政部	组织15家大型国有企业和12家具有证券期货业务资格的会计师事务所开展通用分类标准首批实施试点工作，取得良好成效
2012 年	财政部	扩大实施范围，增加 17 个省区开展地方大中型企业的实施工作，联合银监会开展金融机构的实施工作

（3）现阶段会计电算化发展的特点

会计软件内容：ERP 涵盖了所有会计核算软件的全部功能，充分实现了企业各类资源的集中管理，体现了会计电算化发展高级阶段的特点。

应用环境：法律法规建设在不断加强。

例题精讲

【真题·单选题】ERP 是（　　）。

A. 管理信息系统　　　　　　　　B. 制造资源规划

C. 企业资源计划　　　　　　　　D. 专家系统

【答案与解析】C。ERP 是 Enterprise Resource Planning 的简称，即企业资源计划。

【重点例题·多选题】会计电算化的发展主要包括（　　）阶段。

A. 模拟手工记账的探索起步　　　B. 与其他业务结合的推广发展

C. 引入会计专业判断的渗透融合　D. 与内控相结合建立 ERP 系统的集成管理

【答案与解析】ABCD。对于我国而言，会计电算化的发展依次经过模拟手工记账的探索起步阶段、与其他业务结合的推广发展阶段、引入会计专业判断的渗透融合阶段和与内控相结合建立 ERP 系统的集成管理阶段。

【重点例题·多选题】下列各组织中，成立于 2008 年 11 月的有（　　）。

A. XBRL 中国地区组织　　　　　B. 企业内部控制标准委员会

C. 财政部会计准则委员会　　　　D. 会计信息化委员会

【答案与解析】AD。2008 年 11 月 12 日，中国会计信息化委员会暨 XBRL 中国地区组织正式成立，标志着我国会计信息化建设迈上了一个新台阶。

【重点例题·多选题】企业应用可扩展商业报告语言（XBRL）的优势主要有（　　）。

A. 能够降低数据采集成本　　　　B. 提供更具可信度和相关性的信息

C. 使财务数据具有更广泛的可比性　D. 适应变化的会计制度和报表要求

【答案与解析】ABCD。以上四项均为企业应用 XBRL 的优势作用，此外，还有快捷方便地调用、读取和分析数据和增加资料在未来的可读性与可维护性等功能。

【重点例题·判断题】软件供应商必须在会计软件中集成可扩展商业报告语言（XBRL）功能，便于企业生成符合国家统一标准的 XBRL 财务报告。　　　　（　　）

【答案与解析】×。XRRL 的适应模式中有在会计软件或企业管理软件中提供内置适配器集成 XBRL 的功能，以便系统可直接生成 XBRL 财务报告。但这不是唯一的应用模式，还有手工录入生成或通过外挂转换程序生成 XBRL 财务报告等应用途径，所以让会计软件供应商一定要集成 XBRL 的说法不正确，规范中只是鼓励软件供应商提供，并未强制要求。

二、会计电算化的特征

会计电算化极大地提高了会计工作效率，实现了人机结合、数据处理准确及时等工作目标，具体特征如表 1-1-10 所示。

表 1-1-10　会计电算化的特征

人机结合	➤ 会计人员填制电子会计凭证并审核后，执行"记账"功能。 ➤ 计算机将根据程序和指令在极短的时间内自动完成会计数据的分类、汇总、计算、传递及报告等工作
会计核算自动化、 集中化	➤ 试算平衡、登记账簿等以往依靠人工完成的工作，都由计算机自动完成，大大减轻了会计人员的工作负担，提高了工作效率。 ➤ 计算机网络在会计电算化中的广泛应用，使得企业能将分散的数据统一汇总到会计软件中进行集中处理，既提高了数据汇总的速度，又增强了企业集中管控的能力
数据处理及时准确	➤ 利用计算机处理会计数据，可以在较短的时间内完成会计数据的分类、汇总、计算、传递和报告等工作，使会计处理流程更为简便，核算结果更为精确。 ➤ 会计软件运用适当的处理程序和逻辑控制，能够避免在手工会计处理方式下出现的一些错误
内部控制多样化	➤ 在会计电算化方式下，与会计工作相关的内部控制制度也将发生明显的变化，内部控制由过去的纯粹人工控制发展成为人工与计算机相结合的控制形式。 ➤ 内部控制的内容更加丰富，范围更加广泛，要求更加严格，实施更加有效

第二节　会计软件的配备方式及其功能模块

一、会计软件的概念和配备方式

1. 会计核算软件的概念

会计核算软件是指专门用于会计核算工作的计算机应用软件，包括采用各种计算机语言编制的用于会计核算工作的计算机程序。凡是具备相对独立完成会计数据输入、处理和输出功能模块的软件，如账务处理、固定资产核算、工资核算软件等均可视为会计核算软件。

知识拓展

大型企业使用的 ERP 系统中，用于处理会计核算数据部分的功能模块也属于会计核算软件的范畴，这是一个特例。但是 ERP 系统和会计核算软件是两个不同的概念，二者不能混为一谈。

2. 会计软件的配备方式

企业配备会计软件的方式主要有购买、定制开发、购买与开发相结合等方式。其中，定制开发包括企业自行开发、委托外部单位开发、企业与外部单位联合开发三种具体开发方式。不同配备方式的优点比较如表 1-2-1 所示。

表 1-2-1　不同配备方式的比较

	定义	企业用户付款购买软件公司为会计工作而专门设计开发并作为产品投入市场的应用软件，用户可获得软件的使用、维护、升级以及人员培训等服务
购买通用 会计软件	优点	➤ 企业投入少，见效快，实现信息化的过程简单； ➤ 软件性能稳定，质量可靠，运行效率高，能够满足企业的大部分需求； ➤ 软件的维护和升级由软件公司负责； ➤ 软件安全保密性强，用户只能执行软件功能，不能访问和修改源程序

续表

购买通用 会计软件	缺点	➤ 软件的针对性不强，通常针对一般用户设计，难以适应企业特殊的业务或流程； ➤ 为保证通用性，软件功能设置往往过于复杂，业务流程简单的企业可能感到不易操作
	适用 范围	这是目前应用最普遍的方式，也是企业迅速实现会计电算化的有效方式。这种方式适用于大多数没有或只有较少特殊业务的企事业单位
自行开发	定义	企业自行组织人员进行会计软件开发
	优点	➤ 企业能在充分考虑自身生产经营特点和管理要求的基础上设计最有针对性和适用性的会计软件； ➤ 由于企业内部员工对系统充分了解，当会计软件出现问题或需要改进时，企业能够及时高效地纠错和调整，保证系统使用的流畅性
	缺点	➤ 系统开发要求高、周期长、成本高，系统开发完成后，还需要较长时间的试运行； ➤ 自行开发需要大量的计算机专业人才，普通企业难以维持一支稳定的高素质软件人才队伍
	适用 范围	一般只在技术力量雄厚，特殊业务较多的大型企业使用
委托外部 单位开发	定义	企业通过委托外部单位进行会计软件开发
	优点	➤ 软件的针对性较强，降低了用户的使用难度； ➤ 对企业自身技术力量的要求不高
	缺点	➤ 委托开发费用较高； ➤ 开发人员需要花大量的时间了解业务流程和客户需求，会延长开发时间； ➤ 开发系统的实用性差，常常不适用于企业的业务处理流程； ➤ 外部单位的服务与维护承诺不易做好。因此，这种方式目前已很少使用
	适用 范围	这种方式目前已很少使用
企业与外 部单位联 合开发	定义	企业联合外部单位进行软件开发，由本单位财务部门和网络信息部门进行系统分析，外单位负责系统设计和程序开发工作，开发完成后，对系统的重大修改由网络信息部门负责，日常维护工作由财务部门负责
	优点	➤ 开发工作既考虑了企业的自身需求，又利用了外单位的软件开发力量，开发的系统质量较高； ➤ 企业内部人员参与开发，对系统的结构和流程较熟悉，有利于企业日后进行系统维护和升级
	缺点	➤ 软件开发工作需要外部技术人员与内部技术人员、会计方式人员充分沟通，系统开发的周期较长； ➤ 企业支付给外单位的开发费用相对较高
	适用 范围	这种方式一般是为了降低费用、缩短开发周期，合作单位通常选择在成熟软件产品基础上进行二次开发，以解决企业的特殊业务处理需要。目前很多大型、集团性企业采用这种方式

✉ 知识拓展

会计核算软件的分类如表 1-2-2 所示。

表 1-2-2　会计核算软件的分类

划分标准	种类	定义	特点
适用范围	通用会计 核算软件	由专业软件公司研制，公开在市场上销售，能适应不同行业、不同单位会计核算与管理基本需要的会计软件	可以在多个单位使用，具有一次开发多次使用特性，研制效益较高
	专用会计 核算软件	由使用单位根据自身会计核算与管理的需要自行开发或委托其他单位开发，专供本单位使用的会计软件	把使用单位的会计核算规则编入会计软件，非常适合本单位的会计核算，使用起来简便易行。缺点是使用范围小，系统只适用于个别单位

续表

划分标准	种 类	定 义	特 点
硬件结构	单用户会计核算软件	指会计核算软件安装在一台或几台计算机上，每台软件单独运行	会计数据只存储在各自计算机中，不能实现数据的交换和共享
	多用户（网络）会计核算软件	将软件安装在一个多用户系统的主机或计算机网络服务器上	系统中各个终端或工作站可以同时运行软件，不同终端能共享会计信息

3. 通用会计核算软件介绍

目前，我国的通用会计核算软件以商品化软件为主。例如，用友系列、金蝶系列的通用企业会计软件可适用于工业、商品流通、交通运输、农业、外资、股份制等各种类型的企业。

为了体现"通用"的特点，通用会计核算软件一般设置初始化模块，用户在首次使用通用会计核算软件时，必须首先使用该模块对本单位的所有会计核算规则进行初始化设置，从而把通用会计核算软件转化为一个适合本单位核算情况的专用会计核算软件。

会计软件越通用，系统初始化的工作量就越大，计算机系统资源占用和浪费就越严重，这将使用户单位的某些特殊核算要求难以得到满足。

4. 通用会计核算软件的特点

1）通用性强：既能满足一个单位会计工作不同时期的需要，也能满足不同单位会计工作的不同需求。

2）成本相对较低：相对于专门研发付出的成本，通用会计核算软件的购置成本相对较低。

3）安全可靠性高：经过反复测试后推出，与专用会计核算软件相比，质量更有保障，使用更安全可靠。

4）软件开发水平较高：支持各种软硬件平台。

5）保密性强：不向用户提供源程序代码，只提供加工的软件。软件厂家拥有全部知识产权，只出售软件使用权。客户如自己进行二次开发有困难。

6）软件的维护和升级由厂家负责。

📩 知识拓展

选择会计核算软件应注意以下四个问题。

1）所选软件的技术指标能否满足需要。

2）会计核算软件的功能是否能充分满足和保证企事业单位的特殊要求。

3）商品化会计核算软件经销商的售后服务质量，也是选购软件时不可忽视的问题。

4）是否有同类企业成功地运用了该种软件。

ERP 系统中的会计信息系统包括财务会计和管理会计两大子系统。ERP 系统中，用于处理日常财务核算数据部分的功能模块为财务会计模块，属于会计核算软件的范畴；管理会计子系统则主要用于进行企业内部的财务管理。

例题精讲

【真题·判断题】在会计信息化集成管理阶段，会计软件逐步向与流程管理相结合的企业资源计划系统方向发展。 （   ）

【答案与解析】√。在会计信息化集成管理阶段，会计软件逐步向与流程管理相结合的企业资源计划系统方向发展。

【重点例题·判断题】会计核算软件是指用于会计核算工作的计算机应用软件。（   ）

【答案与解析】√。会计核算软件是指专门用于会计核算工作的计算机应用软件，包括采用各种计算机语言编写的用于会计核算工作的计算机程序。

【真题·单选题】在会计核算软件的文件管理系统阶段，下列有关管理决策支持作用的表述中，不正确的是（   ）。

A. 进行事中控制　　　　　　　　B. 提供事后统计数据

C. 提供事后评价功能　　　　　　D. 提供事后分析信息

【答案与解析】A。选项A表述不正确，此特点不属于文件管理系统阶段的特点。

【重点例题·单选题】会计核算软件是指具备相对独立完成会计数据（   ）功能模块的软件。

A. 输入、处理和输出　　　　　　B. 输入、输出

C. 采集、整理和打印　　　　　　D. 分析汇总

【答案与解析】A。只要具备相对独立完成会计数据输入、处理和输出功能模块的软件，如账务处理、工作核算和成本核算软件等，均可视为会计核算软件。

【真题·判断题】通用会计核算软件因在研制过程中仅考虑某一单位会计处理的特殊性，使其难以适用于其他单位的会计工作。 （   ）

【答案与解析】×。专用会计核算软件才体现上述特色。

【重点例题·判断题】按适用范围，会计核算软件可分为单用户会计核算软件和多用户会计核算软件。 （   ）

【答案与解析】×。按照硬件结构划分，可将会计核算软件分为单用户会计核算软件和多用户会计核算软件。

【重点例题·单选题】商品化会计软件是指由（   ）开发，并在市场上销售的会计软件。

A. 企业自身　　　B. 软件公司　　　C. 财政部　　　D. 国务院

【答案与解析】B。商品化会计软件是指由软件公司统一设计、开发，并作为软件商品在市场上销售的会计软件。

【重点例题·多选题】选择商品化会计核算软件时应考虑的问题包括（   ）。

A. 软件是否适应本单位的需求　　　B. 是否有同类企业成功使用了该软件

C. 软件对环境的要求　　　　　　　D. 商家的信誉和售后服务

【答案与解析】ABCD。通过阅读"知识拓展"的内容，可以得出四个选项都是在选择商品化会计核算软件时应考虑的问题。

二、会计软件的功能模块

1. 会计软件各模块的功能描述

会计核算软件是一个复杂的大系统，一般由若干功能模块组成，如表 1-2-3 所示。会计核算软件的功能模块就是会计软件的各种功能。例如，账务处理、报表编制、工资核算等在软件中都分别是一个独立的子系统，这个子系统就是会计核算软件的功能模块。

会计核算软件的功能模块指会计核算软件中能够相对独立地完成会计输入、处理和输出功能的各个部分。通常按会计核算软件的职能来划分功能模块，并以账务处理为中心来划分结构。一个完整的会计核算软件必定包含账务处理模块，其他职能模块也将直接或间接与账务处理模块发生联系。账务处理模块是会计核算软件的核心模块。

表 1-2-3　会计核算软件的功能模块

功能模块名称	主 要 功 能
账务处理模块	➢ 是整个会计核算软件的核心。 ➢ 主要以凭证为数据处理起点，通过凭证输入和处理，完成记账、银行对账、结账、账簿查询及打印输出等工作。 ➢ 目前许多商品化的账务处理模块还包括往来款管理、部门核算、项目核算和管理及现金银行管理等一些辅助核算的功能
固定资产管理模块	➢ 主要是以固定资产卡片和固定资产明细账为基础，实现固定资产的会计核算、折旧计提和分配、设备管理等功能，同时提供了固定资产按类别、使用情况、所属部门和价值结构等进行分析、统计和各种条件下的查询、打印功能，以及该模块与其他模块的数据接口管理
工资管理模块	进行工资核算和管理的模块，该模块以人力资源管理提供的员工及其工资的基本数据为依据，完成员工工资数据的收集、员工工资的核算、工资发放、工资费用的汇总和分摊、个人所得税计算和按照部门、项目、个人时间等条件进行工资分析、查询和打印输出，以及该模块与其他模块的数据接口管理
应收/应付管理模块	➢ 以发票、费用单据、其他应收单据、应付单据等原始单据为依据，记录销售、采购业务所形成的往来款项，处理应收、应付款项的收回、支付和转账。 ➢ 进行账龄分析和坏账估及冲销，并对往来业务中的票据、合同进行管理，同时提供统计分析、打印和查询输出功能，以及与采购管理、销售管理、账务处理等模块进行数据传递的功能
成本管理模块	➢ 主要提供成本核算、成本分析、成本预测功能，以满足会计核算的事前预测、事后核算分析的需要。 ➢ 成本管理模块还具有与生产模块、供应链模块，以及账务处理、工资管理、固定资产管理和存货核算等模块进行数据传递的功能
报表管理模块	➢ 与其他模块相连，可以根据会计核算的数据，生成各种内部报表、外部报表、汇总报表，并根据报表数据分析报表，以及生成各种分析图等。在网络环境下，很多报表管理模块同时提供了远程报表的汇总、数据传输、检索查询和分析处理等功能
存货核算模块	➢ 对存货的进、销、存业务进行会计核算。 ➢ 以供应链模块产生的入库单、出库单、采购发票等核算单据为依据，核算存货的出入库和库存金额、余额，确认采购成本，分配采购费用，确认销售收入、成本和费用，并将核算完成的数据，按照需要分别传递到成本管理模块、应付管理模块和账务处理模块
财务分析模块	➢ 从会计软件的数据库中提取数据，运用各种专门的分析方法，完成对企业财务活动的分析。 ➢ 实现对财务数据的进一步加工，生成各种分析和评价企业财务状况、经营成果和现金流量的各种信息，为决策提供正确依据

续表

功能模块名称	主　要　功　能
预算管理模块	➤ 将需要进行预算管理的集团公司、子公司、分支机构、部门、产品、费用要素等对象，根据实际需要分别定义为利润中心、成本中心、投资中心等不同类型的责任中心，然后确立各责任中心的预算方案，指定预算审批流程，明确预算编制内容，进行责任预算的编制、审核、审批，实现对各个责任中心的控制、分析和绩效考核。 ➤ 利用预算管理模块，既可以编制全面预算，又可以编制非全面预算；既可以编制滚动预算，又可以编制固定预算、零基预算；同一责任中心，既可以设置多种预算方案，编制不同预算，又可以在同一预算方案下选择编制不同预算期的预算。 ➤ 预算管理模块还可以实现对各子公司预算的汇总、对集团公司及子公司预算的查询，以及根据实际数据和预算数据自动进行预算执行差异分析和预算执行进度分析等
项目管理模块	➤ 主要是对企业的项目进行核算、控制与管理。 ➤ 项目管理主要包括项目立项、计划、跟踪与控制、终止的业务处理以及项目自身的成本核算等功能。 ➤ 该模块可以及时、准确地提供有关项目的各种资料，包括项目文档、项目合同、项目的执行情况，通过对项目中的各项任务进行资源的预算分配，实时掌握项目的进度，及时反映项目执行情况及财务状况，并且与账务处理、应收管理、应付管理、固定资产管理、采购管理、库存管理等模块集成，对项目收支进行综合管理，是对项目的物流、信息流、资金流的综合控制
其他管理模块	➤ 一般包括领导查询模块、决策支持模块等。 ➤ 领导查询模块可以按照领导的要求从各模块中提取有用的信息并加以处理，以最直观的表格和图形显示，使得管理人员通过该模块及时掌握企业信息。 ➤ 决策支持模块利用现代计算机、通信技术和决策分析方法，通过建立数据库和决策模型，实现向企业决策者提供及时、可靠的财务和业务决策辅助信息。 ➤ 上述各模块既相互联系又相互独立，有着各自的目标和任务，它们共同构成了会计软件，实现了会计软件的总目标

✎ 例题精讲

✎ 【重点例题·单选题】会计核算软件以（　　　）模块为核心。

　A. 报表处理　　　　B. 成本核算　　　　C. 账务处理　　　D. 工资核算

【答案与解析】C。账务处理模块是整个会计核算软件的核心部分。

✎ 【重点例题·多选题】下列各项中，属于会计核算软件功能模块的有（　　　）。

　A. 固定资产管理模块　　　　　　　B. 成本管理模块

　C. 会计报表生成汇总模块　　　　　D. 应收/应付管理模块

【答案与解析】ABCD。

✎ 【重点例题·判断题】会计核算软件账务处理模块能够提供完成企业对外、对内各种会计报表的编制、生成、浏览、打印、分析、备份等功能。　　　　　　（　　　）

　【答案与解析】×。账务处理模块包括录入、审核、记账、查询、打印、备份等功能，还包括初始化功能。

✎ 【重点例题·多选题】下列关于报表处理模块的表述，正确的有（　　　）。

　A. 提供对外报表的编制、生成、浏览、打印、分析、备份功能

　B. 会计人员能够灵活地定义取数公式与报表钩稽关系

　C. 提供对内、对外报表的编制、生成、浏览、打印、分析功能

　D. 会计人员能够灵活地定义报表格式和报表数据来源（定义取数公式）与报表钩稽关系

【答案与解析】CD。A 选项不应有备份功能。B 选项中的会计人员应能够灵活地定义报表格式和报表数据来源（定义取数公式）与报表钩稽关系。

【重点例题·单选题】下列关于会计核算软件固定资产核算模块功能的表述中，不正确的是（　　）。

A. 完成固定资产折旧分配凭证编制任务

B. 完成编制制造费用分配凭证任务

C. 完成固定资产折旧计算任务

D. 完成固定资产折旧入账任务

【答案与解析】B。制造费用不能在固定资产模块中分配。

【重点例题·判断题】整个企业通过会计核算软件账务处理模块可以获得全面完整的会计信息，各核算岗位通过服务器可以获得主要的核算数据。　　　　　　（　　）

【答案与解析】×。各核算岗位通过账务处理模块可以获得主要的核算数据。

2. 会计软件各模块的数据传递

会计软件是由各功能模块共同组成的有机整体，为实现相应功能，相关模块之间相互依赖，互通数据。各模块之间的数据传递关系如图 1-2-1 所示。

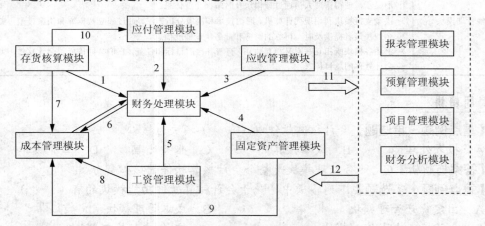

图 1-2-1　会计软件各模块的数据传递关系

1）存货核算模块生成的存货入库、存货估价入账、存货出库、盘亏/毁损、存货销售收入、存货期初余额调整等业务的记账凭证，并传递到账务处理模块，以便用户审核登记存货账簿。

2）应付管理模块完成采购单据处理、供应商往来处理、票据新增、付款、退票处理等业务后，生成相应的记账凭证并传递到账务处理模块，以便用户审核登记赊购往来及其相关账簿。

3）应收管理模块完成销售单据处理、客户往来处理、票据处理及坏账处理等业务后，生成相应的记账凭证并传递到账务处理模块，以便用户审核登记赊销往来及其相关账簿。

4）固定资产管理模块生成固定资产增加、减少、盘盈、盘亏、固定资产变动、固定资产评估和折旧分配等业务的记账凭证，并传递到账务处理模块，以便用户审核登记相关的资产账簿。

5）工资管理模块进行工资核算，生成分配工资费用、应交个人所得税等业务的记账凭证，并传递到账务处理模块，以便用户审核登记应付职工薪酬及相关成本费用账簿；工资管理模块为成本管理模块提供人工费资料。

6）成本管理模块中，如果计入生产成本的间接费用和其他费用定义为来源于账务处理模块，则成本管理模块在账务处理模块记账后，从账务处理模块中直接取得间接费用和其他费用的数据；如果不使用工资管理、固定资产管理、存货核算模块，则成本管理模块还需要在账务处理模块记账后，自动从账务处理模块中取得材料费用、人工费用和折旧费用等数据；成本管理模块的成本核算完成后，要将结转制造费用、结转辅助生产成本、结转盘点损失和结转工序产品耗用等记账凭证数据传递到账务处理模块。

7）存货核算模块为成本管理模块提供材料出库核算的结果；存货核算模块将应计入外购入库成本的运费、装卸费等采购费用和应计入委托加工入库成本的加工费传递到应付管理模块。

8）固定资产管理模块为成本管理模块提供固定资产折旧费数据。

9）报表管理和财务分析模块可以从各模块取数编制相关财务报表，进行财务分析。

10）预算管理模块编制的预算经审核批准后，生成各种预算申请单，再传递给账务处理模块、应收管理模块、应付管理模块、固定资产管理模块、工资管理模块，进行责任控制。

11）项目管理模块中发生与项目业务相关的收款业务时，可以在应收发票、收款单或者退款单上输入相应的信息，并生成相应的业务凭证传递至账务处理模块；发生与项目相关采购活动时，其信息也可以在采购申请单、采购订单等应付管理模块的采购发票上记录；在固定资产管理模块引入项目数据可以更详细地归集固定资产建设和管理的数据；项目的领料和项目的退料活动等数据可以在存货核算模块进行处理，并生成相应凭证传递到账务处理模块。此外，各功能模块都可以从账务处理模块获得相关的账簿信息；存货核算、工资管理、固定资产管理、项目管理等模块均可以从成本管理模块获得有关的成本数据。

📝 例题精讲

✎ **【重点例题·判断题】** 会计核算软件中，内部控制由原来的人工控制转变为人机共同控制。 　　　　　　　　　　　　　　　　　　　　　　　　　　　　　（　　）

【答案与解析】 √。与手工会计核算相比，会计核算软件的内部控制实现方式发生了变化，具有人工控制与程序控制相结合的特点，即人机共同控制。

✎ **【真题·单选题】** 下列关于会计核算软件的内部控制方式的表述中，不正确的是（　　）。

A. 内部控制向综合控制方向发展　　　B. 内部控制部分被会计核算软件所取代

C. 软件控制和人工控制相分离　　　　D. 软件控制和人工控制相结合

【答案与解析】 C。会计核算软件的内部控制方式具有人工控制和程序控制相结合的特点，选项 C 不符合。

【重点例题·单选题】计算机进行会计业务处理与手工进行会计业务处理的方法和流程（　　　）。

    A. 完全不同　　　　　B. 完全相同　　　　C. 不完全相同　　　　　D. 都不正确

【答案与解析】C。会计核算软件与手工会计核算的区别包括记账规则不完全相同及账务处理流程类型存在差别，因此题目中所指的会计业务处理方法和流程应该不完全相同。

【重点例题·判断题】会计核算软件的功能模块，是指会计核算软件中具有相对独立的会计数据输入、处理和输出、分析功能项目的各个组成部分。（　　　　）

【答案与解析】×。分析功能不是其组成部分。

【真题·多选题】在会计电算化方式下，下列表述中正确的有（　　　　）。

    A. 修改部分会计资料的格式　　　　B. 进一步细化记账凭证的类别

    C. 重新设计会计账务处理流程　　　　D. 重新确定各种会计核算方法

【答案与解析】ACD。在会计电算化方式下，记账流程及规则不相同，表现在账簿的存在方式不同、账簿的修改方法不同、记账的原理不同和结账方法不同，即ACD符合题意。

第三节　企业会计信息化工作规范

为推动企业会计信息化，节约社会资源，提高会计软件和相关服务质量，规范信息化环境下的会计工作，2013年12月6日，财政部以财会〔2013〕20号印发《企业会计信息化工作规范》（以下简称《规范》）。该《规范》分总则、会计软件和服务、企业会计信息化、监督、附则，共5章49条，自2014年1月6日起施行。该规范规定工作规范履行前已经投入使用的会计软件不符合工作规范要求的，应当自规范施行之日起3年内进行升级完善，达到要求。

《规范》施行之日起，《会计核算软件基本功能规范》（财会字〔1994〕27号）、《会计电算化工作规范》（财会字〔1996〕17号）不适用于企业及其会计软件。1994年6月30日财政部发布的《商品化会计核算软件评审规则》（财会字〔1994〕27号）、《会计电算化管理办法》（财会字〔1994〕27号）同时废止。

《企业会计信息化工作规范》的颁布具有重要的实际意义。《规范》第一次正式将计算机技术、信息技术和网络技术在会计工作中的应用命名为"会计信息化"并界定了会计信息系统的构成要素为"会计软件及其运行所依赖的软硬件环境组成的集合体"。

《规范》正式确立了电子会计档案的合法性，并规定了无纸化会计档案应具备的条件。《规范》在政策层面实现了无纸化的破冰，是工作规范的重要突破之一。

在信息化条件下，会计的记录和报告是由计算机软件自动完成的。在财务业务一体化的会计软件中，许多业务的确认和计量也由软件自动完成。信息化不再仅仅是会计工作的工具和手段，而成为了企业会计工作的基础环境。因此《规范》对会计软件应该具有的功能作出了原则性的规定，明确了哪些功能是会计软件必须具备的，哪些功能是会计软件不得提供的，为规范会计软件的开发奠定了坚实的基础。

另外，《规范》也对会计信息化的监督管理做出了明确的规定。改革开放以后，我国出现了大量外资、合资企业，很多大型跨国公司进入中国内地。这些企业的服务器往往在我国境外，对这些企业会计资料应该如何监管，一直没有明确的规定，造成管理上的空白。《规范》首次明确规定了服务器在境外的企业会计档案保存和管理应该满足的条件，填补了这一空白。

总之，企业会计信息化工作规范是我国会计信息化工作的重要里程碑。《规范》的颁布、执行必将对我国会计信息化工作产生重大的影响，为会计信息化工作的开展奠定坚实的基础。

《企业会计信息化工作规范》的内容主要包括会计软件和服务的规范、企业会计信息化的工作规范和会计信息化的监督管理。

一、会计软件和服务的规范

1）会计软件应当保障企业按照国家统一会计准则制度开展会计核算，不得有违背国家统一会计准则制度的功能设计。

2）会计软件的界面应当使用中文并且提供对中文处理的支持，可以同时提供外国或者我国少数民族文字界面对照和处理支持。

具体包括两个方面要求：一是软件界面要使用中文，即软件的功能菜单、操作向导、表单格式、提示信息、帮助文件等都要使用中文；二是要有对中文处理的支持，也就是要有符合中国国家标准的汉字编码支持能力，使汉字能在系统中正确输入、显示和打印。两者是不同的概念，需要同时满足。

3）会计软件应当提供符合国家统一会计准则制度的会计科目分类和编码功能。

此规定主要是要改变现有的部分会计软件仅采用了不同于会计准则制度的科目分类和编码的做法。例如，按照采购、销售等不同业务类别设置一级分类；按照辅助核算项目设置一级科目；科目编码采用或者掺杂英文字母等。这些做法缘于不同的会计数据组织方法，尽管其核算的最终结果可能与按照准则制度的核算结果一致，但其过程有特殊的逻辑，不易被会计监督人员所理解，也就无法证明其结果的合规性。

当然，提供符合统一会计准则制度的会计科目分类和编码功能，并不排斥会计软件提供其他分类和编码功能。会计软件可以在一套基础数据基础上按照不同分类方式组织会计数据。

4）会计软件应当提供符合国家统一会计准则制度的会计凭证、账簿和报表的显示和打印功能。

5）会计软件应当提供不可逆的记账功能，确保对同类已记账凭证的连续编号，不得提供对已记账凭证的删除和插入功能，不得提供对已记账凭证日期、金额、科目和操作人的修改功能。

不可逆的记账功能，指已记账凭证发生的后果不可撤销。强调记账后果，意味着记账标记就不得通过任何操作予以取消，在输出账簿和报表时，有记账标记的记账凭证必须参与账簿和报表的生成过程，而没有标记的凭证不得参与这一过程。注意：用红字凭证更正记账错误，则对冲的两张凭证都发生了记账后果，不属于这里所说的逆向操作。

6）鼓励软件供应商在会计软件中集成 XBRL（可扩展商业报告语言）功能，便于企业生成符合国家统一标准的 XBRL 财务报告。

7）会计软件应当具有符合国家统一标准的数据接口，满足外部会计监督需要。

8）会计软件应当具有会计资料归档功能，提供导出会计档案的接口，在会计档案存储格式、元数据采集、真实性与完整性保障方面，符合国家有关电子文件归档与电子档案管理的要求。

企业在购买、使用会计软件时，应充分听取本企业档案部门对于电子会计资料的归档范围、元数据项、归档后的存储位置、归档储存格式等方面的意见，使电子会计资料能够顺利归档。

9）会计软件应当记录生成用户操作日志，确保日志的安全、完整。

用户操作日志是信息化带来的重要环境变量，也是工作规范制定中的重要考虑因素，它直接供会计监督人员使用。要求能满足完整性、安全性和可查询性等需求。

完整性指保证日志记录的完整，将所有对会计核算结果可能形成影响的用户操作记录下来，包括对核算结果有直接影响的数据录入、修改、插入、删除，对核算工作所依赖的基础数据（如会计科目表、银行账户信息、辅助核算项目信息、人员信息）的维护。

安全性是指保证用户操作日志中的任何信息不被用户以任何手段修改和删除。

可查询性是指对各类操作的查询，以便会计监督人员筛选出想要的信息。查询应当可以按照操作人员姓名或者用户名、操作的时间范围、操作内容等各种条件分别或者组合进行。

10）以远程访问、云计算等方式提供会计软件的供应商，应当在技术上保证客户会计资料的安全、完整。

对于因供应商原因造成客户会计资料泄露、毁损的，客户可以要求供应商承担赔偿责任。

11）客户以远程访问、云计算等方式使用会计软件生成的电子会计资料归客户所有。

软件供应商应当提供符合国家统一标准的数据接口供客户导出电子会计资料，不得以任何理由拒绝客户导出电子会计资料的请求。

12）以远程访问、云计算等方式提供会计软件的供应商，应当做好本厂商不能维持服务情况下，保障企业电子会计资料安全以及企业会计工作持续进行的预案。

"会计软件云"是依托于互联网的一种全新会计软件服务和使用模式。它是指会计软件未安装在企业本地，而是运行于供应商的远端服务器，用户通过互联网使用软件，会计资料也存储在远端服务器中。其本质是会计软件和服务器资源的租用。

13）软件供应商应当努力提高会计软件相关服务质量，按照合同约定及时解决用户使用中的故障问题。

14）鼓励软件供应商采用呼叫中心、在线客服等方式为用户提供实时技术支持。

15）软件供应商应当就如何通过会计软件开展会计监督工作，提供专门教程和相关资料。

二、企业会计信息化的工作规范

1. 会计信息化建设

1）企业应当充分重视会计信息化工作，加强组织领导和人才培养，不断推进会计信息化在本企业的应用。

2）企业开展会计信息化工作，应当根据发展目标和实际需要，合理确定建设内容，避免投资浪费。

3）企业开展会计信息化工作，应当注重信息系统与经营环境的契合。

4）大型企业、企业集团开展会计信息化工作，应当注重整体规划、统一技术标准、编码规则和系统参数，实现各系统的有机整合，消除信息孤岛。

5）企业配备会计软件，应当根据自身技术力量及业务需求，考虑软件功能、安全性、稳定性、响应速度、可扩展性等要求，合理选择购买、定制开发、购买与开发相结合等会计软件配备方式。

6）企业通过委托外部单位开发、购买等方式配备会计软件，应当在有关合同中约定操作培训、软件升级、故障解决等服务事项，以及软件供应商对企业信息安全的责任。

7）企业应当促进会计信息系统与业务信息系统的一体化，通过业务的处理直接驱动会计记账，减少人工操作，提高业务数据与会计数据的一致性，实现企业内部信息资源共享。

8）企业应当根据实际情况，开展本企业信息系统与银行、供应商、客户等外部单位信息系统的互联，实现外部交易信息的集中自动处理。

9）企业进行会计信息系统前端系统的建设和改造，应当安排负责会计信息化工作的专门机构或者岗位参与，充分考虑会计信息系统的数据需求。

10）企业应当遵循企业内部控制规范体系要求，加强对会计信息系统规划、设计、开发、运行、维护全过程的控制。

11）处于会计核算信息化阶段的企业，应当结合自身情况，逐步实现资金管理、资产管理、预算控制、成本管理等财务管理信息化；处于财务管理信息化阶段的企业，应当结合自身情况，逐步实现财务分析、全面预算管理、风险控制、绩效考核等决策支持信息化。

2. 信息化条件下的会计资料管理

1）对于信息系统自动生成且具有明晰审核规则的会计凭证，可以将审核规则嵌入会计软件，由计算机自动审核。未经自动审核的会计凭证，应当先经人工审核再进行后续处理。

2）分公司和子公司数量多、分布广的大型企业和企业集团应当探索利用信息技术促进会计工作的集中，逐步建立财务共享服务中心。

3）外商投资企业使用的境外投资者指定的会计软件或者跨国企业集团统一部署的会计软件，应当符合会计软件和服务的规范的要求。

4）企业会计信息系统数据服务器的部署应当符合国家有关规定。

5）企业会计资料中对经济业务事项的描述应当使用中文，可以同时使用外国或者少数民族文字对照。

6）企业应当建立电子会计资料备份管理制度，确保会计资料的安全、完整和会计信息系统的持续、稳定运行。

7）企业不得在非涉密信息系统中存储、处理和传输涉及国家秘密、关系国家经济信息安全的电子会计资料；未经有关主管部门批准，不得将其携带、寄运或者传输至境外。

8）企业内部生成的会计凭证、账簿和辅助性会计资料，如果同时满足所记载的事项属于本企业重复发生的日常业务、由企业信息系统自动生成且可查询和输出、企业对相关数据建立了电子备份制度及完善的索引体系等这些条件，可以不输出纸面资料。

9）企业获得的需要外部单位或者个人证明的原始凭证和其他会计资料，如果同时满足会计资料附有可靠的电子签名且电子签名经符合《中华人民共和国电子签名法》的第三方认证、所记载的事项属于本企业重复发生的日常业务、可及时在企业信息系统中查询和输出、企业对相关数据建立了电子备份制度及完善的索引体系等这些条件，可以不输出纸面资料。

10）企业会计资料的归档管理，遵循国家有关会计档案管理的规定。

11）实施企业会计准则通用分类标准的企业，应当按照有关要求向财政部报送 XBRL 财务报告。

三、会计信息化的监督管理

1）企业使用会计软件不符合《企业会计信息化工作规范》（以下简称《规范》）要求的，由财政部门责令限期改正。限期不改的，财政部门应当予以公示，并将有关情况通报同级相关部门或其派出机构。

2）财政部采取组织同行评议，向用户企业征求意见等方式对软件供应商提供的会计软件遵循《规范》的情况进行检查。省、自治区、直辖市人民政府财政部门发现会计软件不符合《规范》的，应当将有关情况报财政部。

3）软件供应商提供的会计软件不符合《规范》的，财政部可以约谈该供应商主要负责人，责令限期改正。限期内未改正的，由财政部予以公示，并将有关情况通报相关部门。

例题精讲

【重点例题·判断题】企业会计信息化工作规范要求企业的每个科目及其代码都与财政部发布的会计科目表相一致。　　　　　　　　　　　　　　　（　　）

【答案与解析】×。企业会计信息化工作规范并非强制要求企业的每个科目及其代码都与财政部发布的会计科目表相一致，而是要求会计软件具有与会计准则制度相符合的科目分类和编码方式，也就是说，会计科目应当按资产、负债、所有者权益、成本、损益等项目划分一级科目类别，同时科目编码也应当采用数字，通过首位数区分科目所属会计要素类别。

【重点例题·多选题】县级以上地方人民政府财政部门管理本地区企业会计信息化工作，主要职责包括（　　　　）。

A. 指导本地区企业开展会计信息化工作
B. 起草、制定企业会计信息化技术标准
C. 监督本地区企业开展会计信息化工作
D. 规范会计软件功能

【答案与解析】AC。企业会计信息化工作规范第五条规定，县级以上地方人民政府部门管理本地区企业会计信息化工作，指导和监督本地区企业开展会计信息化工作。

【重点例题·判断题】会计软件可以提供对已记账凭证的删除和插入功能。（　　）

【答案与解析】×。《规范》的第十条规定，会计软件不得提供对已记账凭证的删除和插入功能。

巩固练习及答案

一、单选题

1. 会计核算软件的会计数据输入可采用（　　）方式。
   A．网络传输　　　　　　　　　B．U盘转入
   C．键盘手工输入　　　　　　　D．三者皆可

2. 将会计软件划分为通用会计软件和专用会计软件的依据是（　　）。
   A．按照会计信息系统的服务层次　　B．按照会计软件的不同适用范围
   C．按照会计信息的共享功能　　　　D．以上都不是

3. 在会计电算化信息系统的开发与应用中，（　　）是会计电算化系统的应用阶段。
   A．系统运行与维护　　　　　　B．系统调查
   C．系统实施　　　　　　　　　D．系统设计

4. 计算机进行会计业务处理与手工进行会计业务处理的方法和流程（　　）。
   A．完全相同　　　B．完全不相同　　　C．不完全相同　　　D．都不正确

5. 通用会计核算软件比专用会计核算软件（　　）。
   A．通用性强，开发水平高　　　B．维护量小，购置成本高
   C．成本高，开发水平高　　　　D．通用性差，维护量大

6. （　　）主管省会计电算化工作。
   A．市财政部门　　B．省税务部门　　C．省财政部门　　　D．市税务部门

7. （　　）是计算机会计的初级阶段。
   A．财务会计　　　B．电算化会计　　C．预算会计　　　D．管理会计

8. 自行开发的会计软件比商品化会计软件（　　）。
   A．通用性强，开发水平高　　　B．维护量小，购置成本高
   C．成本低，开发水平高　　　　D．通用性差，专用性强

9. 20世纪（　　），人们为了控制库存提出了订货点理论，但由于没有相应的计算手段，只能束之高阁。
   A．40年代　　　B．50年代　　　C．60年代　　　　D．70年代

10. 会计软件的通用性是指（　　）。
    A．能适应一个单位不同时期会计工作的需求
    B．能满足不同单位会计工作的不同要求
    C．能适应不同行业、不同记账方法的企事业或行政单位核算需求
    D．只能满足一个行业会计工作的需求

11. 下列有关实现会计电算化的意义，说法不正确的是（　　）。
    A．会计电算化后，经济业务都由计算机来完成
    B．减轻了劳动强度，提高了工作效率
    C．推动了企业管理现代化

D．全面、及时、准确地提供会计信息

12．狭义地说，会计电算化是指（　　）。

A．电子计算机技术在会计工作中的应用

B．会计软件的开发

C．会计电算化人才的培训

D．会计电算化制度建设

13．实现会计电算化后，提高了工作效率，财会人员可以有更多的时间和精力来（　　）。

A．对账、查账　　　　　　　　　B．打印账簿

C．进行财务分析，参与经营管理　　D．学习微机操作

14．为了体现"通用"的特点，通用会计核算软件一般都设置（　　）模块。

A．初始化　　　　　　　　　　　B．账务处理

C．工资　　　　　　　　　　　　D．报表

15．商品化会计核算软件开发经销单位在售出软件后应承担售后服务工作，在下列工作中，（　　）不是软件开发销售商必须提供的。

A．对用户进行软件使用前的培训　B．对用户的软件进行维护

C．对用户的硬件进行维护　　　　D．对用户的软件版本进行更新

16．会计电算化的发展过程主要分为（　　）、会计管理电算化、会计辅助决策电算化三个阶段。

A．会计核算电算化　　　　　　　B．会计记账电算化

C．会计初级电算化　　　　　　　D．会计审计

二、多选题

1．（　　）确定了商品化会计核算软件的评审制度和标准。

A．《会计核算软件管理的几项规定（试行）》

B．《会计电算化工作规范》

C．《会计电算化管理办法》

D．《关于会计核算软件评审问题的补充规定（试行）》

2．ERP 中的财务部分包括（　　）功能模块。

A．账务处理　　　　B．应收账款　　　　C．应付账款　　　　D．固定资产

3．按硬件结构，会计核算软件可分为（　　）。

A．单用户会计核算软件　　　　　B．专用会计核算软件

C．多用户（网络）会计核算软件　D．通用会计核算软件

4．专用会计软件开发的三种方式是（　　）。

A．自行开发　　　　B．委托开发　　　　C．联合开发　　　　D．以上都不是

5．从计算机数据管理技术的发展来看，会计核算软件经历的阶段有（　　）。

A．人工管理　　　　B．手工核算　　　　C．文件管理系统　　　　D．数据库系统

6．手工会计核算下账务处理形式的缺陷是（　　）。

A．数据大量重复　　　　　　　　B．信息提供不及时

  C．准确性差   D．工作强度大

7．会计电算化使会计人员从原来重复抄写、计算烦琐的工作中解脱出来，把主要精力和工作重点转向加强会计（   ）方面，更好地发挥了会计人员应有的作用。

  A．管理   B．预测   C．决策   D．控制功能

8．会计电算化在（   ）等方面与手工会计核算存在很大差别。

  A．信息载体   B．核算工具

  C．簿记规则   D．账务处理流程类型

9．商品化会计软件是指销售公司统一设计、开发，并作为软件商品在市场上销售的会计软件，一般具有（   ）特点。

  A．通用性   B．合法性   C．安全性   D．成本高

10．下列属于手工会计核算信息系统与电算化会计核算信息系统共同点的有（   ）。

  A．系统目标一致

  B．遵循的会计法规、会计准则和会计制度一致

  C．信息系统的基本功能一致

  D．保存的会计档案一致

11．在整理手工会计业务时，重新核对各类凭证和账簿，要求做到（   ）相符。

  A．账证   B．账账   C．账实   D．账表

12．广义的会计电算化是指与实现会计工作电算化有关的所有工作，包括（   ）。

  A．会计电算化软件的开发和应用

  B．会计电算化人才的培训

  C．会计电算化的宏观规划、市场的培育与发展

  D．会计电算化的制度建设

13．下列条件中，（   ）属于企业选择商品化会计软件必须考虑的因素。

  A．应从本单位的实际需要出发

  B．软件开发单位的规模、声誉和发展能力

  C．软件功能的试用性、完备性和易用性

  D．软件的售后服务和维护保障

14．选择会计核算软件时应注意的问题有（   ）。

  A．售后服务质量

  B．所选软件的技术指标是否能够满足需要

  C．是否有同类企业已成功地运用了该种软件

  D．会计软件的功能是否能充分满足和保证企事业单位的特殊需要

15．会计电算化岗位培训的三种形式是（   ）。

  A．财政部组织全国开展的初级、中级和高级会计电算化培训

  B．会计人员继续教育

  C．企业自己组织培训

  D．软件公司提供的针对购买的会计软件的培训

16．通用会计软件的特点是（   ）。

A. 能适应不同行业不同规模的会计核算

B. 由专业软件开发公司开发

C. 用户只有软件的使用权

D. 为某单位应用而开发

17. 在开展会计电算化工作过程中，应着重做好（　　　）等方面的工作。

A. 会计电算化管理和制度的建立

B. 建立电算化会计的信息系统

C. 会计人员培训

D. 计算机审核

三、判断题

1. 计算机会计核算系统主要包括账务处理系统、报表系统、工资核算系统等。（　　　）

2. 会计电算化和会计信息化是信息技术在会计中应用的两个不同阶段，会计信息化是会计电算化的初级阶段和基础工作。（　　　）

3. 账务处理模块以原始凭证为接口与其他功能模块有机联结在一起，构成了完整的会计核算系统。（　　　）

4. 会计电算化内部控制是指为了维护会计数据准确、可靠和保证企业财产安全而实施的内部控制。（　　　）

5. 会计核算软件按照不同的适用范围可分为通用会计核算软件和商品化会计核算软件。（　　　）

6. 在手工会计核算中，需要根据企业规模、会计业务繁简程度，选择不同的账务处理程序，而实现会计电算化后，则不存在此问题。（　　　）

7. 会计电算化是一个单纯的计算机系统。（　　　）

8. 会计电算化软件应该具有适应不同会计制度，支持不同会计科目体系的能力，以便适用不同类型企事业单位会计核算的需要。（　　　）

9. 各单位可以根据企业需要，任意实施本单位的会计电算化工作。（　　　）

10. 目前我国商品化会计软件一般是通用会计软件。（　　　）

11. 会计电算化的基本含义仅指应用会计软件指挥计算机完成手工无法完成的会计工作的过程。（　　　）

12. 企业应用的 ERP 软件属于会计核算软件范畴。（　　　）

13. 制订规划是会计电算化的第一个步骤，单位应根据规划的要求选购会计软件。（　　　）

14. 使用会计核算软件的企业可以根据需要自行划分会计期间。（　　　）

15. 由于 ERP 功能强大而又实现了信息高度共享，因此大中型企业的会计电算化应该选择 ERP，小企业一般应选择独立的会计软件系统。（　　　）

16. 小型企事业单位的会计电算化过程中，各岗位人员可以进行适当合并。（　　　）

17. 定点开发会计软件需要有较强的技术力量，开发周期长，费用也较高。（　　　）

巩固练习答案

一、单选题

1．D。会计数据输入采用网络传输、U 盘转入、键盘手工输入方式均可。

2．B。按照不同的划分标准，会计核算软件可分为不同的种类。若按适用范围，会计核算软件可分为专用会计核算软件和通用会计核算软件。

3．A。在会计电算化信息系统的开发与应用中，系统的运行与维护是会计电算化系统的应用阶段。

4．C。由于计算机程序的设计特点和控制手段的不同，使用计算机处理会计业务与手工处理会计业务的方法和流程肯定不会完全相同。

5．A。与专用会计核算软件相比，通用会计核算软件具有通用性强、开发水平高、维护量小、购置成本相对较低等优点。

6．C。地方各级财政部门主管本地区的会计电算化工作。

7．B。电算化会计是计算机会计的初级阶段。

8．D。自行开发的会计软件比商品化会计软件专用性强、购置成本高、维护量大、通用性差。

9．A。20 世纪 40 年代，人们为了控制库存提出了订货点理论，但由于没有相应的计算手段，只能束之高阁。

10．C。通用性是指会计核算软件能适应不同行业、不同记账方法的企事业或行政单位核算需求。

11．A。实行会计电算化后，经济业务并不是由计算机完成的。

12．A。会计电算化是指电子计算机技术在会计工作中的应用。

13．C。实现会计电算化后，提高了工作效率，财会人员可以有更多的时间和精力来进行财务分析，参与经营管理。

14．A。为了体现"通用"的特点，通用会计核算软件一般设置初始化模块，用户在首次使用通用会计核算软件时，必须首先使用该模块对本单位的所有会计核算规则进行初始化设置，从而把通用会计核算软件转化为适合本单位核算的专用会计核算软件。

15．C。商品化会计核算软件开发经销单位在售出软件后应承担售后服务工作，其售后服务包括会计软件的日常维护、用户培训、二次开发与相关技术支持，以及软件版本的升级换代。

16．A。会计信息系统根据其功能和管理层次的高低，可以分为会计核算系统、会计管理系统和会计决策支持系统。

二、多选题

1．AD。财政部先后颁布了《会计核算软件管理的几项规定（试行）》和《关于会计核算软件评审问题的补充规定（试行）》两个文件，确定了商品化会计核算软件的评审制度和标准。

2．ABCD。ERP 系统中的财务部分包括账务处理、应收账款、应付账款、工资、固定资产、现金管理、成本、多币制等功能模块。

3．AC。按照不同的划分标准，会计核算软件可分为不同的种类。如按硬件结构，会计核算软件可分为单用户会计核算软件和多用户（网络）会计核算软件。

4．ABC。企业开发专用会计软件可以根据本身所拥有的技术力量，分别采取自行开发、委托开发和联合开发三种方式。

5．ACD。从计算机数据管理技术的发展来看，会计核算软件经历的阶段有人工管理、文件管理系统和数据库系统三个阶段。

6．ABCD。手工会计核算下账务处理形式存在数据大量重复、信息提供不及时、准确性差、工作强度大等缺陷。

7．ABCD。本题考查会计电算化的作用。

8．ABCD。会计电算化在核算工具、信息载体、簿记规则、账务处理流程类型、会计行使职能的侧重点和会计人员岗位分工等方面与手工会计核算存在很大差异。

9．ABC。商品化会计软件一般具有通用性、合法性、安全性和成本低的特点。

10．ABCD。以上四项都属于手工会计核算信息系统和电算化会计核算信息系统的共同点。

11．ABC。在整理手工会计业务时，应重新核对各类凭证和账簿，要求做到账证相符、账账相符和账实相符。

12．ABCD。广义的会计电算化，是指与实现会计工作电算化有关的所有工作，包括会计电算化软件的开发和应用，会计电算化人才的培训，会计电算化的宏观规划、市场的培育与发展，会计电算化的制度建设等。

13．ABCD。以上四项都是选择商品化会计软件必须考虑的因素。

14．ABCD。以上四项均符合选择会计核算软件时应注意的问题。

15．ACD。会计电算化岗位培训有财政部组织全国开展的初级、中级和高级会计电算化培训，企业自己组织培训，软件公司提供的针对所购会计软件的三种形式培训。

16．ABC。D 项是属于专用会计软件的特点，另外三项均为通用会计软件的特点。

17．ABCD。以上四项都属于开展会计电算化工作应做好的事项。

三、判断题

1．√。计算机会计核算系统主要包括账务处理系统、报表系统、工资核算系统等。

2．×。会计电算化和会计信息化是信息技术在会计中应用的两个不同阶段，会计电算化是会计信息化的初级阶段和基础工作。

3．×。账务处理模块以记账凭证为接口与其他功能模块有机联结在一起，构成了完整的会计核算系统。

4．√。会计电算化内部控制是指为了维护会计数据准确、可靠和保证企业财产安全而实施的内部控制。

5．×。会计核算软件按照不同的适用范围可分为专用会计核算软件和通用会计核算软件。

6．√。在手工会计核算中，需要根据企业规模、会计业务繁简程度，选择不同的账务处理程序，而实现会计电算化后，则不存在此问题。

7．×。会计电算化是指与实现会计工作电算化有关的所有工作，包括会计电算化软件的开发和应用、会计电算化人才的培训、会计电算化的宏观规划、会计电算化的制度建设、会计电算化软件市场的培育与发展等。

8．√。会计电算化软件应该具有适应不同会计制度、支持不同会计科目体系的能力，以便适用不同类型企事业单位会计核算的需要。

9．×。各单位在遵循国家统一的会计制度和财政部门会计电算化发展规划的前提下，应结合本单位的具体情况，具体组织实施本单位的会计电算化工作。

10．√。目前我国商品化会计软件通常是通用会计软件。

11．×。会计电算化是指以计算机为主体的当代电子信息技术在会计工作中的应用。

12．×。企业应用的 ERP 软件中用于处理会计核算数据部分的模块，也属于会计核算软件范畴。

13．√。制订规划是会计电算化的第一个步骤，单位应根据规划的要求选购会计软件。

14．×。会计核算软件应该按照国家统一的会计制度的规定划分会计期间。

15．√。由于 ERP 功能强大而又实现了信息高度共享，所以大中型企业的会计电算化应该选择 ERP，小企业一般应选择独立的会计软件系统。

16．√。小型企事业单位的会计电算化过程，有些岗位可适当合并。

17．√。定点开发软件的技术难度高，开始周期长，费用也高。

第二章

> > > 会计软件的运行环境

本 章 导 读

本章介绍计算机的基础知识，包括会计软件的硬件环境、软件环境、网络环境及会计软件的安全等四个方面的内容。与旧大纲相比，本章删除了"计算机一般知识"、"计算机程序设计语言"等知识点，新增了"硬件结构"、"安装会计软件的前期准备"等考点，并对其他的原知识点进行了调整。

本章的考试题以选择题、判断题为主。根据近年来考生考试的相关情况，考生对计算机知识掌握程度千差万别。有些考生计算机方面的知识不牢固，不能很好地解答考试中涉及计算机基础理论知识的题目，而有些考生有一定的计算机知识基础，解答这类题目较为容易。针对本章内容，考生应着重熟练记忆计算机硬件、软件的组成部分及各自的特点，理解计算机网络的基本概念和主要功能，重点掌握计算机病毒防范、计算机黑客及其防范的相关知识。

第一节　会计软件的硬件环境

　　计算机是一种现代化智能电子装置，能按照事先存储的程序快速、高效地自动处理大量数据和信息，具有高速的运算能力、超强的记忆能力、高度的精确性和逻辑判断能力。

　　1946 年 2 月，世界上第一台数字式电子计算机 ENIAC（Electronic Numerical Integrator And Computer，埃尼阿克）在美国宾夕法尼亚大学研制成功，主要用于弹道轨迹计算（军事目的）。

　　一个完整的计算机系统由硬件系统和软件系统两大部分组成。计算机系统结构的基本思想是冯·诺依曼理论，即以二进制的形式表示数据和指令，二进制是计算机的基本语言。

一、硬件设备

　　硬件设备一般包括输入设备、处理设备、存储设备、输出设备和通信设备。

　　1. 输入设备

　　计算机的输入设备包括键盘、鼠标、扫描仪、二维码识读设备、POS 机、芯片读卡器、语音输入设备、手写输入设备等。在会计软件中，键盘一般用来完成会计数据或相关信息的输入工作；鼠标一般用来完成会计软件中的各种用户指令，选择会计软件各功能模块的功能菜单；扫描仪一般用来完成原始凭证和单据的扫描，并将扫描结果存入会计软件相关数据库中。其定义和分类如表 2-1-1 所示。

表 2-1-1　计算机的输入设备

输入设备	定　义	分　类
键盘	是最常用输入设备，通过按键将机械信号转换为电信号的机电转换设备	按功能分为打字键区、功能键区、编辑键区和小键盘区（数字键区）
		按键位多少分为 101、102、104 和 105 个基本键
		按键盘接口分为 AT 接口、PS/2 接口和 USB 接口
鼠标	应用最广泛的输入设备，可控制屏幕上光标的移动，简化操作过程	按定位原理分为机械式、光电式、滚轮和轨迹球鼠标
		按接口分为串行接口、总线接口和 USB 接口鼠标
		按键位多少分为两键、三键和多键鼠标
光电自动扫描仪	图像输入的主要设备，能把图像转换为数字信号存入计算机，供编辑、显示或打印	分为手持式、台式、工程和胶片扫描仪，台式扫描仪又有黑白和彩色之分
条形码扫描仪	用于读取条形码所包含信息的阅读设备，利用光学原理，把条形码的内容解码后通过数据线或者无线的方式传输到电脑或者别的设备	广泛应用于超市、物流快递、图书馆等扫描商品、单据的条码。普通的条码阅读器通常采用以下四种技术：光笔、CCD、激光、影像型红光
二维码识读设备	是用来读取条码信息的设备。它使用一个光学装置将条码的条空信息转换成电平信息，再由专用译码器翻译成相应的数据信息	从形式上有手持式和固定式两种
POS 机	一种多功能终端，把它安装在信用卡的特约商户和受理网点中与计算机联成网络，就能实现电子资金自动转账，它具有支持消费、预授权、余额查询和转账等功能，使用起来安全、快捷、可靠	按通信方式分固定 POS 机和无线 POS 机
		按机型分为手持 POS 机、台式 POS 机和移动手机 POS 机
		按操作系统分 Windows 系统 POS 机、安卓系统 POS 机和其他系统 POS 机

✉ **知识拓展**

1）键盘是微机必备的输入设备之一，键盘常用键有以下六种。

① Caps Lock：大小写锁定键。

② Shift：转换键，用于双符号键上方符号的输入。

③ Enter：回车键。

④ Backspace：退格键。

⑤ Space：空格键。

⑥ Ctrl/Alt：不能单独使用，需与其他键配合使用。

此外，打字键区共有 26 个英文字母键位，按相应键位即可输入对应的字母。

2）功能键在不同的操作系统和软件支持下有所不同，具体情况如下。

① 财务软件下，一般 F1 键用于获取系统帮助，F7 键用于科目代码和名称的切换或参照选择。

② 字母的大小写可由 Shift 键控制。

③ 小键盘上下挡键由 Num Lock 键控制。

④ 组合键的使用：Ctrl＋C 代表复制，Ctrl＋V 代表粘贴。

✎ **例题精讲**

🔖 **【重点例题·多选题】**常见的输入设备有（   ）。

　　A．显示器　　　　　　B．扫描仪　　　　　　C．绘图仪　　　　　　D．鼠标

【答案与解析】BD。显示器和绘图仪属于输出设备。

🔖 **【真题·单选题】**Caps Lock 键是（   ）。

　　A．退格键　　　　　　B．上挡键　　　　　　C．大小写锁定键　　　D．制表键

【答案解析】C。Caps Lock 键主要用于切换英文字母的大小写状态，即大小写锁定键。

🔖 **【重点例题·单选题】**下列选项中，不属于按定位原理划分的鼠标是（   ）。

　　A．机械式鼠标　　　　B．光电式鼠标　　　　C．轨迹球鼠标　　　　D．USB 鼠标

【答案与解析】D。USB 鼠标是按接口进行划分的。

2. 处理设备

处理设备主要指计算机主机，中央处理器（CPU）是计算机主机的核心部件，而 CPU 由运算器和控制器构成，主要功能是按照程序给出的指令序列，分析并执行指令。

（1）运算器

运算器是在控制器控制下完成算术运算和逻辑运算的计算机部件，它主要由算术逻辑单元（ALU）、累加器、状态寄存器、通用寄存器等组成。运算器是计算机的指挥中枢，主要作用是使计算机能够自动地执行命令。算术逻辑单元用以计算机指令集中的执行算术和逻辑操作，其基本功能为加、减、乘、除四则运算，与、或、非、异或等逻辑操作，以及移位、求补等操作。

计算机运行时，运算器的操作和操作种类由控制器决定，运算器处理的数据来自存储器，处理后的结果数据通常送回存储器或暂时寄存在运算器中。

📩 **知识拓展**

CPU 的技术参数介绍如下。

1）型号：486、586、Pentium、Pentium Ⅰ、Pentium Ⅱ、Pentium Ⅲ、Pentium Ⅳ等。

2）主频：CPU 工作的时钟频率，是考查 CPU 运算速度的主要参数，主频越高，速度越快。

3）字：在计算机中，作为一个整体被传送和运算的一串二进制数被称为字。

4）字长：一个字所包含的二进制的位数，如 8 位、16 位、32 位、64 位等，目前 64 位比较常见。

📝 **例题精讲**

✎ **【真题·判断题】**没有应用软件的计算机通常称为"裸机"。 （ ）
【答案与解析】×。裸机是指没有预装任何软件的计算机。

✎ **【重点例题·判断题】**运算器是 CPU 中完成加、减、乘、除等算术运算的部件，而控制器是完成与、或、非等逻辑运算的部件。 （ ）
【答案与解析】×。运算器是执行算术运算和逻辑运算的部件，控制器使计算机能够自动地执行命令。

✎ **【重点例题·单选题】**CPU 由运算器和（ ）构成。

A. 控制器 B. 存储器 C. 输入设备 D. 输出设备
【答案与解析】A。CPU 由控制器和运算器两部分组成。

✎ **【重点例题·单选题】**一台计算机的 CPU 技术指标是 P4/2.1G，其中 2.1G 的含义是指（ ）。

A. 型号 B. 主频 C. 内存 D. 字长
【答案与解析】B。CPU 的主频表示在 CPU 内数字脉冲信号振荡的速度。

（2）控制器

控制器是整个计算机的指挥控制中心，负责从存储器中取出指令执行，由指令寄存器（IR）、程序计数器（PC）和操作控制器（OC）三个部件组成，可以协调整个计算机有序地工作。

控制器一方面负责从存储器中取出指令，并对指令进行分析判断，然后产生一系列控制信号，以控制计算机各部件自动连续地工作；另一方面还要接收各部件反馈的信息。

微机是将运算器和控制器集成在一小块芯片上，此芯片即 CPU（中央处理器），它是衡量计算机性能的最重要的部件。CPU 的速度主要由字长和主频两个指标决定。

📩 **知识拓展**

计算机的主要性能指标

一台计算机的性能是由多方面指标决定的，主要用于衡量计算机系统功能的强弱，不同的计算机其侧重面有所不同。计算机的主要性能指标如表 2-1-2 所示。

表 2-1-2　计算机的主要性能指标

性能指标		定　义	单　位	影　响
速度	主频	计算机的时钟频率，也就是CPU（中央处理器）运算时的工作频率，即CPU在单位时间内的平均操作次数	兆赫（MHz）	主频越高，运算速度越快
	运算速度	计算机每秒能执行的指令数，一般以每秒所能执行的百万条指令数来衡量	每秒百万条指令	运算速度越快，性能越好
	存取速度或存取周期	存取速度指存储器完成一次读（取）或写（存）信息所需时间；连续两次读或写所需的最短时间，称为存储器的存取周期	纳秒（ns）	存取周期越短，速度越快
字长		计算机信息处理中能同时处理的二进制数据的位数（长度）	位（bit）	字长越长，速度越快，精度越高
内存容量		计算机存储器所能存储的二进制信息的总量，反映了计算机处理数据时容纳数据量的能力	字节（byte）	内存容量越大，速度越快

1）在计算机中用位（bit）表示一个二进制信息的最小单位。个人计算机字长以32位、64位为主，服务器字长以一般都在64位、128位以上。在计算机信息处理中，位（bit）是最小信息容量（数据）单位，字节（byte）是最小的存储单元。8位二进制数组成一个字节（byte），这是计算机数据中最基本的单位。

2）存储器容量的单位包括位（bit）、字节（byte）、千字节（KB）、兆字节（MB）、吉字节（GB）、太字节（TB）、拍字节（PB）。

① 1B＝8b。

② 1KB＝1 024B，1MB＝1 024KB，1GB＝1 024MB。

3）内存储器容量的大小反映了计算机即时存储信息的能力。内存容量越大，计算机能处理的数据量就越庞大，系统功能也就越强大。

例题精讲

【真题·单选题】1KB＝（　　　）。

A. 1 000B　　　　　　　　　　B. 1 000×1 000B

C. 1 024B　　　　　　　　　　D. 1 024×1 024B

【答案与解析】C。1KB＝1 024B（字节）。

【真题·单选题】计算机最小的单位是（　　　）。

A. 位　　　　　　B. 字节　　　　　　C. 兆　　　　　　D. 吉

【答案与解析】A。在计算机中用位表示一个二进制信息的最小单位。

名师点评

计算机最小单位与计算机最小存储单位是完全不同的两个概念，前者的答案是位（bit），后者的答案是字节（byte）。遇到此类题型时要认真审题然后作答。

3. 存储设备

计算机的存储设备包括内存储器和外存储器。内存储器即内存，一般容量较小，但数据存取速度较快。外存储器即外存，一般存储容量较大，但数据存取速度较慢。会计软件中的各种数据一般存储在外存储器中。

（1）内存储器

1）作用。

内存储器在计算机内部，用于存放 CPU 待加工处理的数据、中间结果及最后结果，也称为内存、主存。

2）分类。

一般常用微机的存储器有磁芯存储器和半导体存储器，目前微机的内存都采用半导体存储器，其从使用功能上可分为以下三种，如表 2-1-3 所示。

表 2-1-3　内存储器的分类

内存储器	特　征	作　用
随机存储器（RAM）	可读可写，关机（断电）后信息消失	针对用户信息，可分为 DRAM 和 SRAM
只读存储器（ROM）	只读不写，关机（断电）后信息不消失	针对系统信息，如存放专用的固定程序和数据
高速缓冲存储器（Cache）	位于 CPU 和内存之间，规模较小但速度很快	解决 CPU 和 RAM 之间速度不匹配的矛盾

3）相关概念。

① 地址：内存由许多存储单元组成，每个存储单元可以存放若干位数据代码。为区分不同的存储单元，所有存储单元均按一定的顺序编号，称为地址码，简称地址。

② 存储容量：描述计算机存储能力的指标，以 KB、MB 和 GB 作为单位，现在通常以 GB 作为衡量单位。存储容量越大，能够存储的信息就越多。

目前微机的 RAM 容量一般为 512MB、1GB、2GB。

4）相关特性。

内存容量和存取时间是决定内存优劣的两个重要指标；内存容量的大小是衡量计算机性能的另外一个重要指标；CPU 和内存构成了主机。

✎ 例题精讲

🖎 **【重点例题·判断题】**计算机在使用过程中突然断电，则 ROM 中保存的信息全部丢失。　　　　　　　　　　　　　　　　　　　　　　　　　　　　（　　　）

【答案与解析】×。一旦关闭电源或发生断电，RAM 中的数据就会丢失，并不可恢复，而 ROM 中的信息不会丢失。

🖎 **【重点例题·单选题】**ROM 的特点是（　　　）。

　　A. 可读可写　　　　　B. 只读不写　　　　　C. 只写不读　　　　　D. 不读不写

【答案与解析】B。ROM 中的内容只能读出，不能写入。

🖎 **【重点例题·单选题】**微机运行程序要占用内存，这里说的内存是指（　　　）。

　　A. RAM　　　　　　B. ROM　　　　　　C. 硬盘　　　　　　D. 软盘

【答案与解析】A。RAM 用来存放计算机工作时所需要的程序和数据。

🖎 **【重点例题·多选题】**主机是计算机的核心，其组成设备包括（　　　）。

　　A. 控制器　　　　　B. 主存储器　　　　　C. 驱动器　　　　　D. 辅助存储器

E. 显示器　　　　F. 运算器

【答案与解析】ABF。计算机的主机由 CPU 和内存储器组成。其中，CPU 由控制器和运算器组成，内存储器又称主存储器。

（2）外存储器

1）作用。

外存领储器用于永久地存放大量的程序和数据，也称为外存、辅存。运行时，程序和数据从外存调入内存。

2）外存、内存、CPU 之间的关系。

外存、内存与 CPU 之间的关系如图 2-1-1 所示。

图 2-1-1　外存、内存与 CPU 之间的关系

3）分类。

外存储器的分类如表 2-1-4 所示。

表 2-1-4　外存储器的分类

外存储器	含　义	特　点
软盘	最早使用的可移动存储介质	分为读写方式（可修改或删除数据）和只读方式（无法修改或删除数据），存取速度慢，容量小，携带方便
硬盘	主要的存储媒介之一	存储容量较大，读写速度快，性能稳定且可靠性较高
光盘	以光信息作为存储物的载体	分为不可擦写光盘（CD-ROM、DVD-ROM）和可擦写光盘（CD-RW、DVD-RAM），读取速度快于软盘，慢于硬盘
U 盘	使用 USB 接口的无须物理驱动器的高容量移动存储产品	可存储照片、资料、影像等各种数据
移动硬盘	以硬盘为存储介质，强调便携性	多采用 USB 和 IEEE 1394 接口，读写模式与硬盘相同
存储卡	一种用于手机、相机等数码产品上的独立存储介质，呈卡片形态	体积小巧，携带方便，使用简单，兼容性良好

例题精讲

【真题·判断题】内置硬盘属于内存储器，移动硬盘属于外存储器。　　（　　）

【答案与解析】×。外存储器容量通常是指硬盘容量，包括内置硬盘和移动硬盘。

【重点例题·单选题】下列读写速度最快的外存储器是（　　）。

A. 光盘　　　　B. 软盘　　　　C. U 盘　　　　D. 硬盘

【答案与解析】D。外存储器的存储速度为硬盘>光盘>软盘。

【重点例题·单选题】硬盘工作时，应特别注意避免（　　）。

A. 强烈震动　　　B. 噪声　　　C. 光线直射　　　D. 环境卫生不好

【答案与解析】A。硬盘工作时，应特别注意避免强烈振动。

✎ 【真题·多选题】硬盘属于（　　　）。
　　A.　随机存储器　　　　B.　外存储器　　　　C.　辅助存储器　　　　D.　内存储器
　　【答案与解析】BC。外部存储器简称外存，也叫辅助存储器，硬盘属于外存储器，即属于辅助存储器。

4. 输出设备

计算机的输出设备包括显示器、打印设备、绘图仪、数/模转换器（D/A 转换器）等，其定义和分类如表 2-1-5 所示。

表 2-1-5　计算机的输出设备

输出设备	定　义	分　类
显示器	显示输入输出信息的屏幕设备，又称监视器或显示终端	按工作原理分为阴极射线管（CRT）、液晶（LCD）和等离子显示器
		按分辨率分为低、中和高分辨率显示器
		按颜色分为单色和彩色显示器
打印机	获得硬复制的输出设备，用于打印在纸张等介质上，供阅读和保存	击打式打印机，如针式打印机
		非击打式打印机，如喷墨打印机和激光打印机，目前使用较为普遍
绘图仪	一种可以输出图形的硬复制设备	按工作原理分为笔式、喷墨式和发光二极管绘图仪，其中笔式绘图仪目前使用最广泛
数/模转换器	将计算机输出的数字信号转换为模拟信号的设备	按解码网络结构不同，分为 T 型电阻网络 D/A 转换器、倒 T 型电阻网络 D/A 转换器、权电流 D/A 转换器和权电阻网络 D/A 转换器

✉ 知识拓展

1）计算机的显示系统实际上由显示器和显示卡两部分组成，显示卡又称显示适配器，其作用是将 CPU 送来的信号转换成显示器可以接收的格式。常用的显示卡主要有 VGA 标准、SVGA 标准和 TVGA 标准。

2）显示器有阴极射线管（CRT）显示器、液晶（LCD）显示器和等离子显示器，目前液晶显示器是主流。

3）打印机的接口方式主要有并行接口（LPT 接口）和 USB 接口，有的甚至可以提供网络接口。

✎ 例题精讲

✎ 【重点例题·多选题】常见的输出设备有（　　　）。
　　A.　显示器　　　　B.　扫描仪　　　　C.　绘图仪　　　　D.　键盘
　　【答案与解析】AC。扫描仪和键盘属于输入设备。

👤 名师点评

如果考题问的是计算机必备的输入输出设备有哪些，则答案是键盘、鼠标和显示器。遇到此类题目一定要注意题目用词，该题的关键就在于"必备"一词。

5. 通信设备

计算机通信设备包括网卡、调制解调器、网络电缆及其他网络通信设备等。

1）网卡，又称网络接口适配器，是一块被设计用来允许计算机在计算机网络上进行通信的计算机硬件。它是计算机与通信介质的接口，也是构成网络的基本部件之一。

网卡用于实现联网计算机和网络电缆之间的物理连接，为计算机之间相互通信提供一条物理通道，并通过这条通道进行高速数据传输。

2）调制解调器（Modem）是调制器（Modulator）与解调器（Demodulator）的简称，根据 Modem 的谐音，人们日常亲切地称之为"猫"。

调制解调器是一种计算机硬件，能把计算机的数字信号"翻译"成可沿普通电话线传送的模拟信号，而这些模拟信号又可被线路另一端的另一个调制解调器接收，并译成计算机语言。这一简单过程完成了两台计算机间的通信。

3）网络电缆，是从一个网络设备（如计算机）连接到另外一个网络设备传递信息的介质，是网络的基本构件。

在我们常用的局域网中，使用的网线也有多种类型。在通常情况下，一个典型的局域网一般是不会使用多种不同种类的网线来连接网络设备的。在大型网络或者广域网中，为了把不同类型的网络连接在一起，就会使用不同种类的网线。在众多种类的网线中，具体使用哪一种网线要根据网络的拓扑结构、网络结构标准和传输速度来进行选择。

二、硬件结构

硬件结构是指硬件设备的不同组合方式，电算化会计信息系统中常见的硬件结构通常有单机结构、多机松散结构、多用户结构和微机局域网络四种形式。相关情况如表 2-1-6 所示。

表 2-1-6　计算机的硬件结构

硬件结构	定　义	优　点		缺　点	适用情形
单机结构	属于单用户工作方式，一台微机同一时刻只能一人使用	使用简单，配置成本低，数据共享程度高，一致性好		集中输入速度低，不能同时允许多个成员进行操作，并且不能进行分布处理	数据输入量小的企业
多机松散结构	有多台微机，但每台都有相应的输入输出设备，每台仍属单机结构，各自不发生直接的数据联系	输入输出集中程度高，速度快		数据共享性能差，系统整体效率低	数据输入量较大的企业
多用户结构	又称联机结构，整个系统配备一台主机和多个终端，两者距离较近，主机为各终端提供虚拟内存，各终端可同时输入数据	会计数据可以通过各终端分散输入，并集中存储和处理		费用较高，应用软件较少，主机负载过大，容易形成拥塞	数据输入量大的企业
微机局域网络	又称网络结构，是由一台服务器将许多中低档微机连接在一起，相互通信，共享资源，组成一个功能更强的网络系统	客户机/服务器结构（C/S 结构）	技术成熟、响应速度快、适合处理大量数据	系统客户端软件安装维护的工作量大，且数据库的使用一般仅局限于局域网的范围内	大中型企业
		浏览器/服务器结构（B/S 结构）	维护和升级方式简单，运行成本低	应用服务器运行数据负荷较重	

　　客户机/服务器（C/S）结构模式下，服务器配备大容量存储器并安装数据库管理系统，负责会计数据的定义、存取、备份和恢复，客户端安装专用的会计软件，负责会计数据的输入、运算和输出。如图 2-1-2 所示。

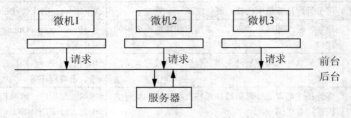

图 2-1-2　客户机/服务器（C/S）模式示意图

　　浏览器/服务器（B/S）结构模式下，服务器是实现会计软件功能的核心部分，客户机上只需安装一个浏览器，用户通过浏览器向分布在网络上的服务器发出请求，服务器对浏览器的请求进行处理，将用户所需信息返回到浏览器。

　　目前广泛使用的会计软件的设计主要是基于三层体系结构的浏览器/服务器结构，在这种结构中，服务器在逻辑上区分 WEB 服务器、应用服务器和数据服务器，了解这种结构的特点对于会计软件的安装具有重要意义。如图 2-1-3 所示。

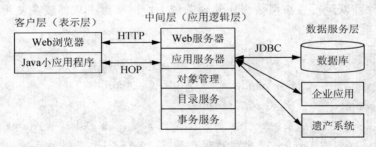

图 2-1-3　浏览器/服务器（B/S）三层计算模式

第二节　会计软件的软件环境

　　计算机软件是指在计算机硬件上运行的各种程序及相应的各种文档资料。通常把计算机软件分成两大类：系统软件和应用软件。只有硬件而没有软件的计算机被称为"裸机"。

一、软件的类型

　　1. 系统软件
　　系统软件是用来控制计算机运行，管理计算机的各种资源，并为应用软件提供支持和服务的一类软件。系统软件是计算机必备的支持软件，主要包括操作系统、数据库管理系统、支撑软件和语言处理程序，如表 2-2-1 所示。

表 2-2-1　系统软件

系统软件	作　用	常见软件品牌
操作系统	用于管理计算机中的软、硬件资源	Windows、UNIX、Linux
数据库管理系统	建立、使用和维护数据库，是用户和数据库之间的接口	FoxPro、Access、Oracle、SQL Server、Sybase、Infomix
支持软件	为其他软件和应用软件及用户提供某些通用支持的程序	如纠错程序、诊断程序、调试程序和编辑序、杀毒程序等
语言处理程序	将源程序翻译成计算机硬件能够直接识别和执行的机器指令代码	包括汇编程序、解释程序和编译程序（如 C 语言、Java 语言等）

知识拓展

1）随着网络技术的发展，为了便于管理网络出现了网络操作系统。这类操作系统除了具备普通操作系统的功能外，还相应地增加了网络管理模块，以便支持计算机与计算机、计算机与网络之间的通信，并提供各种网络服务，保证网络资源的共享与通信。

2）Oracle、Sybase、Infomix、SQL Server 为大型数据库管理系统，大型或集团式的财务软件一般运行在大型数据库管理系统上；Access、FoxPro 为小型数据库管理系统，小型企业的财务软件可以运行在小型数据库管理系统上。网络财务软件较多使用 SQL Server。

例题精讲

【重点例题·多选题】下列软件中，属于系统软件的有（　　）。
A. FoxPro　　　　B. Windows　　　C. Word　　　　D. Excel
E. PowerPoint　　F. C 语言编译程序
【答案与解析】ABF。系统软件主要包括操作系统、语言处理程序、支持服务程序、数据库管理系统。其中 FoxPro 是数据库管理系统，Windows 是操作系统，C 语言编译程序是语言处理程序。

知识拓展

计算机程序设计语言

程序设计语言通常分为机器语言、汇编语言（符号语言）、高级语言（算法语言）三大类，如表 2-2-2 所示。

表 2-2-2　程序设计语言

程序设计语言	阶　段	定　义	特　征
机器语言	第一代语言	计算机 CPU 能直接识别和执行的用二进制代码表示的一种机器指令的集合	运算速度极快，但编写难度大、出错率高、排错困难、移植性和通用性较差
汇编语言或符号语言	第二代语言	一种能把机器语言符号化的语言	编写易读、易查、易懂，但通用性较差，使用不方便

续表

程序设计语言		阶　段	定　义	特　征
高级语言或算法语言	过程语言	第三代语言	可读性强，从根本上摆脱了语言对机器的依靠，独立于机器，由面向机器改为面向过程	程序简洁、易修改、编写程序的效率高，但程序代码一般更长，执行速度更慢，不能被计算机直接识别
	非过程语言	第四代语言		

📝 例题精讲

✒️ 【真题·判断题】不同类型的计算机系统一般有不同的汇编语言。　　（　　）
　　【答案与解析】√。汇编语言的每条指令对应一条机器语言代码，不同类型的计算机系统一般有不同的汇编语言。

✒️ 【重点例题·判断题】计算机软件分为系统软件和应用软件两大类。　　（　　）
　　【答案与解析】√。通常把计算机软件分成两大类：系统软件和应用软件。

✒️ 【重点例题·判断题】文字处理软件 Word 属于系统软件。　　（　　）
　　【答案与解析】×。文字处理软件 Word 属于通用应用软件。

✒️ 【重点例题·多选题】计算机程序设计语言大致可以分为（　　）三大类。
　　A. 自然语言　　　　B. 机器语言　　　　C. 汇编语言　　　　D. 高级语言
　　【答案与解析】BCD。计算机程序设计语言通常分为机器语言、汇编语言和高级语言三大类。

　　2. 应用软件

　　应用软件是在硬件和系统软件支持下，为解决各类具体应用问题而编制的软件。常用的计算机应用软件有文字处理软件、表格处理软件、图形图像处理软件、网络通信软件等，如表 2-2-3 所示。

表 2-2-3　应用软件

应用软件	功　能	常见软件品牌
文字处理软件	用于文字输入、存储、修改、编辑及不同字体、字形的设置	Word、WPS
表格处理软件	根据不同需求生成表格、打印表格，完成各种表格（如财务报表）的制作、检索、分析等	Excel、Lotus 1-2-3
图形图像处理软件	用于彩色图像处理和图形的绘制	Photoshop、AutoCAD、3ds Max、Paintbrush
通信软件	一类属于系统软件性质，用于实现网络底层各种通信协议或转换，另一类是用于实现各种网络应用的软件	QQ、MSN
演示软件	常用于会场报告、教学、产品发布、展览会等，可用于综合处理文字、图形、表格、声音、动画等各类材料	PowerPoint（PPT）、Keynote（MAC 平台）
统计软件	收集、汇总、分析与解释各类可变化的数值数据，应用于生命科学、经济、农业、物理测量、气象、人口统计等诸多领域	SAS、spss、Eviews、S-PLUS

例题精讲

【真题·多选题】下列关于会计核算软件的表述中，正确的是（　　）。

A. 会计核算软件是一种系统软件

B. 会计核算软件是一种计算机软件

C. 会计核算软件是一种非计算机软件

D. 会计核算软件是一种应用软件

【答案与解析】BD。会计核算软件是一种应用软件，更是一种计算机软件。

【重点例题·多选题】下列选项中，不属于应用软件的有（　　）。

A. 杀毒软件　　　　　　B. SQL　　　　　　C. 会计软件　　　　　　D. 诊断软件

【答案与解析】ABD。杀毒软件和诊断软件都是支持服务程序，属于系统软件；SQL是数据库管理系统，也属于系统软件。

【重点例题·多选题】下列选项中，属于应用软件的有（　　）。

A. 文字处理软件　　　　　　　　　　　　B. 表格处理软件

C. 数据库管理系统　　　　　　　　　　　D. 编译程序

【答案与解析】AB。数据库管理系统属于系统软件；编译程序是语言处理程序，也是系统软件。

【真题·判断题】应用软件是为了解决各类应用问题而设计的各种计算机软件，文字处理软件和电子表格软件都属于应用软件。（　　）

【答案与解析】√。本题考查的是对应用软件的理解及其常用类别。

名师点评

虽然该题目与本书或其他相关书籍中对应用软件的定义不完全相同，但本质上是一样的。考生在学习时切忌死记硬背，对各种专有名词的定义应在理解的基础上加以记忆，否则考题稍有变化就会判断失误。

二、安装会计软件的前期准备

软件环境是保证系统正常运行、实现系统目标的必备条件。会计软件的安装运行要求配备合适的操作系统（Windows 2000、Windows XP 等）和较充裕的硬盘空间。一般应从两个方面构建会计软件的运行环境：一方面要配置较好的硬件条件，如高配置计算机、打印机等；另一方面要求有相应的软件环境，如操作系统和数据库等。所以，安装会计软件的前期准备工作尤变得重要，如表 2-2-4 所示。

表 2-2-4　安装会计软件的前期准备

前期准备工作	作　用
对操作系统进行简单配置	确保操作系统符合会计软件的运行要求，使之能正常运行
安装数据库管理系统	确保数据库符合会计软件的运行要求
安装某些支撑软件	支撑软件对会计软件的运行起辅助作用
安装会计软件	考虑会计软件与数据库系统的兼容性

知识拓展

用友 T3 软件安装说明

1. 操作系统

操作系统	服 务 器	客 户 端	单机模式
Windows 2000 Server SP4	支持	支持	支持
Windows 2003 Server SP2	支持	支持	支持
Windows 2000 professional SP4	支持	支持	支持
Windows Xp SP2	不支持	支持	支持
Windows Xp SP3	不支持	支持	支持
Windows 7（企业版和旗舰版）	不支持	支持	支持
Windows Sever 2008	支持	支持	支持

2. 数据库

操作系统	服 务 器	客 户 端	单机模式
Microsoft SQL Server 2000 SP4	安装	不用安装	安装
Microsoft SQL Server 2005	安装	不用安装	安装
Microsoft SQL Server 2008	安装	不用安装	安装
MSDE	安装	不用安装	安装

第三节　会计软件的网络环境

一、计算机网络基本知识

1. 计算机网络的概念与功能

（1）概念

计算机网络是以硬件资源、软件资源和信息资源共享，以及信息传递为目的，在统一的网络协议控制下，将地理位置分散的许多独立的计算机系统连接在一起所形成的网络，是计算机技术和通信技术结合的产物。

（2）主要功能

计算机网络的功能主要体现在资源共享、数据通信、分布处理等三个方面，如表 2-3-1 所示。

表 2-3-1　计算机网络的功能

功　能	含　义
资源共享	网络上的用户可全部或部分享受网络中的硬件、软件和数据，各种资源相互通用，是最主要的功能
数据通信	使计算机之间能快速、可靠地进行数据传送，可根据需要对数据进行集中与分散管理，是基本功能
分布处理	当网络中的某个计算机系统负荷过重时，可以将其处理的任务传送至网络中较空闲的其他计算机系统，以提高整个系统的利用率

知识拓展

资源共享包括以下三个方面。

1) 硬件资源共享: 可以在全网范围内提供存储资源、处理资源、输入输出资源等设备的共享。

2) 软件资源共享: 允许互联网上的用户远程访问各类大型数据库, 可以得到网络文件传送服务、远程进程管理服务和远程文件访问服务。

3) 用户间信息交换: 为分布在各地的用户提供强有力的通信手段, 用户可通过计算机网络传送电子邮件、发布新闻消息和进行电子商务活动。

例题精讲

【真题·单选题】建立计算机网络的主要目的在于 ( )。

A. 资源共享
B. 建立通信系统
C. 建立自动办公系统
D. 建立可靠的管理信息系统

【答案与解析】A。资源共享是计算机网络最主要的功能, 因此是建立计算机网络的主要目的。

2. 计算机网络的分类

按照覆盖的地理范围进行分类, 计算机网络可以分为局域网、城域网和广域网三种, 如表 2-3-2 所示。

表 2-3-2 计算机网络的分类 (一)

划分标准	分 类	特 点	应用领域
地理有效范围	局域网 (LAN)	作用于某一小区域, 由多台计算机组成网络, 覆盖范围 10 千米以内	属于一个单位或部门小范围内, 常见类型有以太网、令牌网、光纤分布式接口网、异步传输模式网
	城域网 (MAN)	作用于一个城市范围内, 覆盖范围 5~50 千米, 借助通信光纤将多个局域网联通公用城市网络形成大型网络, 使得局域网内之间资源共享	邮政、银行、医院和政府的城域网中
	广域网 (WAN) 或远程网	作用于长距离通信线路, 覆盖范围几十千米到几千千米, 涉及一国或多国, 甚至整个世界	如中国公用计算机互联网、中国教育科研网等

其实, 计算机网络划分有很多标准, 不同的划分依据有不同的网络, 以下就是一些常见的计算机网络类型, 如表 2-3-3 所示。

表 2-3-3 计算机网络的分类 (二)

划分标准	分 类	特 点	应用领域
通信媒体	有线网	采用同轴电缆、双绞线或光缆来连接网络	有线电视等
	无线网	一般采用电磁波无线连接	适于很难布线的地方, 如展览馆、学校等
使用范围	公用网	为公众提供各种信息服务的网络	CHINAPAC、校园网、广电网等公用网
	专用网	为满足自身需要而组建、拥有、管理和使用, 且不向他人提供服务的网络	银行网、铁路网、电力网、证券网和军用网等专用网

续表

划分标准	分类	特点	应用领域
配置	同类网或对等网络	每台计算机既可作为客户机，也可作为服务器	灵活、实用，但不适用于大容量处理任务
	单服务器网	只有一台作为网络服务器，其他是客户机	网络中的每台工作站地位平等，均可通过服务器共享全网资源
	混合网	服务器不止一个，同时也不是所有的客户机都能充当服务器	适用于一些大型的、信息处理频繁的、重要的网络系统
对数据的组织方式	分布式数据组织网络系统	资源既互联又独立，客户机独立支配自己的资源	信息处理
	集中式数据组织网络系统	资源由指定服务器统一管理，客户机须在服务器或起决定作用的计算机支配下工作	IBM 的 AS/400

例题精讲

【真题·单选题】在计算机网络中，LAN 代表的是（　　）。

A. 城域网　　　　　B. 局域网　　　　　C. 互联网　　　　　D. 广域网

【答案与解析】B。局域网即 Local Area Network，缩写为 LAN。

【重点例题·多选题】计算机网络按分布距离分类，通常可分为（　　）。

A. 局域网　　　　　B. 广域网　　　　　C. Internet　　　　　D. 校园网

【答案与解析】AB。计算机网络按分布距离可分为局域网、城域网和广域网。

知识拓展

Internet 概述

（1）定义

Internet 又称国际互联网，是当今世界上最大的国际性计算机互联网络，是广域网的一种。它集现代通信技术、计算机技术和网络技术于一身，是进行信息交流和实现计算机资源共享的最佳方式。

Internet 产生于 1969 年初，它的前身是 ARPA 网（阿帕网），是美国国防部高级研究计划署为军事目的而建立的网络。为了在不同结构的计算机之间实现正常的通信，ARPA 网通过一个名为 TCP/IP 的通信协议，要求联网用户共同遵守。

（2）TCP/IP 协议

TCP/IP 协议的中文全称为传输控制协议/因特网互联协议，是 Internet 最基本的网络互联协议，是 Internet 上计算机之间进行通信所必须共同遵循的一种通信规则。TCP/IP 表示一个协议集合，它由许多协议组成。

TCP/IP 协议的高层应用协议包括万维网（World Wide Web，WWW）的超文本传输协议（HTTP）、文件传输协议（FTP）、远程网络访问协议（Telnet）和简单邮件传输协议（SMTP），这些协议通常和 TCP/IP 协议打包一起使用。TCP/IP 协议的组成层次如表 2-3-4 所示。

表 2-3-4 TCP/IP 协议的组成层次

TCP/IP 协议	阶　层	特　点
IP 协议（网际互联协议）	低层、网络层	处理每个数据包的地址部分，使数据包正确到达目的地
TCP 协议（传输控制协议）	高层、传输层	负责聚集信息或把文件拆分成更小的数据包，通过网络传送到接收端的 TCP 层，然后把数据包还原为原始文件

例题精讲

【真题·单选题】Internet 被称为（　　）。

　　A. 局域网　　　　　　B. 广域网　　　　　　C. 国际互联网　　　　D. 城域网

【答案与解析】C。Internet 即因特网，又称国际互联网。

【重点例题·单选题】IP 地址用一个（　　）位二进制数表示，为阅读方便采用点分十进制表示，即每组都用十进制数（0～255）表示，而且组间用圆点分隔。

　　A. 16　　　　　　　　B. 32　　　　　　　　C. 64　　　　　　　　D. 128

【答案与解析】B。IP 地址使用 32 位二进制数表示，理论上共有 2^{32} 个编码。

【真题·多选题】下列设备中，可用作网络终端的有（　　）。

　　A. 个人电脑　　　　　B. 可上网电脑　　　　C. 鼠标　　　　　　　D. 网络电视

【答案与解析】ABD。个人电脑、可上网电脑和网络电视都可连接网络，成为网络终端，鼠标是输入设备，不可用作网络终端。

【重点例题·多选题】TCP/IP 协议包括（　　）。

　　A. 超文本传输协议　　　　　　　　　　B. 文件传输协议

　　C. 远程网络访问协议　　　　　　　　　D. 简单邮件传输协议

【答案与解析】ABCD。本题考查的是 TCP/IP 协议的内容，以上四项均属于它的内容。

名师点评

　　对于一些计算机相关专业名词术语，考生不仅要准确记住具体的内容名称，还应记住对应的英文简称。这样无论考题如何变化，都能应付自如。

知识拓展

　　1）主页（Home Page）是指个人或机构的基本信息页面。在 Internet 上，人们通过主页可以了解一个学校、公司或政府部门的基本情况。

　　2）站点（网站）即一系列网页的集合。网站是一个组织（如公司、学校、机关、部门）或者个人建立在 Internet 上的站点。

　　3）Internet 的应用。

　　Internet 的功能应用如表 2-3-5 所示，此外 Internet 还提供信息查询、电子商务、远程教育、网上寻呼、网络游戏等服务。

表 2-3-5 Internet 的功能应用

功能应用	含 义	特 点
万维网、环球网	以超文本技术为基础，用面向文件的阅览方式替代通常的菜单列表方式，提供具有一定格式的文本、图形、声音、动画等	制定一套标准的、易于掌握的超文本标记语言，统一资源定位器和超文本传输协议
文件传输（FTP）	是一个用于在两台装有不同操作系统的机器中传输计算机文件的软件标准，分上传和下载两种方式	可传送任何类型、长度的文件，不需要对文件进行复杂的转换，工作效率较高
电子邮件（E-mail）	是用户通过 Internet 发送的信函，是一种通过电子手段提供信息交换的通信方式	价格低廉，交流快速，邮件包括文字、图像、声音及其他多媒体内容
远程登录（Telnet）	允许用户将本地的计算机暂时作为远程计算机的终端，并直接调用它的资源和服务	能更好地协同各地计算机完成各种作业
新闻组（News Group）	是个人向新闻服务器投递邮件的集合，邮件大多有共同的主题，如军事、科技新闻组等	是一个完全交互式的超级电子论坛，是任何一个网络用户都能进行相互交流的工具
电子公告板（BBS）	是互联网上的一种电子信息服务系统，也是一种休闲信息服务系统	具有明显的地域特点和实时交流的功能，并集知识性、教育性、娱乐性于一身

例题精讲

【真题·多选题】下列有关远程登录的表述中，正确的有（   ）。

A. 远程登录是网络环境下实现资源共享的有效手段

B. 在远程登录的情况下，登录用户可以使用远程计算机的所有资源

C. 远程登录采用的是 Telnet 协议

D. 远程登录存在一定的风险

【答案与解析】ACD。在远程登录的情况下，登录用户可以使用远程计算机的共享资源，而不是所有资源。

【重点例题·多选题】（   ）属于 Internet 的功能应用。

A. 电子邮件　　　　B. 电子公告板　　　　C. 电子商务　　　　D. 网络游戏

【答案与解析】ABCD。Internet 的功能应用除万维网、文件传输、远程登录、电子邮件、新闻组、电子公告板外，还有信息查询、电子商务、远程教育、网上寻呼、网络游戏等。

知识拓展

网络中的每台计算机都有一个唯一的 IP 地址，但不一定都有一个域名，必须事先在域名系统中建立某个 IP 地址所对应的域名。网络系统只识别 IP 地址，当输入域名时，由网络中的域名系统将域名转换成 IP 地址，按地址找到主机并实现访问。

网址是 Internet 的重要标志，其表现形式如表 2-3-6 所示。

表 2-3-6 网址表现形式

网 址	定 义	格式和实例
IP 地址	正式接入 Internet 的每台计算机都有一个唯一的数字地址	长度为 32 位二进制数，分成四个部分，每个部分用十进制数来表示，每个数的范围是 0～255，彼此用"."分隔，如 202.201.108.2

续表

网 址	定 义	格式和实例
域名地址	一种字符形式的地址	格式为 www.<用户名>.<二级域名>.<一级域名>，如 www.beijing.gov.cn。www 是万维网的缩写，用户名是 beijing。二级域名说明所属的组织类型。例如，gov 为政府，edu 为教育机构，com 为商业机构，net 为主要网络支持中心，mil 为军事组织，int 为国际组织，ac 为科研机构，org 为非营利组织。一级域名以地理位置划分，表明主机所在的国家和地区。例如，cn 代表中国，hk 代表中国香港，jp 代表日本
网络文件地址	网络文件都有唯一的地址，方便用户访问查找	格式为<协议>://<服务器类型>.<域名>/<目录>/<文件名>，如 http://news.qq.com/a/20130830/013125.htm。http://表示使用的是万维网协议，news 是服务器类型，qq.com 是网站域名，a/20130830 是文件的目录路径，013125.htm 是文件名
电子邮件地址	标志电子邮件用户，以顺利完成邮件准确、及时收发的服务	格式为<用户名>@<电子邮件服务器域名>，如 abc@sina.com.cn。abc 是邮件用户名，在申请时由用户自行设置，@是由用户申请电子信箱时自己确定的，sina.com.cn 是邮件服务器域名

例题精讲

【重点例题·判断题】Internet 中的每一台主机都有一个唯一的域名，但却不必有一个唯一的 IP 地址。						（　　　）

【答案与解析】×。Internet 中 IP 地址是唯一的，但域名不一定是唯一的。

【真题·单选题】下列关于 IP 地址的表述中，正确的是（　　　）。

A. 域名就是 IP 地址

B. 每台电脑的 IP 地址是不能修改的

C. 可以表示成四组二进制数

D. Internet 上的每一台主机都要有一个 IP 地址

【答案与解析】C。域名和 IP 地址是两个不同的概念；电脑的 IP 地址可以修改，Internet 上的每一台计算机都必须有一个唯一的 IP 地址。

【真题·单选题】E-mail 地址 Ropl@edu.com.cn 中，表示用户名的是（　　　）。

A. Ropl			B. cn			C. com			D. Ropl@edu

【答案与解析】A。电子邮件地址的形式是<用户名>@<电子邮件服务器域名>，所以用户名是 Ropl。

【真题·单选题】网址 http://www.sina.com.cn 中的 cn 代表（　　　）。

A. 中国			B. 商业			C. 教育			D. 政府

【答案与解析】A。cn 是一级域名，代表中国。

【重点例题·多选题】下列有关域名地址的说法中，正确的是（　　　）。

A. 域名地址全用数字组成

B. 每一个服务器都有一个唯一的域名地址

C. 域名地址和 IP 地址不一定对应

D. 域名地址的格式是 www.<用户名>.<二级域名>.<一级域名>

【答案与解析】BD。由于 IP 地址不便记忆，因此一般采用与其相对应的域名来表示网址。域名一般用通俗易懂的缩写字表示，其格式为 www.<用户名>.<二级域名>.<一级域名>。

二、会计信息系统的网络组成部分

会计信息系统的网络组成部分有服务器、客户机和网络连接设备，如表 2-3-7 所示。

表 2-3-7 会计信息系统的网络组成部分

网络组成部分	定　义	特　点
服务器/伺服器	网络环境中的高性能计算机，侦听网络上的其他计算机（客户机）提交的服务请求，并提供相应的服务，为此，服务器必须具有承担服务并且保障服务的能力	通常分为文件服务器、数据库服务器和应用程序服务器
客户机/用户工作站	用户连接网络的设备，一般由计算机担任，每一个客户机都运行在自己的、并为服务器所认可的操作系统环境中。客户机主要享受网络上提供的各和资源	连接服务器的计算机。客户机使用服务器共享的文件、打印机和其他资源
网络连接设备	把网络中的通信线路连接起来的各种设备的总称	包括中继器、集线器、交换机和路由器等

通常，采用客户机/服务器结构的系统，有一台或多台服务器以及大量的客户机。服务器配备大容量存储器并安装数据库系统，用于数据的存放和数据检索；客户端安装专用的软件，负责数据的输入、运算和输出。

客户机和服务器都是独立的计算机。当一台连入网络的计算机向其他计算机提供各种网络服务（如数据、文件的共享等）时，就被称为服务器。而那些用于访问服务器资料的计算则被叫作客户机。严格说来，客户机/服务器模型并不是从物理分布的角度来定义，它所体现的是一种网络数据访问的实现方式。采用这种结构的系统目前应用非常广泛，如宾馆、酒店的客房登记、结算系统，超市的 POS 系统，银行、邮电的网络系统等。

第四节　会计软件的安全

一、安全使用会计软件的基本要求

常见的非规范操作包括密码与权限管理不当、会计档案保存不当、未按照正常操作规范运行软件等，这些操作可能威胁会计软件的安全运行。安全使用会计软件的基本要求如表 2-4-1 所示。

表 2-4-1 安全使用会计软件的基本要求

基本要求	目　的
严格管理账套使用权限	可以防止数据外泄；用户不能随便让他人使用电脑；在离开电脑时，必须立即退出会计软件，以防止他人偷窥系统数据
定期打印备份重要的账簿和报表数据	防止硬盘上的会计数据遭到意外或人为破坏
严格管理软件版本升级	因改错而升级版本；因功能改进和扩充而升级版本；因运行平台升级而升级版本；经过对比审核，如果新版软件更能满足实际需要，企业应该对其进行升级

知识拓展

影响计算机系统安全的主要风险因素如表 2-4-2 所示。

表 2-4-2 影响计算机系统安全的主要风险因素

风险因素	定　义
系统故障风险	由于操作失误，硬件、软件及网络本身出现故障，导致系统数据丢失甚至系统瘫痪的风险
内部人员道德风险	指企业内部人员对信息进行非法访问、篡改、泄密和破坏等方面的风险
系统关联方道德风险	指企业关联方非法侵入企业内部网，以剽窃数据和知识产权、破坏数据、搅乱某项特定交易等为目的产生的风险
社会道德风险	来自社会上的不法分子通过 Internet 非法入侵企业内部系统并破坏、剽窃数据信息的风险，以黑客和病毒破坏最为普遍
计算机病毒	人为蓄意编写的具有自我复制能力并可以制造计算机系统故障的计算机程序

当然，上述风险因素的划分在不同的专业书籍上有所不同，可以把内部人员道德风险、系统关联方道德风险和社会道德风险合称为道德风险。有些专家、学者也把计算机病毒归为社会道德风险因素的范畴。

另外，自然因素也是引发计算机安全风险的重要因素，如服务器突然断电、台风、洪水、地震等破坏了计算机网络等。

知识拓展

入侵检测技术不仅可以检查网络中的入侵行为，还能检测来自内部的入侵越权操作，且能及时保留入侵检测的记录，以作为追究入侵者法律责任的证据。

例题精讲

【重点例题·单选题】影响计算机系统安全的主要风险不包括（　　　）。
　　A. 系统故障风险　　　　　B. 道德风险　　　C. 计算机病毒　　　　D. 文化风险
【答案与解析】D。影响计算机系统安全的主要因素有系统故障风险、内部人员道德风险、系统关联方道德风险、社会道德风险及计算机病毒等。

【重点例题·单选题】非法用户对系统的破坏往往造成系统的崩溃，这类风险属于（　　　）。
　　A. 系统故障风险　　　　B. 道德风险　　　　C. 计算机病毒　　　　D. 文化风险
【答案与解析】B。道德风险因素是指与人的品德修养有关的无形因素，即由于人们不诚实、不正直或有不轨企图，故意促使风险事故发生。

【重点例题·单选题】黑客入侵属于（　　　）。
　　A. 内部人员道德风险　　　　　　　　　　B. 系统关联方道德风险
　　C. 社会道德风险　　　　　　　　　　　　D. 企业道德风险
【答案与解析】C。社会道德风险是指来自社会上的不法分子通过 Internet 对企业内部网的非法入侵和破坏。

二、计算机病毒的防范

计算机病毒是指编制者在计算机程序中插入的破坏计算机功能或数据，影响计算机使用并且能够自我复制的一组计算机指令或程序代码。

1. 计算机病毒的特点

计算机病毒的特点如表 2-4-3 所示。

表 2-4-3　计算机病毒的特点

病毒的特点	影　响
寄生性	可以寄生在正常的程序中，跟随正常程序一起运行
传染性	可以通过不同途径传播
潜伏性	可以事先潜伏在电脑中不发作，然后在某一时间集中大规模爆发
隐蔽性	未发作时不易被发现
破坏性	可以破坏电脑，造成电脑运行速度变慢、死机、蓝屏等问题
可触发性	在条件成熟时被触发
变种性	可以在传播过程中自动改变自己的形态，衍生出新病毒，称为变种病毒

2. 计算机病毒的类型

计算机病毒的分类如表 2-4-4 所示。

表 2-4-4　计算机病毒的分类

分　类		特　点
按病毒的破坏能力分类	良性病毒	指那些只占有系统 CPU 资源，但不破坏系统数据，不会使系统瘫痪的计算机病毒
	恶性病毒	对计算机系统的破坏力更大，包括删除文件、破坏盗取数据、格式化硬盘、使系统瘫痪等
按病毒存在的方式分类	引导型病毒	在系统开机时，进入内存并控制系统，进行病毒传播和破坏活动，寄生在磁盘引导区或主引导区
	文件型病毒	感染计算机存储设备中的可执行文件，当执行该文件时，再进入内存，控制系统，进行病毒传播和破坏活动
	网络病毒	通过计算机网络传播感染网络中的可执行文件
按传染方法划分	驻留型病毒	把自身的内存驻留部分放在内存中，挂接系统调用并合并到操作系统中，使其处于激活状态，直到关机或重新启动
	非驻留型病毒	在得到机会激活时并不感染计算机内存

📧 **知识拓展**

宏是指设计者利用某种程序语言设计出来的程序，该程序具备自动运行并完成指定工作的能力。对于重复性较强的工作，利用宏来执行可以极大地提高工作效率。宏病毒是一种寄存在文档或模板宏中的计算机病毒。一旦打开这样的文档，其中的宏就会被执行，宏病毒就会被激活，转移到计算机上，并驻留在 Normal 模板上。

复合型病毒同时具备引导型病毒和文件型病毒的某些特点。

3. 导致计算机感染病毒的人为因素

导致计算机感染病毒的人为因素如表 2-4-5 所示。

表 2-4-5　导致病毒感染的人为因素

人为因素	危害影响
不规范的网络操作	可能导致计算机感染病毒。主要途径：浏览不安全网页、下载被病毒感染的文件或软件，接收被病毒感染的电子邮件、使用即时通信工具
使用被病毒感染的磁盘	使用来历不明的硬盘和 U 盘，容易使计算机感染病毒

📧 知识拓展

计算机病毒的传播途径

计算机病毒的传播途径如表 2-4-6 所示。

表 2-4-6　计算机病毒的传播途径

传播途径	危害影响
U 盘	大量的 U 盘交换，合法或非法的程序复制，不加控制地随便在机器上使用各种软件，造成了病毒传染且泛滥蔓延
硬盘	是病毒传染的重要渠道。带有病毒的机器移到其他地方使用、维修等，病毒会感染"干净"的硬盘并再扩散
光盘	光盘上的病毒不能清除。盗版光盘的泛滥给病毒的传播带来了很大的便利
网络	网络使用的简易性和开放性使得通过网络传染病毒的威胁越来越严重

4. 感染计算机病毒的主要症状

计算机感染病毒后，轻则干扰计算机系统正常运行，重则修改或删除文件，使计算机系统陷于瘫痪。计算机感染病毒之后一般有以下现象：

① 系统启动时间比平时长，运行速度减慢。

② 系统经常无故发生死机现象。

③ 系统异常重新启动。

④ 计算机存储系统的存储容量异常减少，磁盘访问时间比平时长。

⑤ 系统不识别硬盘。

⑥ 文件的日期、时间、属性、大小等发生变化。

⑦ 打印机等一些外部设备工作异常。

⑧ 程序或数据丢失或文件损坏。

⑨ 系统的蜂鸣器出现异常响声。

⑩ 其他异常现象。

5. 防范计算机病毒的措施

若要计算机免受病毒的侵扰，关键在于预防。因此，必须提高对计算机病毒的防范意识，不给病毒以可乘之机。

防范计算机病毒的有效方法：

① 规范使用 U 盘：在使用外来 U 盘时，应该首先用杀毒软件检查是否有病毒，确认无病毒后再使用。

② 使用正版软件，杜绝购买盗版软件。

③ 谨慎下载与接收网络上的文件和电子邮件。

④ 经常升级杀毒软件。

⑤ 在计算机上安装防火墙。

⑥ 经常检查系统内存。

⑦ 计算机系统要专机专用，避免使用其他软件。

6．计算机病毒的检测与清除

病毒防治不仅要预防计算机被病毒感染，而且在计算机感染病毒之后要设法将其清除。这涉及两方面的工作：一是检测病毒，二是清除病毒，如表 2-4-7 所示。

表 2-4-7　计算机病毒的检测与清除

病毒的检测	人工检测	通过一些软件工具进行病毒检测，此法需检测者熟悉计算机指令和操作系统，因而不易普及
	自动检测	通过一些检测软件来判断一个系统或一个软件是否有病毒，此法简单，一般用户都可进行
病毒的清除	一般方法	使用杀毒软件查杀，杀毒软件可同时清除多种病毒，且对计算机中的数据没有影响
	彻底方法	进行格式化，但会"玉石俱焚"，即导致现有的磁盘或分区中所有的文件被清除

检测计算机病毒可使用杀毒软件，如 KV3000、瑞星、金山毒霸等。其局限性是无法及时检测新病毒的出现，需定期升级。

对计算机病毒最彻底的清除方法是格式化，但是有用数据或程序文件也将与病毒一起被清除。

所以清除计算机病毒应首先考虑使用杀毒软件，只有在杀毒软件无能为力的时候再考虑通过格式化清除病毒。

📝 例题精讲

🔖【重点例题·判断题】怀疑计算机感染了病毒，首先采取的合理措施是使用杀毒软件查杀病毒。　　　　　　　　　　　　　　　　　　　　　　　　　　　（　　　）

【答案与解析】√。怀疑计算机感染了病毒，首先采取的合理措施是使用杀毒软件查杀病毒。

🔖【真题·判断题】计算机病毒通常可以分为系统引导病毒、文件型病毒和复合型病毒。　　　　　　　　　　　　　　　　　　　　　　　　　　　　　　　　（　　　）

【答案与解析】×。计算机病毒通常可以分为系统引导病毒、文件型病毒、复合型病毒和宏病毒。

🔖【真题·多选题】计算机病毒通常可以分为（　　　）。

A．宏病毒　　　　B．文件型病毒　　　　C．复合型病毒　　　　D．系统引导病毒

【答案与解析】ABCD。计算机病毒通常可以分为系统引导病毒、文件型病毒、复合型病毒和宏病毒。

【真题·单选题】计算机病毒以（　　　）为媒介进行传播，在计算机内部反复进行自我复制和扩散。

  A. 键盘、磁盘、光盘   B. 磁盘、光盘、显示器

  C. 磁盘、光盘、网络   D. 鼠标、光盘、网络

【答案与解析】C。计算机病毒主要通过软盘传播、机器传播和网络传播来入侵计算机系统，键盘、显示器和鼠标不是病毒传播的场所。

【重点例题·多选题】计算机病毒的主要特点是（　　　）。

  A. 计算机病毒是一种具有传染性和破坏性的计算机程序

  B. 计算机病毒在计算机内部能反复进行自我繁殖和扩散

  C. 计算机病毒只以软盘、硬盘和光盘为媒介进行传播

  D. 计算机病毒可能修改或删除系统程序和数据文件，使系统陷于瘫痪

【答案与解析】ABD。计算机病毒具有自我复制和扩散的能力，以及隐蔽性、感染性、潜伏性、破坏性等特点，还可以通过网络传播。

三、计算机黑客及其防范

计算机黑客是指通过网络非法进入他人系统的计算机入侵者。他们对计算机技术和网络技术非常精通，能够了解系统的漏洞及其原因所在，通过非法闯入计算机网络来窃取机密信息，毁坏某个信息系统。

1. 黑客常用手段

黑客常用手段如表 2-4-8 所示。

表 2-4-8　黑客常用手段（一）

常用手段		目的与特征
密码破解	字典攻击	获取系统或用户的口令文件
	假登录程序	
	密码探测程序	
IP 嗅探与欺骗	IP 嗅探/网络监听	一种被动攻击，通过改变网卡的操作模式来接收流经计算机的所有信息包，以便截取其他计算机的数据报文或口令
	欺骗	一种主动攻击，将网络上的某台计算机伪装成另一台不同的主机，目的是使网络中的其他计算机误将冒名顶替者当成原始的计算机而向其发送数据
攻击系统漏洞		程序在设计、实现和操作上存在错误，黑客利用这些漏洞攻击网络中的目标计算机
端口扫描		黑客利用一些端口扫描软件对被攻击的目标计算机进行端口扫描，搜索到计算机的开放端口并进行攻击

知识拓展

在其他一些会计电算化教材中，也提到了一些黑客常用的攻击手段，可以归纳为以下几种，如表 2-4-9 所示。

表2-4-9 黑客常用手段（二）

常用手段	含 义
拒绝访问	利用大量信息攻击网站，造成系统阻塞，甚至让网站崩溃
扫描器	广泛地扫描互联网来确定计算机、服务器和链接类型，找到薄弱环节来利用
嗅觉器	通过搜索正在网上传播的个人信息包来获取密码甚至整个信息包的内容
网上欺骗	通过伪造电子邮件地址或网页，欺骗用户输入信息，并获取其中的关键数据
特洛伊木马	将此程序安装在计算机上，来获取需要的信息
后门	通过开发一些隐蔽的进入通道，来降低原来进入的通道被察觉的可能性
进攻拨号程序	通过自动拨号来搜寻一个可以通过调制解调器连接的进入通道
逻辑炸弹	利用此指令嵌到软件中，以触发对计算机的恶意操作
缓存溢出	向存储器的缓冲区发送过量的数据，来破坏或接管对计算机的控制
解密	通过对各种密码的分析和破解来获取具体的密码信息，达到不法目的

2. 防范黑客的措施

防范黑客的措施如表2-4-10所示。

表2-4-10 防范黑客的措施

措 施	目的与效果
制定相关法律法规加以约束	使防范黑客有法可依、有章可循，使黑客慑于法律威严，不敢轻举妄动，达到规范和约束与网络信息传递相关的各种行为
数据加密	保护系统内的数据、文件、口令和控制信息，同时也可提高网上传输数据的可靠性
身份认证	通过密码或特征信息等来确认用户身份的真实性，只对确认了身份的用户给予相应的访问权限，从而降低黑客攻击的可能性
建立完善的访问控制策略	设置进入网络的访问权限、目录安全等级控制、网络端口和节点的安全控制、防火墙的安全控制等，通过这些安全设置，才能最大限度地保护计算机系统免受黑客的攻击
及时下载并更新系统软件	通过下载并安装最新发布的各种"补丁程序"，以便修补操作系统存在的漏洞

📝 例题精讲

🖊【真题·判断题】逻辑炸弹是一种破坏和接管对计算机控制的技术，其原理是向计算机存储器的缓冲区发送过量的数据。 （ ）

【答案与解析】×。逻辑炸弹是利用此指令嵌入软件中，以触发对计算机的恶意操作，而缓存溢出是向计算机存储器的缓冲区发送过量的数据，来破坏或接管对计算机的控制。

🖊【重点例题·单选题】计算机黑客泛指（ ）。

A. 通过计算机网络非法进入他人系统的计算机入侵者

B. 那些具有独立思考尤其对操作系统的奥秘有强烈兴趣的计算机迷

C. 访问计算机的操作员

D. 具有自我复制能力并可制造系统故障的计算机病毒

【答案与解析】A。计算机黑客一般指的是通过网络非法进入他人系统的计算机入侵者。

🖊【真题·单选题】黑客攻击的主要目标不包括（ ）。

A. 网络服务　　　B. 信息资源　　　C. 打印机　　　D. 网络客户端

【答案与解析】C。计算机黑客是通过网络进行非法入侵和攻击的，打印机不一定处在网络系统中，因此通过排除法可知选项C是正确的。

【重点例题·多选题】可以有效防范黑客入侵的是（   ）。

A. 防火墙技术　　　B. 防黑产品　　　　C. 漏洞修复　　　　D. 病毒查杀

【答案与解析】ABC。选项D属于防范病毒的有效方法，其他选项均可有效防范黑客入侵。

巩固练习及答案

一、单选题

1. 计算机辅助系统是利用计算机帮助人们完成某项任务的系统，其中CAI的含义是（   ）。

A. 计算机辅助设计　　　　　　　B. 计算机辅助教学
C. 计算机辅助制造　　　　　　　D. 计算机辅助测量

2. 人们通常所说的一个完整的计算机系统应包括（   ）。

A. 运算器、存储器和控制器　　　B. 计算机的外围设备
C. 系统软件和应用软件　　　　　D. 计算机的硬件系统和软件系统

3. 系统软件和应用软件的相互关系是（   ）。

A. 前者以后者为基础　　　　　　B. 后者以前者为基础
C. 相互没有关系　　　　　　　　D. 相互支持

4. 计算机在工作过程中电源突然中断，则计算机（   ）全部丢失，再次通电后也不能恢复。

A. ROM和RAM中的信息　　　　B. ROM中的信息
C. RAM中的信息　　　　　　　　D. 硬盘中的信息

5. 从域名www.sina.com.cn可以看出，这个站点是中国的一个（   ）。

A. 政府部门　　　B. 军事部门　　　C. 商业部门　　　　D. 教育部门

6. 计算机最主要的工作原理是（   ）。

A. 存储程序与程序控制　　　　　B. 高速度与高精度
C. 可靠性与可用性　　　　　　　D. 有记忆能力

7. 下列术语中，最能代表一个计算机系统运行速度的指标是（   ）。

A. CPU主频　　　B. 时钟　　　　C. MIPS　　　　　D. 字长

8. TCP/IP协议是指一组（   ）。

A. 局域网技术
B. 广域网技术
C. 只支持同类计算机网络互联的通信协议
D. 支持异类计算机网络互联的通信协议

9．域名的命名格式为 www.<用户名>.<二级域名>.<一级域名>，每个国家都有唯一的一级域名，我国的一级域名是（　　）。

　　A．ip　　　　　　　　B．com　　　　　　　C．china　　　　　D．cn

10．在 Internet 中用<协议>://<服务器类型>.<域名>/<目录>/<文件名>格式表示（　　）。

　　A．域名地址　　　　　　　　　　　　B．IP 地址

　　C．电子邮件地址　　　　　　　　　　D．网络文件地址

11．黑客入侵属于（　　）。

　　A．内部人员道德风险　　　　　　　　B．系统关联方道德风险

　　C．社会道德风险　　　　　　　　　　D．企业道德风险

12．计算机病毒是（　　），可以使整个计算机瘫痪，危害极大。

　　A．一条命令　　　　　　　　　　　　B．一段特殊的程序

　　C．一种生物病毒　　　　　　　　　　D．一种芯片

13．bit 的意思是（　　）。

　　A．二进制　　　　　B．字长　　　　　　C．字节　　　　　　D．字

14．在计算机内，一切信息存取、传输都是以（　　）形式进行的。

　　A．十六进制　　　　B．BCD 码　　　　　C．二进制码　　　　D．ASCⅡ码

15．用于结束当前行的输入，开始下一行，或者确认当前输入或选择的是（　　）。

　　A．Enter　　　　　　B．Backspace　　　　C．Tab　　　　　　D．Caps Lock

16．下列有关存储器读写速度的排序中，正确的是（　　）。

　　A．RAM＞Cache＞硬盘＞软盘　　　　B．Cache＞RAM＞硬盘＞软盘

　　C．Cache＞硬盘＞RAM＞软盘　　　　D．RAM＞硬盘＞软盘＞Cache

17．下列关于存储器的叙述中，正确的是（　　）。

　　A．CPU 能直接访问存储在内存中的数据，也能直接访问存储在外存中的数据

　　B．CPU 不能直接访问存储在内存中的数据，但能直接访问存储在外存中的数据

　　C．CPU 只能访问存储在内存中的数据，不能直接访问存储在外存中的数据

　　D．CPU 既不能直接访问存储在内存中的数据，也不能直接访问存储在外存中的数据

18．微机中使用的鼠标一般连接在计算机主机的（　　）上。

　　A．并行接口　　　　B．串行接口　　　　C．显示器接口　　　D．打印机接口

19．软盘设置为写保护状态后，（　　）。

　　A．该盘不能防止病毒入侵　　　　　　B．该盘能防止病毒入侵

　　C．能用杀毒软件对它进行杀毒　　　　D．若有病毒不至于扩散

20．目前使用的防病毒软件的作用是（　　）。

　　A．清除已感染的任何病毒　　　　　　B．查出已知名的病毒，清除部分病毒

　　C．查出任何已感染的病毒　　　　　　D．查出并清除任何病毒

21．计算机的最早应用领域是（　　）。

　　A．信息处理　　　　B．科学计算　　　　C．计算机通信　　　D．人工智能

二、多选题

1．下列有关域名地址的说法中，正确的是（　　）。

　　A．域名地址全用数字组成

B．每一个服务器都有一个唯一的域名地址

C．域名地址和 IP 地址不一定对应

D．域名地址的格式是 www.<用户名>.<二级域名>.<一级域名>

2．影响计算机系统安全的主要风险有（　　　）。

A．政治风险　　　　B．系统故障风险　　　　C．道德风险　　　　D．计算机病毒

3．计算机病毒的主要特点是（　　　）。

A．计算机病毒是一种具有传染性和破坏性的计算机程序

B．计算机病毒在计算机内部能反复进行自我繁殖和扩散

C．计算机病毒只以软盘、硬盘和光盘为媒介进行传播

D．计算机病毒可能修改或删除系统程序和数据文件，使系统陷于瘫痪

4．计算机的性能指标包括（　　　）。

A．计算机速度　　　B．字长　　　　　　C．内存容量　　　　D．分辨率

5．下列关于冯·诺依曼的计算机体系结构的基本思想的说法中，正确的是（　　　）。

A．在计算机中采用二进制形式表示数据和指令

B．将程序事先存储在存储器中

C．计算机的软件系统由操作系统和应用软件构成

D．计算机系统硬件由运算器、控制器、存储器、输入设备和输出设备五大基本部件构成

6．路由器的主要优点包括（　　　）。

A．根据网络上信息拥挤的程度，自动地选择适当的线路传递信息

B．管理网络，提供对资源的动态控制

C．与上层协议相关，即在网络层及以上各层必须采用相兼容的协议

D．安装配置容易、可靠性高、便于管理

7．下列软件中，属于操作系统的有（　　　）。

A．Windows　　　　B．Linux　　　　　C．UNIX　　　　　D．Lotus 1-2-3

8．应从（　　　）等方面加强计算机安全的内部管理。

A．加强基础设施的安全防范工作

B．配备功能完善的会计电算化软件

C．建立必要的技术防护措施

D．加强系统操作的安全管理

9．下列选项中不属于应用软件的有（　　　）。

A．杀毒软件　　　　B．SQL　　　　　　C．会计软件　　　　D．诊断软件

10．下列属于人工智能的是（　　　）。

A．判断　　　　　　B．理解　　　　　　C．学习　　　　　　D．问题求解

11．键盘的键区包括（　　　）。

A．主键盘区　　　　B．功能键区　　　　C．光标控制键区　　　D．数字键区

12．CPU 由（　　　）组成。

A．运算器　　　　　B．控制器　　　　　C．内存储器　　　　D．外存储器

13．计算机网络的主要功能有（ ）。

    A．信息处理　　　　B．信息传送　　　　C．资源共享　　　　D．分布处理

14．下列属于保障计算机安全对策的是（ ）。

    A．不断完善计算机安全立法

    B．不断创新计算机安全技术

    C．不断加强计算机系统内部控制与管理

    D．以上都不是

15．计算机病毒对计算机系统的危害有（ ）。

    A．破坏系统和数据　　　　　　　　　B．耗费资源

    C．破坏功能　　　　　　　　　　　　D．删改文件

16．以下可以预防计算机病毒侵入的措施有（ ）。

    A．软盘写保护　　　　　　　　　　　B．不运行来历不明的文件

    C．保持周围环境清洁　　　　　　　　D．安装不间断电源

17．根据工作原理不同，打印机主要分为（ ）。

    A．针式打印机　　　　　　　　　　　B．喷墨式打印机

    C．串行打印机　　　　　　　　　　　D．激光式打印机

18．关于系统软件和应用软件的关系，下列说法中错误的是（ ）。

    A．前者以后者为基础　　　　　　　　B．后者以前者为基础

    C．相互没有关系　　　　　　　　　　D．相互支持

19．下列属于外部设备的是（ ）。

    A．键盘　　　　　　B．软盘　　　　　　C．硬盘　　　　　　D．打印机

20．计算机局域网主要由（ ）组成。

    A．计算机设备　　B．网络连接设备　　C．网络软件　　　　D．Internet

21．常见的打印机有（ ）。

    A．针式打印机　　B．喷墨打印机　　　C．激光打印机　　　D．热敏打印机

三、判断题

1．系统软件主要包括操作系统、语言处理程序、数据库管理系统、网络软件、企业管理软件等。（ ）

2．运算器是 CPU 中完成加、减、乘、除等算术运算的部件，而控制器是完成与、或、非等逻辑运算的部件。（ ）

3．计算机中的"数据"是一个广义的概念，包括数值、文字、图形、图像、声音等多种形式。（ ）

4．计算机在使用过程中突然断电，则 ROM 中保存的信息全部丢失。（ ）

5．所谓硬件就是指计算机设备的实体，它是计算机工作的物质基础。（ ）

6．1MB＝1 024B。（ ）

7．一个数字占 2 个字节，一个汉字占 4 个字节。（ ）

8．光电式鼠标的分辨率比机械式鼠标高，但价格稍贵。（ ）

9．控制器是指在控制器控制下，完成加、减、乘、除运算和逻辑判断的计算机部件。（ ）

10. 软盘在使用时应注意不要弯折，不要划伤盘片，避免高温、受潮等，也不能靠近磁性物质。 （　　）

11. 系统软件是应用软件运行的基础，许多应用软件也是利用系统软件开发的。（　　）

12. 网络操作系统决定着整个网络性能的发挥，一个好的网络操作系统能有效地利用计算机网络的功能和资源。 （　　）

13. 显示器既是输入设备又是输出设备。 （　　）

14. 针式打印机价格便宜，而且打印精度较高、噪声低。 （　　）

15. 信息处理是计算机最早的应用领域。 （　　）

16. 只要一打开计算机，RAM 中的代码就立即生效。 （　　）

17. 当计算机无法正常使用系统内的设备时，系统内一定存在病毒。 （　　）

18. 病毒传播只能在单个计算机范围内进行。 （　　）

19. 计算机病毒的产生是由人为因素造成的。 （　　）

20. 传染性是计算机病毒最根本的特征，也是计算机病毒与正常程序的本质区别。

（　　）

巩固练习答案

一、单选题

1. B。计算机辅助设计的英文缩写是 CAD；计算机辅助制造的英文缩写是 CAM；计算机辅助教学（Computer Aided Instruction）的英文缩写是 CAI。

2. D。一个完整的计算机系统包括计算机的硬件系统和软件系统。

3. B。系统软件是用于对计算机软硬件资源进行管理、监控和维护，以及对各类应用软件进行解释和运行的软件，是计算机必备的支持软件；应用软件是在硬件和系统软件支持下，为解决各类具体应用问题而编制的软件。

4. C。当计算机掉电（停电）时，RAM 中的信息会完全丢失，并不可恢复。

5. C。一级域名也称顶级域名，除美国外，世界上每个国家或地区都有唯一的一级域名。例如，cn 代表中国，jp 代表日本，uk 代表英国，tw 代表中国台湾等。二级域名一般为该主机所隶属的行业。例如，edu 为教育机构，com 为商业机构，net 为主要网络支持中心，gov 为政府部门，mil 为军事组织，int 为国际组织，ac 为科研机构，org 为非营利组织等。

6. A。1946 年，著名美籍数学家冯·诺依曼提出并论证了计算机体系结构的基本思想，其中最核心的内容可总结为存储程序和程序控制。

7. A。最能代表一个计算机系统的运行速度的指标是 CPU 主频。

8. D。TCP/IP 协议是一个协议集，目前已包含 100 多个协议，用来将各种计算机和数据通信设备组成实际的计算机网络。TCP/IP 协议既支持同类型的计算机网络互联，也支持不同类型的计算机网络互联。

9. D。com 表示商业机构，cn 是一级域名，表示中国，每个国家都有唯一的一级域名。

10．D。网络文件地址表示格式为<协议>://<服务器类型>.<域名>/<目录>/<文件名>。

11．C。社会道德风险是指来自社会上的不法分子通过互联网对企业内部网进行非法入侵和破坏。

12．B。计算机病毒是一种人为蓄意编制的能够入侵计算机系统并可导致计算机系统故障具有自我复制能力的计算机程序。

13．A。bit 的意思是二进制。

14．C。在计算机内，一切信息存取、传输都是以二进制码形式进行的。

15．A。用于结束当前行的输入，开始下一行，或者确认当前输入或选择的是 Enter 键。

16．B。存储器读写速度为 Cache＞RAM＞硬盘＞软盘。

17．C。CPU 只能访问存储在内存中的数据，不能直接访问存储在外存中的数据。当CPU 要访问外存中的数据时，需要先将数据读入内存中，然后 CPU 再从内存中访问该数据；当 CPU 要输出数据时，也是先写入内存，然后再由内存写入外存中。

18．B。微机中使用的鼠标一般连接在计算机主机的串行接口上，但笔记本式计算机多采用 USB 接口鼠标。

19．B。软盘设置为写保护状态后，则该盘能防止病毒入侵。

20．B。防病毒软件本身具有一定的局限性，并不能清除所有的病毒。

21．B。第一台计算机的诞生是第二次世界大战期间，美国军方为了解决计算大量军用数据的难题而研制的。这台计算机每秒只能运行 5000 次加法运算，仅相当于一个电子数字积分计算机。

二、多选题

1．BD。由于 IP 地址不便记忆，所以一般采用与其相对应的域名来表示网址。域名一般用通俗易懂的缩写字表示，其格式为 www.<用户名>.<二级域名>.<一级域名>。

2．BCD。影响计算机系统安全的主要因素有系统故障风险、内部人员道德风险、系统关联方道德风险、社会道德风险及计算机病毒等。

3．ABD。计算机病毒具有自我复制和扩散的能力，以及隐蔽性、感染性、潜伏性、破坏性等特点，还可以通过网络传播。

4．ABC。计算机的技术性能指标是衡量计算机系统性能优劣的主要标志，包括字长、主频、内存容量、存取周期和运算速度。

5．ABD。1946 年，著名的美籍匈牙利数学家冯·诺依曼所领导的研究小组提出并论证了计算机体系结构的基本思想：①在计算机中采用二进制形式表示数据和指令；②将程序（包括数据和指令序列）事先存储在存储器中，当计算机工作时，能够自动、高效地从存储器中取出指令并执行指令；③计算机系统硬件由运算器、控制器、存储器、输入设备和输出设备五大基本部件构成。

6．AB。路由器的主要工作就是为经过路由器的每个数据帧寻找一条最佳传输路径，并将该数据有效地传送到目的站点，提供对资源的动态控制。

7．ABC。目前比较通用的操作系统有 Windows、UNIX、Linux 等。Lotus 1-2-3 是一种表格处理软件，属于应用软件。

8．ABCD。加强计算机安全的内部管理，除了应从以上四个方面加强外，还应加强对计算机操作系统使用人员的安全教育和管理。

9．ABD。杀毒软件和诊断软件都是支持服务程序，属于系统软件；SQL 是数据库管理系统，也属于系统软件。

10．ABCD。人工智能是指利用计算机模拟人类的智能活动，如判断、理解、学习、问题求解等。

11．ABCD。键盘分为四个键区：主键盘区、功能键区、编辑键区和数字键区。其中，光标控制键区属于编辑键区。

12．AB。运算器和控制器组成了 CPU。

13．BCD。计算机网络的主要功能有资源共享、信息传送和分布处理。

14．ABC。保障计算机安全的对策有不断完善计算机安全立法，不断创新计算机安全技术，不断加强计算机系统内部控制与管理。

15．ABCD。计算机病毒对计算机系统的危害有破坏系统和数据、耗费资源、破坏功能、删改文件等。

16．AB。将软盘写保护及不运行来历不明的文件可以预防计算机病毒入侵。

17．ABD。打印机根据工作原理不同，主要分为针式打印机、喷墨式打印机和激光式打印机。

18．ACD。系统软件是用于对计算机软硬件资源进行管理、监控和维护，以及对各类应用软件进行解释和运行的软件。系统软件是计算机必备的支持软件，而应用软件是在硬件和系统软件支持下，为解决各类具体应用问题而编制的软件。

19．ABCD。外部设备包括外存储器（软盘、硬盘、光盘、U 盘等）、输入设备（键盘、鼠标、扫描仪等）和输出设备（显示器、打印机、绘图仪等）。

20．ABC。计算机局域网主要由计算机设备、网络连接设备和网络软件组成。

21．ABCD。打印机按工作原理可分为击打式和非击打式两大类，其中，击打式打印机有针式打印机，非击打式打印机主要有喷墨式和热敏式打印机两种。而热敏式打印机里包括激光打印机。

三、判断题

1．×。系统软件主要包括操作系统、语言处理程序、支持服务程序、数据库管理系统。网络软件和企业管理软件不属于此类，属于应用软件。

2．×。运算器是执行算术运算和逻辑运算的部件；控制器使计算机能够自动地执行命令。

3．√。计算机中的"数据"是一个广义的概念，包括数值、文字、图形、图像、声音等多种形式。

4．×。一旦关闭电源或断电，RAM 中的数据就会丢失，并不可恢复，而 ROM 中的信息不会丢失。

5．√。计算机硬件系统是指为了组成计算机而将它们有机组织起来的那些电子的、机械的、电磁的和光学的各种元件、部件和设备的总体，它们一般是有形的物理实体。

6．×。1KB＝1 024B，1MB＝1 024KB。

7．×。一个数字或字母占 1 个字节，一个汉字占 2 个字节。

8．√。光电式鼠标的分辨率比机械式鼠标高，但价格稍贵。

9．×。运算器是指在控制器控制下，完成加、减、乘、除运算和逻辑判断的计算机部件。

10．√。软盘在使用时应注意不要弯折，不要划伤盘片，避免高温、受潮等，也不能靠近磁性物质。

11．√。系统软件是应用软件运行的基础，许多应用软件也是利用系统软件开发的。

12．√。网络操作系统决定着整个网络性能的发挥，一个好的网络操作系统能有效地利用计算机网络的功能和资源。

13．×。显示器是输出设备。

14．×。针式打印机价格便宜，但打印速度慢、噪声大、打印精度不高。

15．×。科学计算是计算机最早的应用领域。

16．×。RAM 是一种既可以从中读取数据，又可向它写入数据的随机存取存储器，但关机后其中的数据将全部消失。

17．×。当计算机无法正常使用系统内的设备时，有可能是系统的硬件或软件本身的问题，并非一定存在病毒。

18．×。计算机病毒不但能在单个计算机范围内运行，而且能够在计算机网络中运行。

19．√。计算机病毒的产生是由人为因素造成的。

20．√。传染性是计算机病毒最根本的特征，也是计算机病毒与正常程序的本质区别。

第三章

>>> **会计软件的应用（用友 T3 版）**

本 章 导 读

　　本章介绍了会计软件（用友 T3）的基本操作方法，包括电算化会计核算基本流程，系统管理模块基本操作，账务处理模块、报表管理模块、工资管理模块、固定资产管理模块、应收/应付管理模块的应用，以及月末处理。针对新大纲对本章进行了调整，内容有所扩充，增加了"系统初始化"和"数据管理"等相关内容，其他各模块也补充了具体知识内容，讲解更加细化。

　　本章是会计电算化考试的重中之重，考试题型包括客观题（单选题、多选题、判断题）和实操题。因此，考生对本章内容掌握的程度对其能否通过考试起着决定性的作用。考生要反复练习，熟练掌握各模块的操作方法，理解记忆相关的理论。

第一节 电算化会计核算基本流程

【说明】

1）广东省实务操作部分选择的是财政部用友题库。

2）实务操作部分参考教学软件为用友 T3 考试专版。

3）要求通过上机练习，掌握每个例题的操作路径及操作步骤。

4）章节讲授中出现"★"，均为考试中出现过的知识点。

5）章节中的例题均为华发电子有限公司（188 账套）资料，巩固练习均为广州飞达化工技术有限公司（911 账套）资料。

电算化会计核算基本流程如图 3-1-1 所示。

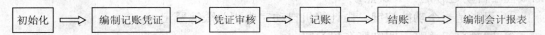

图 3-1-1 电算化会计核算基本流程

一、初始化

初始化是指将通用会计软件转成专用会计软件、将手工会计业务数据移植到计算机的一系列准备工作，是使用会计软件的基础。系统初始化工作的好坏，直接影响到会计电算化的效果。其包括"系统管理模块"、"账务处理模块"中的初始化内容，如表 3-1-1 所示。

表 3-1-1 系统初始化内容

![系统管理]	![用友T3]
系统管理模块：	账务处理模块：
➤ 操作员管理；	➤ 部门、职员档案；
➤ 账套管；	➤ 客户、供应商档案；
➤ 权限管理	➤ 外币币种及汇率、结算方式；
	➤ 设置凭证类别；
	➤ 设置会计科目；
	➤ 录入科目期初余额

二、编制记账凭证

在电算化环境下，编制记账凭证有以下三种方式。

1）根据原始凭证，手工编制完成记账凭证后录入计算机。（新手）

2）根据原始凭证直接在计算机上编制记账凭证。采用这种方式应当在记账前打印出会计凭证并由经办人签章。（老手）

3）由账务系统模块以外的其他核算模块自动生成会计凭证数据，例如，由固定资产核算模块根据预定的折旧资料自动生成的计提折旧凭证。采用这种方式应当在记账前打印出

会计凭证并由经办人签名盖章。（机制）

三、凭证审核

1）凭证审核是由负责审核的会计人员在计算机中对生成的记账凭证进行审查，对审查通过的记账凭证作审核确认。

2）会计核算软件可根据审核情况进行自动控制：

① 未通过审核的凭证，不能进行记账。

② 已通过审核的凭证，不能由凭证录入人员进行修改。

四、记账

电算化环境下，记账是由有记账权限的人员，通过记账功能发出指令，由计算机按照记账程序自动进行的。其特点：

① 记账是一个功能按键，由计算机自动完成相关账簿登记。

② 同时登记总账、明细账和日记账。

③ 各种会计账簿的数据都来源于记账凭证数据，记账只是对记账凭证做记账标记，不产生新的会计核算数据。

④ 已记账凭证不能更改删除，只能用红字冲销。

五、结账和编制会计报表

电算化会计核算中，通过一次性预先定义账户结转关系和账户与报表的数据对应关系，结账和编制报表是作为一个步骤（或者说一个功能）由计算机在短时间内同时自动完成。

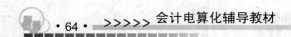 例题精讲

🖋 【例题·单选题】下列工作中，不属于电算化日常账务处理流程的是（　　）。

A. 编制记账凭证　　B. 记账　　C. 审核　　D. 编制会计报表

【答案与解析】D。本题考核日常账务处理。选项 D 不属于日常账务处理程序。

🖋 【例题·多选题】下列关于编制记账凭证的说法中正确的有（　　）。

A. 可以在手工编写完记账凭证后录入计算机

B. 可以根据原始凭证直接在计算机上编制记账凭证

C. 可以由账务处理模块以外的其他业务子系统生成会计凭证数据

D. 手工编制记账凭证，应该在记账前打印出会计凭证并由经办人签章

【答案与解析】ABC。本题考核编制记账凭证的相关内容。手工编制记账凭证，不需要打印会计凭证。

🖋 【例题·判断题】电算化会计核算流程和手工会计核算流程基本上是相同的，但核算流程中的各环节的工作内容和方式有很大差别。　　　　　　　　　（　　）

【答案与解析】✓。电算化会计核算流程和手工会计核算流程基本上是相同的，但核算的各环节内容和方式是有区别的。

〰 第二节　系统管理模块基本操作 〰

一、系统管理模块

系统管理是会计信息系统运行的基础，为其他子系统或模块提供了公共的账套、年度账及其他相关的基础数据，各子系统或模块的操作员也需要在系统管理中统一设置并分配功能权限。在第一次启用系统时，就必须由系统管理员通过"系统管理"模块进行增加操作员处理，并为本企业建立核算账套，同时指定账套主管等工作。

系统管理模块的操作流程如图 3-2-1 所示。

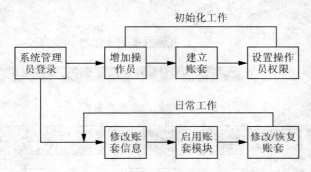

图 3-2-1　系统管理模块操作流程

系统管理模块的功能具体包括以下四个方面：

① 账套管理。账套管理包括账套的建立、修改、恢复、备份、输出和启用。

② 年度账管理。包括年度账的建立、清空、恢复、备份、输出和结转上年数据。

③ 操作员及其权限管理。具体包括设置系统各模块的操作员以及为操作员分配相应的权限。

④ 系统运行安全管理。具体包括清除异常任务、上机日志、设置备份计划等。

操作步骤：单击"开始"→"程序"→"用友 T3 系列管理软件"→"用友 T3"→"系统管理"→"注册"，如图 3-2-2 所示。

系统管理的题目应以默认的"admin"身份登录操作，密码为空（需要单击）。

系统只允许以两种身份注册进入系统管理。一是以系统管理员（admin）的身份，二是以账套主管的身份。注意，两者登录后的显示项目不同。

1. 以系统管理员的身份注册系统管理

系统管理员负责整个应用系统的总体控制和维护工作，可以管理该系统中所有的账套。以系统管理员身份注册并登录（图 3-2-3），可以进行账套的建立、引入和输出，设置操作员和权限，监控系统运行过程，清除异常任务等。

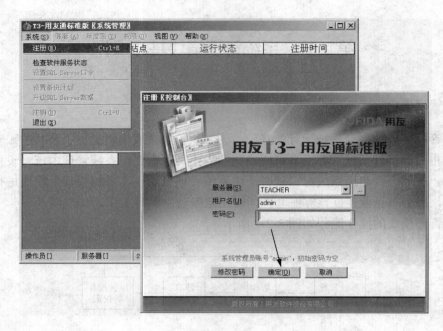

图 3-2-2　用户登录界面

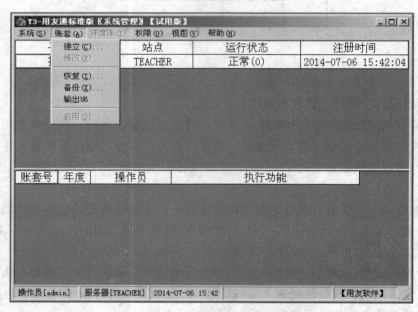

图 3-2-3　以系统管理员身份登录后的界面

2. 以账套主管的身份注册系统管理

账套主管负责所选账套的维护工作，主要包括对所管理的账套进行修改、对年度账的管理（包括创建、清空、引入、输出以及各子系统的年末结转），以及该账套操作员权限的设置，如图 3-2-4 所示。

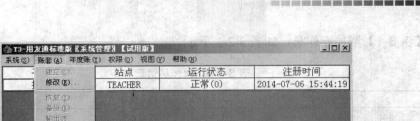

图 3-2-4 以账套主管身份登录后的界面

二、设置"操作员"

操作员是指有权登录系统进行操作的人员，每次登录系统，都要进行操作员身份的合法性检查。设置操作员只能由系统管理员进行操作，包括操作员的增加、修改、删除。

1. 增加操作员

增加操作员时必须输入编号、姓名、口令等信息。

操作步骤： 单击"权限"→"操作员"→"增加"，输入相关题目内容后，"增加"→"退出"→"退出"，如图 3-2-5 所示。

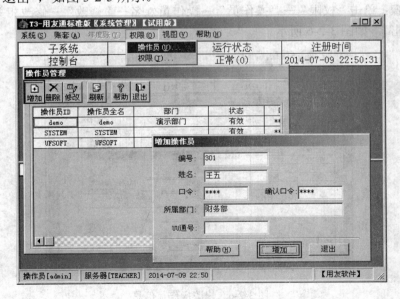

图 3-2-5 增加操作员

【例 3-1】增加操作员，如表 3-2-1 所示。

表 3-2-1　操作员信息（一）

编号	姓名	口令	部门
301	王五	1234	财务部
302	夏梁	1111	财务部
303	李三	2222	财务部

操作中要注意"增加"在不同位置的作用。输入完所有用户信息后，再单击"退出"按钮退出界面。

注意事项

① 只有系统管理员才有权限设置操作员。

② 操作员编号在系统中必须唯一，即使是不同的账套，操作员编号也不能重复。

③ 所设置的操作员用户一旦被引用，便不能被修改和删除。

➤ 巩固训练 3-1

增加操作员，如表 3-2-2 所示。

表 3-2-2　操作员信息（二）

编　号	姓　名	口　令	所属部门
71	张　伟	71	财务部
72	李　兰	72	财务部
73	梁　华	73	财务部
74	王　芳	74	财务部

2. 修改操作员信息

操作步骤：单击"权限"→"操作员"→操作员姓名→"修改"→修改相关内容→"修改"→"退出"，如图 3-2-6 所示。

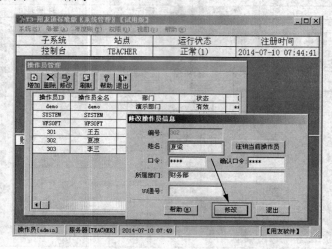

图 3-2-6　修改操作员信息

注意事项

操作员编号不能修改。

3. 删除操作员

操作步骤： 单击"权限"→"操作员"→操作员姓名→"删除"→"退出"。

注意事项

① 操作员未使用。

② 所设置的操作员一旦被引用，便不能被删除

例题精讲

【例题·单选题】（　　　）具体负责电算化系统的日常运行管理和监督，进行系统重要数据的维护，操作人员及其权限管理，负责系统安全保密工作。

A．系统维护员　　　　　　　B．系统操作员

C．系统管理员　　　　　　　D．系统审核员

【答案与解析】 C。

三、账套管理

账套实际上是由相互关联的账务数据构成的一套数据文件，是企业进行日常业务操作的对象和场所。其涉及很多与日后核算相关的内容。具体包括以下信息，归类如下：

1）账套基本信息：账套号、账套名称、账套启用日期及账套路径。

① 账套号是作为区分不同账套数据的唯一标识。一个会计信息系统中，可以建立多个企业账套，设置数值范围 001～999。

② 账套名称一般输入核算单位简称或以该账套的用途命名。账套号与账套名称是一一对应的关系，共同代表特定的核算账套。

③ 账套路径用来指明账套在计算机系统中的存放位置，应用系统中一般预设一个存储位置（实际工作中建议设置在系统盘之外），称其为默认路径，但允许用户更改。

④ 账套启用日期在第一次初始设置时设定，一旦启用不可更改。在确定账套启用日期的同时，一般还要设置企业的会计期间，即确认会计月份的起始日期和结账日期。

2）核算单位基本信息：企业名称、简称、地址、邮政编码、法人、通信方式等。

3）账套核算信息：记账本位币、行业性质、企业类型、账套主管、编码规则、数据精度等。

① 行业性质表明企业所执行的会计制度。行业性质的选择将决定企业用到的一级会计科目。系统一般内置不同行业的一级科目和部分常用二级科目供用户选择使用。

② 编码方案，又叫编码规则，是对企业关键核算对象进行分类级次及各级编码长度的指定，以便于用户进行分级核算、统计和管理。编码方案设置包括级次和级长的设定。级次是指编码共分几级，级长是指每级编码的位数。如表 3-2-3 所示。

表 3-2-3　编码方案

科目编码级次：422		举例：10020101	
级次：3 级		银行存款—工商银行—海珠支行	
级长：1 级　4 位数字（财政部制定）		银行存款	1002
2 级　2 位数字（除规定外，企业可以自定）		工商银行	01
3 级　2 位数字（除规定外，企业可以自定）		海珠支行	01
4～N 级以此类推			

账套管理包括账套的建立、修改、备份和恢复。

系统管理员负责整个系统的总体控制和维护工作，可以管理系统中所有的账套，可以进行账套的建立、备份和恢复，但不能修改账套参数信息。

1．建立账套★

系统最多可以建立 999 套账。

建立账套是企业应用会计信息系统的首要环节，其中涉及很多与日后核算相关的内容。因此，只有系统管理员才有权建立账套。为了方便操作，会计信息系统中大都设置了建账向导，用来引导用户的建账过程。

操作步骤：单击"账套"→"建立"→"账套信息"→"单位信息"→"核算类型"→"分类信息"→"业务流程"→"编码方案"→"数据精度"→"系统启用"根据实际情况选择"是（Y）或否（N）"→"退出"。

【例 3-2】建立账套，资料如下：

（1）账套信息

账套号：188。

账套名称：华发电子有限公司。

账套路径：系统默认。

启用日期：2014 年 1 月 1 日。

填写账套信息，如图 3-2-7 所示。

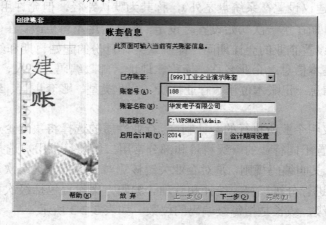

图 3-2-7　账套信息

（2）单位信息

单位名称：华发电子有限公司。

单位简称：华发电子。

其他内容：根据实际情况按需录入。

填写单位信息，如图 3-2-8 所示。

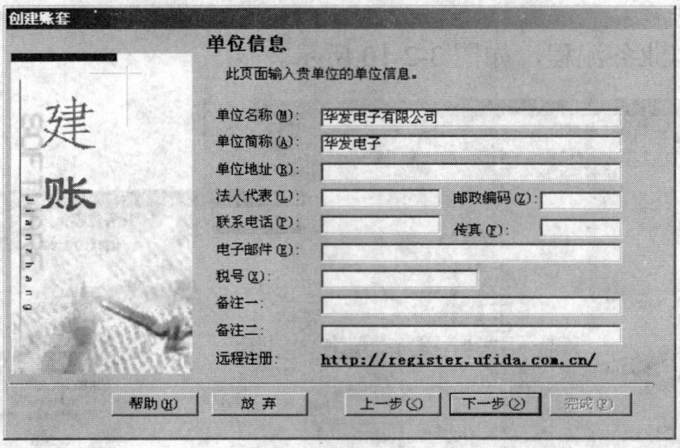

图 3-2-8　单位信息

（3）核算类型

本币代码：RMB。

本币名称：人民币。

企业类型：工业。

行业性质：2007 年新会计准则。

账套主管：Demo（暂定）。

其他：按行业性质预置会计科目。

填写核算类型，如图 3-2-9 所示。

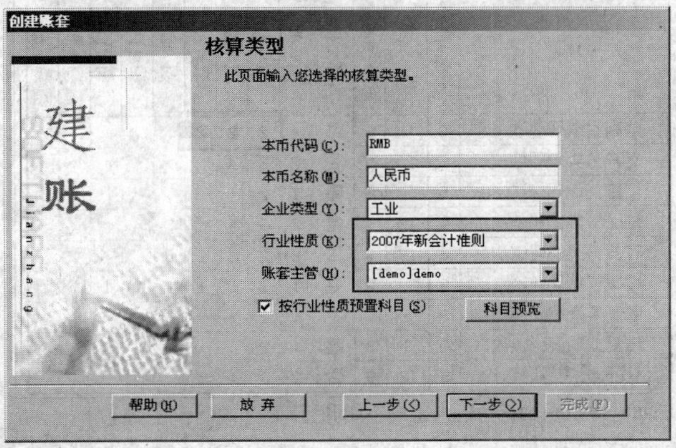

图 3-2-9　核算类型

（4）基础信息

存货是否分类：不分类。

客户是否分类：分类。

供应商是否分类：分类。

是否有外币核算：有外币核算。

业务流程：标准。

填写基础信息和业务流程，如图 3-2-10 所示。

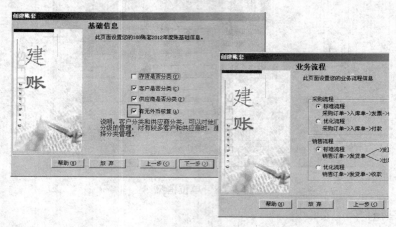

图 3-2-10　基础信息、业务流程

（5）编码方案

科目编码级次：4222。

其他编码方案：默认。

填写编码方案，如图 3-2-11 所示。

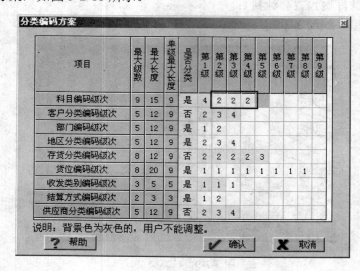

项目	最大级数	最大长度	单级最大长度	是否分类	第1级	第2级	第3级	第4级	第5级	第6级	第7级	第8级	第9级
科目编码级次	9	15	9	是	4	2	2	2					
客户分类编码级次	5	12	9	否	2	3	4						
部门编码级次	5	12	9	是	1	2							
地区分类编码级次	5	12	9	是	2	3	4						
存货分类编码级次	8	12	9	否	2	2	2	2	3				
货位编码级次	8	20	9	是	1	1	1	1	1	1	1	1	
收发类别编码级次	3	5	9	是	1	1	1						
结算方式编码级次	2	3	3	是	1	2							
供应商分类编码级次	5	12	9	否	2	3	4						

说明：背景色为灰色的，用户不能调整。

图 3-2-11　编码方案

（6）数据精度

数据精度：默认。

（7）系统启用

启用总账模块，启用期间均为 2014 年 1 月 1 日，如图 3-2-12 所示。

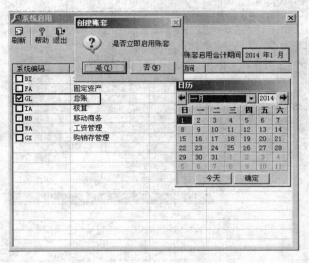

图 3-2-12　系统启用

➢ 巩固训练 3-2

建立账套。

1）账套信息。

账套号：911；账套名称：广州飞达化工技术有限公司；采用默认账套路径；启用会计期：2014 年 1 月；会计期间设置：1 月 1 日至 12 月 31 日。

2）单位信息。

单位名称：广州飞达化工技术有限公司；单位简称：飞达化工。

3）核算信息。

核算类型：该企业的记账本位币为人民币（RMB）；企业类型为工业；行业性质为 2007 年新会计准则；账套主管为 demo；按行业性质预置科目。

4）基础信息。

该企业有外币核算，进行经济业务处理时，需要对客户、供应商进行分类。

5）分类编码方案。

科目编码级次：4222；其他：默认。

6）数据精度定义。

该企业对存货数量、单价小数位定为 2。

7）系统启用。

"总账"模块的启用日期为"2014 年 1 月 1 日"。

2. 修改账套信息

账套建立完成后，部分信息录入有误时，可以修改，但并非所有内容都可修改（如账套号、会计期间等）。修改账套参数的工作只能由账套主管操作。

操作步骤：单击"系统管理"→"注册"，输入账套主管用户名、密码，并选择对应账套，单击"账套"→"修改"，如图 3-2-13 所示。

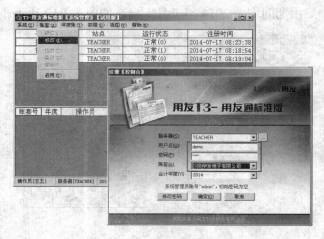

图 3-2-13　修改账套信息

3. "启用" 账套模块★

"固定资产"、"工资"、"购销存管理"等模块，如果在建立账套时没有启用，可以通过本命令启用。但只能由账套主管来操作。

操作步骤：单击"系统管理"→"注册"，输入账套主管用户名、密码，并选择对应账套，单击"账套"→"启用"，如图 3-2-14 所示。

【例 3-3】启用 188 账套中"工资"、"购销存管理"模块，启用日期 2014 年 1 月 1 日。

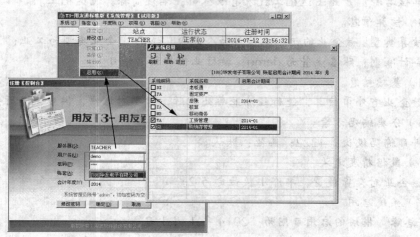

图 3-2-14　启用账套模块

➤ **巩固训练 3-3**

启用 911 账套中"固定资产"、"工资"、"购销存管理"模块，启用日期 2014 年 1 月 1 日。

4. 账套备份与删除、恢复

（1）账套备份与删除

账套备份是指将正在操作的账套或所选的账套进行数据备份。对于系统管理员来说，定期将企业数据备份存储到不同的媒介上（如 U 盘、光盘、网络空间等），对保证数据的安全性是非常重要的。

操作步骤：单击"账套"→"备份"→账套名称→"确认"，选择存盘位置、文件夹，单击"确认"→"确定"，如图 3-2-15 所示。

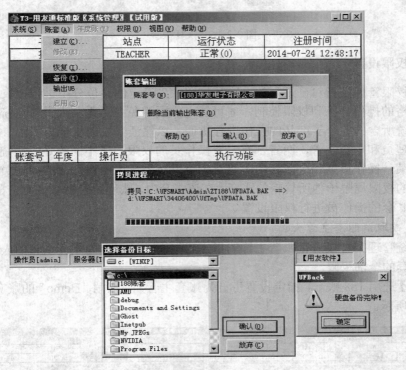

图 3-2-15 账套备份

注意事项

① 存放账套数据的文件夹尽可能建立在系统盘之外。

② 在备份操作中，可同步删除账套。如果勾选了"删除当前输出账套"，则表示在输出完成后需要将数据源从当前系统中删除。账套删除的操作类似于账套备份。

（2）恢复账套

恢复账套是指把 U 盘、硬盘或光盘等其他存放数据位置的数据恢复系统中。

操作步骤：单击"账套"→"恢复"，找到账套文件，单击"打开"，如图 3-2-16 所示。

图 3-2-16　恢复账套

四、操作员权限设置

操作员权限管理是指对已录入的操作员按照预先设定的岗位分工进行授权、分权控制。只有进行严格的操作分工和权限控制，才可能一方面避免业务无关人员对系统的操作，另一方面对系统所含的各个子产品的操作进行协调，以保证系统的安全与保密。

系统管理员和账套主管，两者都有设置操作员的权限。所不同的是，系统管理员可以指定或取消某一操作员为一个账套的主管，也可以对系统内所有账套的操作员进行授权；而账套主管的权限局限于他所管辖的账套，在该账套内，账套主管默认拥有全部操作权限，可以针对本账套的操作员进行权限设置。

1. 指定或取消账套主管★

只有系统管理员有权进行账套主管的指定或取消。被指定为账套主管的人员，自动拥有某指定账套的全部权限。

【例3-4】选用 188 账套，指定设置王五为账套主管，并取消"Demo"的账套主管权限，如图 3-2-17 所示。

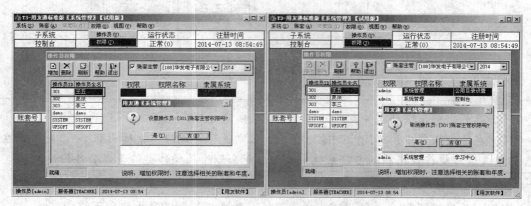

图 3-2-17　指定、取消账套主管权限

操作步骤：单击"权限"→"权限"，选择账套、人员单击"是"。

> 巩固训练 3-4

指定设置张伟为 911 账套的账套主管，并取消"Demo"的账套主管权限。

2. 设置操作员"权限" ★

设置非账套主管的操作员权限既可以由系统管理员进行，也可由账套主管操作。功能包括增加、修改、删除权限等。

1）增加操作员权限。

操作步骤： 单击"权限"→"权限"，选择账套、人员，单击"增加"。

【例 3-5】选用 188 账套，设置操作员权限，如表 3-2-4 和图 3-2-18 所示。

表 3-2-4　操作员信息（三）

编号	姓名	职务	权　限
301	王五	主管	所有
302	夏梁	会计	总账、工资、固定资产
303	李三	出纳	现金管理、总账中的"出纳签字"

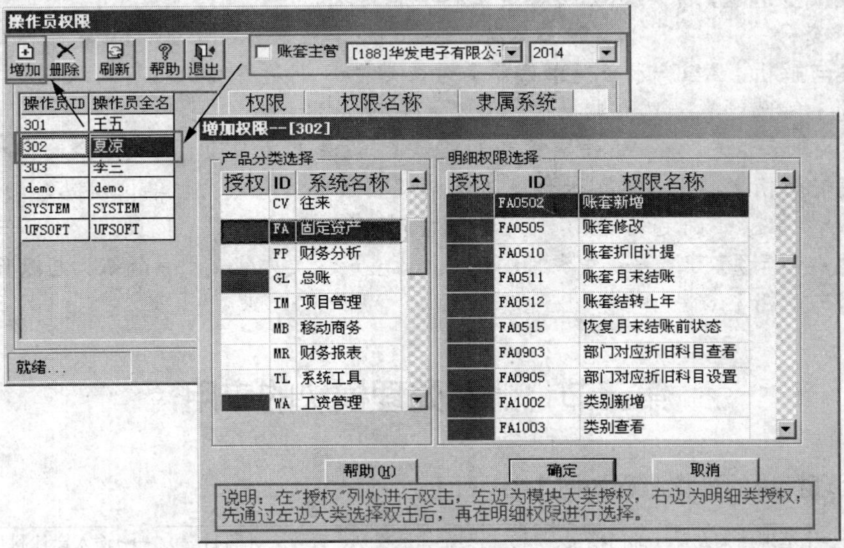

图 3-2-18　指定、取消操作员权限

注意事项

① 左侧：模块大类权限。

② 右侧：模块大类对应的明细权限。

③ 双击：授权（反向显示）。

> 巩固训练 3-5

使用 911 账套，设置操作员权限，如表 3-2-5 所示。

表 3-2-5　操作员权限

姓　名	职　务	权　限
张伟	账套主管	所有

续表

姓　名	职　务	权　限
李兰	出纳	现金管理、总账中的"出纳签字"
梁华	会计	总账、往来、财务报表
王芳	会计	工资核算、固定资产

2）取消操作员权限。

操作步骤：单击"权限"→"权限"，选择账套、人员，单击"删除"。

例题精讲

【例题·单选题】若会计科目编码为：一级 4 位，二级 3 位，三级 2 位，四级 2 位，则编码为 14030011009 表示的会计科目级数是（　　）。

A. 四级　　　　　　B. 三级　　　　　　C. 五级　　　　　　D. 八级

【答案与解析】A。

【例题·多选题】下列账套信息建立后不能更改的是（　　）。

A. 账套号　　　　　B. 账套名称　　　　C. 单位名称　　　　D. 建账日期

【答案与解析】AD。账套建立后账套号、建账日期是不可以进行更改的。

【例题·多选题】若建立账套时需设置的信息包括（　　）。

A. 设置账套信息　　B. 设置凭证类别　　C. 设置启用日期　　D. 输入期初余额

【答案与解析】AC。 建立账套应该包括设置账套信息、设置单位信息、确定核算类型、确定分类信息、确定编码方案、设置数据精度、系统启用，因此选 AC。

【例题·判断题】账务系统中科目编码规则设置的主要内容是科目的级次与级长。（　　）

【答案与解析】√。

第三节　账务处理模块的应用

账务处理模块的操作流程如图 3-3-1 所示。

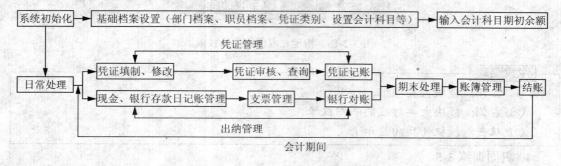

图 3-3-1　账务处理模块的操作流程

账务处理模块是会计核算软件的核心，其他业务系统往往需要读取账务系统模块的数据进行核算，而且要将处理结果汇总生成凭证送账务处理模块统一处理。实际上许多企业一般都是从账务处理模块开始实行会计电算化。

账务处理模块的启用与系统管理模块启用是不同的。

操作步骤：单击"开始"→"程序"→"用友 T3 系列管理软件"→"用友 T3"→"用友 T3"，按权限选择对应"操作员"登录，如图 3-3-2 所示。

图 3-3-2　账务系统模块

一、财务处理模块初始化工作——基础设置

基础设置是账务处理模块初始化的最基本的操作内容，它为账务处理模块的运行提供了必要的基础，包括录入部门档案、职员档案、客户档案、供应商档案、会计科目、凭证类别、外币及汇率、期初余额等。这些内容将在接下来的有关会计业务数据处理中被引用。

1. 机构设置★

（1）部门档案★

部门是指与企业业务管理或财务核算相关的职能单位。设置部门档案的目的在于按部门进行分类、汇总和分析数据。部门档案中包含部门编码、部门名称、负责人、部门属性等信息。

操作步骤：单击"基础设置"→"机构设置"→"部门档案"→"增加"，输入相关信息，单击"保存"，如图 3-3-3 所示。

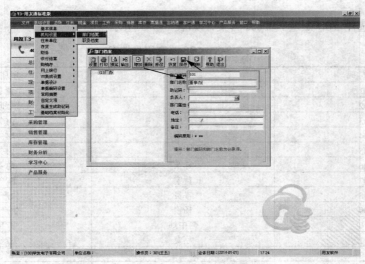

图 3-3-3　设置部门档案

【例 3-6】使用 188 账套，设置部门档案，信息如表 3-3-1 所示。

表 3-3-1　188 账套部门档案信息

部门编码	部门名称
1	厂办
101	董事办
102	行政部
103	财务部
104	总务科
2	生产部
201	生产一部
202	生产二部
3	销售部
4	采购部

注意事项

每一个录入完毕，必须保存。

➤ **巩固训练 3-6**

使用 911 账套，设置部门档案，信息如表 3-3-2 所示。

表 3-3-2　911 账套部门档案信息

部门编码	部门名称	部门编码	部门名称
1	行政部	4	销售部
2	人力资源部	5	采购部
3	财务部	6	生产部

（2）职员档案★

职员档案主要用于记录本单位职工的个人信息资料，设置职员档案可以方便地进行个人往来核算和管理等操作。职员档案包括职员编号、名称、所属部门及职员属性等。

操作步骤：单击"基础设置"→"机构设置"→"职员档案"，双击空白行即可录入。如图 3-3-4 所示。

【例 3-7】选用 188 账套，职员档案，如表 3-3-3 所示。

表 3-3-3　188 账套职员档案

职员编码	职员名称	所属部门
001	周董	董事办
002	苏小晓	行政部
003	王五	财务部
004	夏梁	财务部
005	李三	财务部
006	陈荣	总务科
007	黄宇	生产一部
008	岑贵	生产一部
009	杨俊	生产一部
010	何中炜	生产二部
011	赵龙	生产二部
012	刘星宇	销售部
013	丁山	采购部

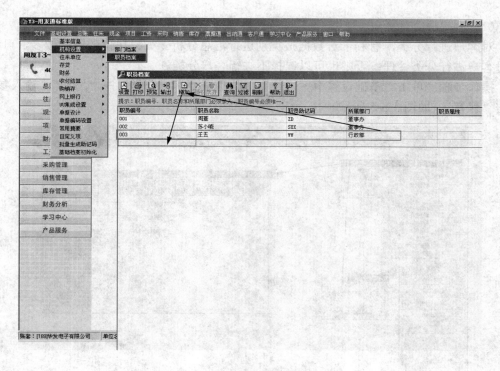

图 3-3-4 录入职员档案

注意事项

录入完毕，单击"增加"或按 Enter，相当于保存。

➢ 巩固训练 3-7

录入 911 账套职员档案，如表 3-3-4 所示。

表 3-3-4 911 账套职员档案

职员编码	职员名称	所属部门
101	吴玉	行政部
201	黄刚	人力资源部
301	张伟	财务部
302	李兰	财务部
303	梁华	财务部
304	王芳	财务部
401	赵科	销售部
501	冯静	采购部
601	郭明	生产部

2. "往来单位"设置

往来单位是指经营过程中有业务发生而形成经济往来的两个经济实体。对于企业来说，供给原材料或货物、商品、服务的单位，称为供应商；购买企业产品、货物或服务的单位，称为客户。

（1）客户分类

对客户进行分类，有利于对数据按类别进行汇总分析。如果单位的客户较多，可以选择对客户进行分类管理；否则也可以选择不进行客户分类。

操作步骤：单击"基础设置"→"往来单位"→"客户分类"→"增加"，输入参数，单击"保存"，如图 3-3-5 所示。

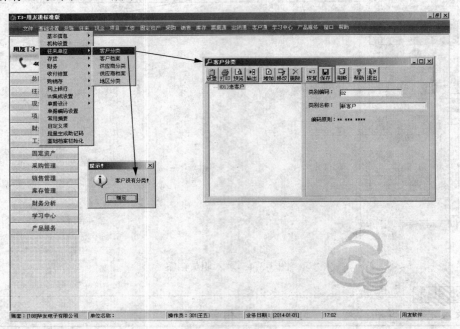

图 3-3-5 客户分类

【例 3-8】选用 188 账套，录入客户类别，如表 3-3-5 所示。

表 3-3-5 188 账套客户类别

客户分类编码	客户分类名称
01	老客户
02	新客户

➢ 巩固训练 3-8

1）录入 911 账套地区分类，如表 3-3-6 所示。

表 3-3-6 911 账套地区分类

地区分类编码	地区分类名称
01	东北地区
02	北京地区

2）录入 911 账套客户类别，如表 3-3-7 所示。

表 3-3-7　911 账套客户类别

客户分类编码	客户分类名称
01	老客户
02	新客户

（2）客户档案★

建立客户档案直接关系到企业对客户数据的统计、汇总和查询等分类处理。客户档案中包含了客户的基本信息、联系信息、信用信息和其他信息。如果用户设置了客户分类，客户档案必须在末级客户分类中设置，如果未进行客户分类，客户档案则应在客户分类的"无分类"项下设置客户档案。客户档案信息分为基本、联系、信用、其他四个选项卡。

操作步骤：单击"基础设置"→"往来单位"→"客户档案"→"增加"，输入相关信息，单击"保存"，如图 3-3-6 所示。

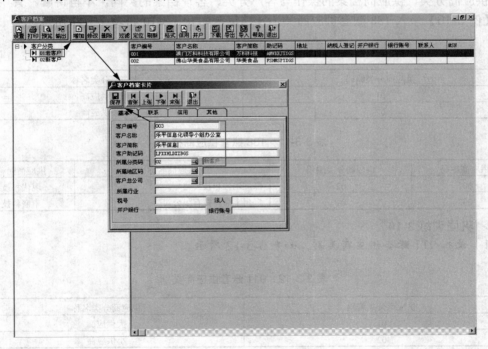

图 3-3-6　客户档案

【例 3-9】选用 188 账套，设置客户档案，如表 3-3-8 所示。

表 3-3-8　188 账套客户档案

客户编码	客户分类编码	客户名称	客户简称
001	01	澳门万科科技有限公司	万科科技
002	01	佛山华美食品有限公司	华美食品
003	02	乐平信息化领导小组办公室	乐平信息

注意事项

由于没有分类，必须先单击末级分类，再输入档案。

➤ 巩固训练 3-9

录入 911 账套设置客户档案，如表 3-3-9 所示。

表 3-3-9　911 账套客户档案

客户编码	客户名称	客户简称	所属分类码	所属地区	地址
001	北京新科科技有限公司	新科科技	01	02	北京市朝阳区上地路 1 号
002	北京全力股份有限公司	全力股份	02	02	北京市海淀区十里河 6 号

（3）供应商分类、供应商档案

供应商分类、供应商档案的操作与客户分类、客户档案的类同，不再讲解。★

【例 3-10】录入 188 账套供应商类别及档案，如表 3-3-10 和表 3-3-11 所示。

表 3-3-10　188 账套供应商类别

供应商分类编码	供应商分类名称
01	市内供应商
02	市外供应商

表 3-3-11　188 账套供应商档案

供应商编码	供应商分类编码	供应商名称	供应商简称
001	02	深圳现代科技公司	现代科技
002	01	广州丰盛科技有限公司	丰盛科技

➤ 巩固训练 3-10

1）录入 911 账套供应商类别，如表 3-3-12 所示。

表 3-3-12　911 账套供应商类别

供应商分类编码	供应商分类名称
01	大供应商
02	小供应商

2）录入 911 账套供应商档案，如表 3-3-13 所示。

表 3-3-13　911 账套供应商档案

供应商编号	供应商名称	供应商简称	所属分类码	所属地区	地址
001	青岛高松公司	青岛高松	01	01	青岛市皇明区高松路 8 号
002	大连石英公司	大连石英	02	01	大连市白石区解放路 9 号

3. 财务设置

财务设置包括会计科目增加、修改，凭证类别的选择，外币种类的添加等。

（1）外币及汇率的添加★

企业有涉及外币的业务，就要有外币的设置。以后在凭证中要使用到外币核算，就可以直接调用。外币及汇率的添加中涉及的项目有币符、币名、折算方式、记账汇率等，这些项目的设置要根据企业的实际情况确定。

操作步骤：单击"基础设置"→"财务"→"外向种类"，输入币符、币名，选择相关信息，单击"增加"→"币名"，输入汇率，单击"退出"，如图 3-3-7 所示。

【例 3-11】选用 188 账套，设置外币及汇率。

币符：USD；币名：美元；固定汇率 1：6.8。

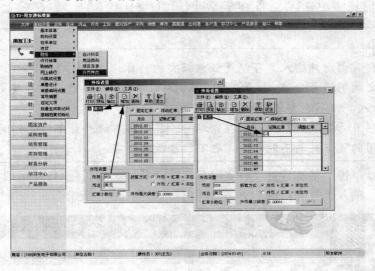

图 3-3-7　外币及汇率

> [!NOTE] 注意事项
> 设置第二种外币时，需先单击"增加"按钮。

➤ **巩固训练 3-11**

添加 911 账套外币及汇率。币符：EUR；币名：欧元；固定汇率：1：8.11。

（2）"凭证类别"选择★

许多企业为了便于管理或记账方便，一般对记账凭证进行分类编制，但各企业的分类方法不尽相同，可以按照本单位的需要对凭证进行分类。

通常，系统提供五种常用分类方式供选择，如表 3-3-14 所示。

表 3-3-14　五种常用分类方式

序　号	类　别
1	记账凭证
2	收款凭证、付款凭证、转账凭证
3	现金凭证、银行凭证、转账凭证
4	现金收款凭证、现金付款凭证、银行收款凭证、银行付款凭证、转账凭证
5	自定义

某些类别的凭证在制单时对科目有一定限制，通常系统有五种限制类型供选择，如表 3-3-15 所示。

表 3-3-15　五种限制类型

类　型	限　　制
借方必有	制单时，此类凭证借方至少有一个限制科目有发生额
贷方必有	制单时，此类凭证贷方至少有一个限制科目有发生额
凭证必有	制单时，此类凭证无论借方还是贷方至少有一个限制科目有发生额
凭证必无	制单时，此类凭证无论借方还是贷方不可有一个限制科目有发生额
无限制	制单时，此类凭证可使用所有合法的科目

注意事项

① 限制科目由用户输入，可以是任意级次的科目。

② 科目之间用逗号分隔，数量不限，限制科目直接录入，逗号应在英文状态下录入。也可以参照输入，但不能重复输入。

③ 限制科目为非末级科目，则在制单时，其所有下级科目都将受到同样的限制。

④ 已使用的凭证类别不能删除，也不能修改类别字。

操作步骤：单击"基础设置"→"财务"→"凭证类别"，选择使用项单击"确定"，选择限制类型，输入"限制科目"单击"退出"，如图 3-3-8 所示。

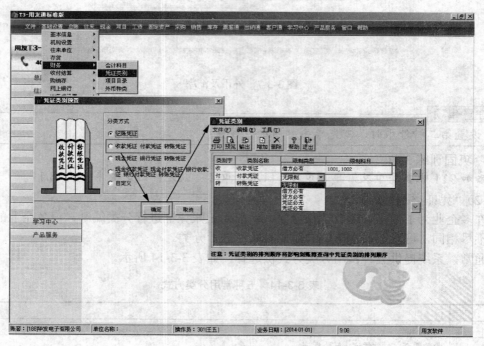

图 3-3-8　凭证类别

【例 3-12】选用 188 账套，设置凭证类别，如表 3-3-16 所示。

表 3-3-16　188 账套凭证类别

凭证类别	限制类型	限制科目
收款凭证	借方必有	1001,1002
付款凭证	贷方必有	1001,1002
转账凭证	凭证必无	1001,1002

➢ 巩固训练 3-12

使用 911 账套，设置凭证类别为收款凭证、付款凭证和转账凭证，如表 3-3-17 所示。

表 3-3-17　911 账套凭证类别

凭证类别	限制类型	限制科目
收款凭证	借方必有	1001,1002
付款凭证	贷方必有	1001,1002
转账凭证	凭证必无	1001,1002

（3）会计科目★

会计科目设置的功能是将单位会计核算中使用的科目逐一地按要求描述给系统，是编制记账凭证的基础。财会人员可以根据会计核算和管理的需要，设置适合自身业务特点的会计科目体系。

会计科目设置的内容如下：

① 科目编码：全编码＝本级编码＋上级编码；二位级长不足补零。符合编码规则。

② 科目名称：本级名称。

③ 科目类型：输入一级科目时必须选择输入。选择的类型与科目代码的第一位必须一致。输入二级或二级以下科目时，自动设置为与一级科目一致。

④ 助记码：可不输入。

⑤ 账页格式：金额式、外币金额式、数量金额式、数量外币式。

⑥ 辅助核算：包括部门核算、个人往来核算、客户往来核算、供应商往来核算、项目核算五种（外币、数量、银行账与日记账）。

设置辅助核算后，输入数据时，需要输入不同的附加内容。

某一科目可同时设置两种辅助核算，但个人往来、客户与供应商往来不能一同设置。

辅助核算一经定义并使用，不要随意修改，以免数据混乱。

> **注意事项**
>
> 以下是辅助核算通常对应的会计科目：
> 客户往来：应收账款、预收账款、应收票据。
> 供应商往来：应付账款、预付账款、应付票据。
> 部门核算：管理费用。
> 个人往来：其他应收款。
> 项目核算：主营业务收入、主营业务成本、生产成本、在建工程。

⑦ 科目性质（余额方向）：一级科目必须选择输入。

资产类科目、成本类：借方；负债类、所有者权益类：贷方。

损益类中的费用类：借方；损益类中的收入类：贷方。

只能在一级科目设置科目性质，下级科目与一级科目的相同。

⑧ 外币核算：一个科目只能核算一种外币，只有外币核算要求的科目才允许设定外币币名。

⑨ 数量核算：用于设定该科目是否有数量核算，以及数量计量单位。计量单位可以是任何汉字或字符，如公斤、件、吨等。

⑩ 日记账、银行账。库存现金：日记账，银行存款：银行账和日记账。

1）新增会计科目。

操作步骤： 单击"基础设置"→"财务"→"会计科目"→"增加"，如图 3-3-9 所示。

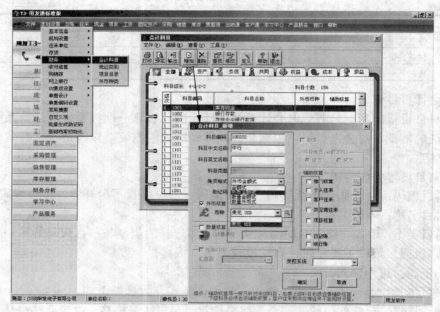

图 3-3-9　增加会计科目

【例 3-13】选用 188 账套，增加会计科目，如表 3-3-18 所示。

表 3-3-18　188 账套会计科目及余额

科目名称	辅助核算	科目类型	方向	币别/计量	期初余额外
库存现金（1001）		资产	借		35 977.26
银行存款（1002）	日记银行账	资产	借		2 950 099.00
建行（100201）		资产	借		1 436 291.00
中行（100202）	外币金额式	资产	借		68 000.00
				美元	10 000
农商行（100203）		资产	借		1 445 808.00
应收账款（1122）	客户往来	资产	借		2 511 395.00
其他应收款（1221）	个人往来	资产	借		2 975 286.00
坏账准备（1231）		资产	贷		7 534.19
原材料（1403）		资产	借		6 847 360.00

续表

科目名称	辅助核算	科目类型	方向	币别/计量	期初会额外
CPU（140301）		资产	借		2 700 000.00
AMD（14030101）	数量金额	资产	借		2 700 000.00
				PCS	3000
机箱（140302）		资产	借		3 800 000.00
TCL 金刚机箱（14030201）	数量金额式	资产	借		3 800 000.00
				台	9 500
电源（140303）		资产	借		347 360.00
航嘉电源（14030301）	数量金额式	资产	借		347 360.00
				只	1336
库存商品（1405）		资产	借		71 620.00
浪潮服务器软件（140501）	数量金额式	资产	借		15 210.00
				套	10
浪潮 300 服务器（140502）	数量金额式	资产	借		55 560.00
				台	2
AOC17S 显示器（140503）	数量金额式	资产	借		850.00
				台	1
长期股权投资（1511）		资产	借		19 559.65
股票投资（151101）		资产	借		19 559.65
固定资产（1601）		资产	借		1 092 012.00
累计折旧（1602）		资产	贷		609 613.60
无形资产（1701）		资产	借		90 151.66
应付账款（2202）	供应商往来	负债	贷		1 645 294.00
应付职工薪酬（2211）		负债	贷		196 700.00
应付股利（2232）		负债	贷		10 226.99
其他应付款（2241）		负债	贷		536 244.60
应付债券（2502）		负债	贷		35 100.00
实收资本（4001）		权益	贷		10 000 000.00
长城工业信息集团（500101）		权益	贷		7 000 000.00
太平信息技术公司（400102）		权益	贷		3 000 000.00
利润分配（4104）		权益	贷		3 552 747.19
未分配利润（410415）		权益	贷		3 552 747.19
生产成本（5001）		成本	借		
基本生产成本（500101）		成本	借		
辅助生产成本（500102）		成本	借		
制造费用（5101）		成本	借		
折旧费（510101）		成本	借		
工资（510102）		成本	借		
主营业务收入（6001）		损益			
主营业务成本（6401）		损益			
销售费用（6601）	部门核算	损益			
管理费用（6602）		损益			
折旧费（660201）	部门核算	损益			
工资（660202）	部门核算	损益			
办公费（660203）	部门核算	损益			
招待费（660204）	部门核算	损益			

➤ 巩固训练 3-13

使用 911 账套，设置会计科目，如表 3-3-19 所示。

表 3-3-19 911 账套会计科目及余额

科目名称	辅助核算	方向	币别计量	期初余额
库存现金（1001）	日记	借		12 000
银行存款（1002）		借		1000 000
建行存款（100201）	日记银行	借		600 000
中行存款（100202）	日记银行	借	欧元	400 000
应收账款（1122）	客户往来	借		160 000
其他应收款（1221）	个人往来	借		18 000
原材料（1403）		借		146 400
甲材料（140301）	数量核算	借	千克	60 000
乙材料（140302）	数量核算	借	袋	86 400
库存商品（1405）		借		480 000
固定资产（1601）		借		1 600 000
累计折旧（1602）		贷		280 000
无形资产（1701）		借		500 000
短期借款（2001）		贷		600 000
应付账款（2202）	供应商往来	贷		80 000
应交税费（2221）		贷		
应交增值税（222101）		贷		
进项税额（22210101）		贷		
销项税额（22210102）		贷		
实收资本（4001）		贷		2 000 000
利润分配（4104）		贷		1 080 400
生产成本（5001）		借		64 000
制造费用（5101）		借		60 000
管理费用（6602）		支出		
工资（660201）	部门核算	支出		
办公费（660202）	部门核算	支出		
差旅费（660203）	部门核算	支出		
招待费（660204）	部门核算	支出		
折旧费（660205）	部门核算	支出		
其他（660206）	部门核算	支出		

2）修改与删除会计科目。

会计科目输入完成后，如果需要对某些项目进行修改，可以通过"修改"功能完成；如果发现暂时不需用，可以将其删除。

① 单击"修改"可以修改选中的会计科目，如图 3-3-10 所示。

② 单击"删除"可以删除选中的会计科目。

注意事项

有下级科目、已输入初始余额或在填制凭证时已使用的科目不能删除。

3）指定会计科目。★

指定会计科目是指定出纳的专管科目。指定科目后，才能执行出纳签字，从而实现现金、银行管理的保密性，才能查看现金、银行存款日记账。

操作步骤：单击"基础设置"→"财务"→"会计科目"→"编辑"→"指定科目"。

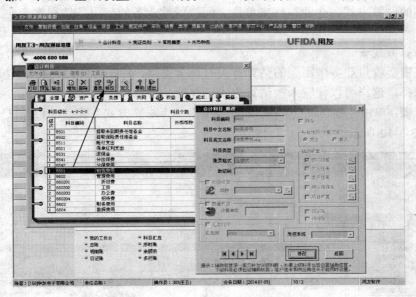

图 3-3-10　修改会计科目

【例 3-14】选用 188 账套，指定科目，如图 3-3-11 所示。

现金总账科目：1001 库存现金

银行总账科目：1002 银行存款

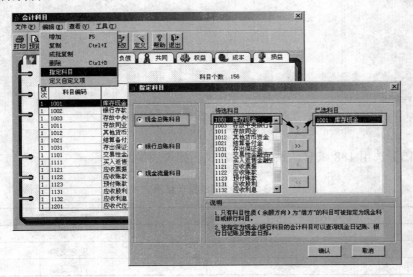

图 3-3-11　指定科目

➢ **巩固训练 3-14**

使用 911 账套，指定"库存现金"和"银行存款"会计科目。

4. 收付结算设置

为了便于管理和提高往来单位之间收付款业务的效率，本系统设置了企业在资金收付业务中用到的结算方式、企业与往来单位之间收付款业务的信用条件和本企业开户银行的信息。

（1）结算方式★

企业在资金收付业务中用到的结算方式有现金支票、转账支票、汇票等。填制凭证时，可以参照选择，这样可以使输入的结算方式更准确、规范。

操作步骤：单击"基础设置"→"收付结算"→"结算方式"，输入相关信息，单击"保存"，如图 3-3-12 所示。

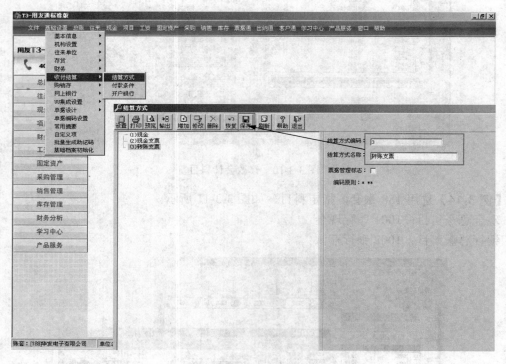

图 3-3-12 结算方式

【例 3-15】选用 188 账套，录入结算方式，如表 3-3-20 所示。

表 3-3-20 188 账套结算方式

结算方式编码	结算方式名称
1	现金
2	现金支票
3	转账支票

注意事项

票据管理标志，是为了便于出纳对银行结算票据的管理而设，类似于手工中支票登记账簿的方式。

➤ 巩固训练 3-15

使用 911 账套，设置结算方式，如表 3-3-21 所示。

表 3-3-21　911 账套结算方式

结算方式编码	结算方式名称
1	现金结算
2	票据结算
201	现金支票
202	转账支票

（2）设置"付款条件"★

详见"应收/应付管理模块"（本章第七、八节）。

📝 例题精讲

🖋 【例题·单选题】币别的设置不包括（　　）。

　　A. 币别代码　　　B. 记账汇率　　　C. 折算方式　　　D. 记账本位币

【答案与解析】D。币别的设置包括币别代码、币别名称、记账汇率、折算方式和金额小数位数。

🖋 【例题·多选题】新增辅助核算项目时，必须要输入的内容有（　　）。

　　A. 代码　　　　B. 名称　　　　C. 备注　　　　D. 类别

【答案与解析】AB。新增辅助核算项目时，必须要输入的内容有代码和名称。

🖋 【例题·判断题】设置会计科目时，必须先有上级科目才能建立下级科目。（　　）

【答案与解析】√。设置会计科目，应遵循自上而下的原则，先建立上级科目，再建立下级科目。

5. 期初余额★

期初余额是总账功能的一个内容，一般只是第一次使用账务处理模块时录入，进行试算平衡，以检查录入的正确性。所以，把本知识点归入初始化处讲解。

在初次使用账务处理模块时，应将经过整理的手工账目的期初余额录入计算机。若企业是在年初建账，或不反映启用日期以前的发生额，则期初余额就是年初数；若企业是年中建账，而又希望查询结果全面反映全年的业务情况，则应先将各账户此时的余额和年初到此时的借贷方累计发生额计算清楚，作为启用系统的期初数据录入到账务处理模块中，系统将自动计算年初余额。若科目有辅助核算，还应整理各辅助项目的期初余额，以便在期初余额中录入。所以，不难看出期初余额也是系统初始化的一项内容。

操作步骤：单击"总账"→"设置"→"期初余额"，输入会计科目金额，单击"试算"→"金额平衡"→"退出"。

期初余额的录入分两部分：无辅助核算科目期初余额录入、有辅助核算科目期初余额录入。

（1）无辅助核算科目期初余额录入

对于没有设置辅助核算的科目，可以直接录入期初余额。年初建账，则输入的期初余额就是年初余额。年中建账，则应输入建账月份的期初余额和年初到此时的借贷方累计发生额，系统会自动倒算出年初余额。如果某科目为数量、外币核算，应录入期初数量、外币余额，而且必须先录入本币余额，再录入数量外币余额。若期初余额有外币、数量余额，则必须有本币余额。红字余额用负号输入。

（2）有辅助核算科目期初余额录入

在录入期初余额时，对于设置为辅助核算的科目，单击后系统会自动为其开设辅助账页。相应地，在输入期初余额时，这类科目总账的期初余额是由辅助账的期初明细汇总而来，即不能直接输入总账期初数。

期初余额录入完毕后，应该试算平衡。期初余额试算不平衡，将不能记账；已经使用过的会计科目，则不能再录入、修改期初余额，也不能执行"结转上年余额"的功能。

| 注意事项 |

期初余额和累计发生额的录入要从最末级科目开始，上级科目的余额和累计发生数据由系统自动计算。

【例3-16】选用188账套，按前面"表3-3-18 188账套会计科目及余额"录入期初余额，如图3-3-13所示。辅助科目期初余额如表3-3-22所示。

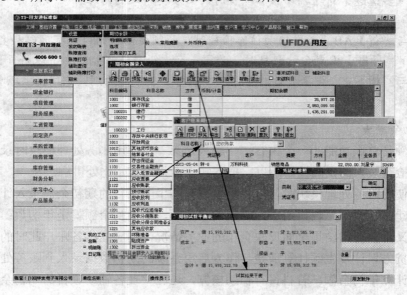

图3-3-13 期初余额

表 3-3-22 188 账套辅助科目期初余额

应收账款（1122）　　　　　　　　　　　　　　　　　　余额：借 2511395 元

日期	凭证号	客户	摘要	方向	金额	业务员	票号	票据日期
2013-5-4	转-8	万科科技	销售商品	借	22050	刘星宇	S0488	2013-5-4
2013-11-18	转-14	华美食品	销售商品	借	2199745	刘星宇	S0408	2013-11-18
2013-12-30	转-28	乐平信息	销售商品	借	289600	刘星宇	S0498	2013-12-30

其他应收款（1221）　　　　　　　　　　　　　　　　　余额：借 2975286 元

日期	凭证号	部门	个人	摘要	方向	余额
2013-12-16	付-38	采购部	丁山	出差借款	借	2975286

应付账款（2202）　　　　　　　　　　　　　　　　　　余额：借 1645294 元

日期	凭证号	供应商	摘要	方向	金额	业务员	票号	票号日期
2013-12-17	转-6	现代科技	购买材料	贷	1623474	丁山	F0018	2013-12-17
2013-12-21	转-20	丰盛科技	购买材料	贷	21820	丁山	F0089	2013-12-21

➢ 巩固训练 3-16

选用 911 账套，按前面"表 3-3-19 911 账套会计科目及余额"录入期初余额，辅助科目期初余额如下。

1）会计科目：1122 应收账款，期初余额借方 160 000 元。其明细如表 3-3-23 所示。

表 3-3-23 1122 应收账款明细

日期	客户名称	业务员	摘要	方向	期初余额
2013-12-31	北京新科科技有限公司	赵科	销售货物	借	80000
2013-12-31	北京全力股份有限公司	赵科	销售货物	借	80000

2）会计科目：1221 其他应收款，期初余额为借方 18 000 元。其明细如表 3-3-24 所示。

表 3-3-24 1221 其他应收款明细

日期	部门	个人	摘要	方向	期初余额
2013-12-26	行政部	吴玉	出差借款	借	12000
2013-12-27	销售部	赵科	出差借款	借	6000

3）会计科目：2202 应付账款，期初余额为贷方 80 000 元。其明细如表 3-3-25 所示。

表 3-3-25 2202 应付账款明细

日期	供应商名称	业务员	摘要	方向	期初余额
2013-12-26	青岛高松公司	冯静	购买甲材料	贷	20000
2013-12-27	大连石英公司	冯静	购买乙材料	贷	60000

二、账务处理模块日常处理

1. 凭证管理

账务处理模块至期初余额录入，表明初始化设置完成，就可以进行日常业务处理了。

日常业务处理的任务是通过输入和处理各种记账凭证，完成记账等工作。

凭证的操作流程如图 3-3-14 所示。

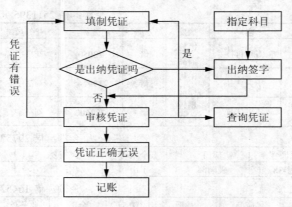

图 3-3-14　凭证的操作流程

（1）填制凭证★

在总账模块中，各种经济业务的发生额及相应的辅助核算信息，是通过填制凭证的方式输入会计核算系统中。在实际工作中，一般由会计人员直接在计算机上根据审核无误准予报销的原始凭证填制记账凭证，也可以先由人工制单而后集中输入。

通常，一张凭证中可填写的行数是没有限制的，可以是简单分录，也可以是复合分录，但每一张凭证应该只记录一笔经济业务，不可把记录不同类型经济业务的分录填入一张凭证。

凭证填制的内容包括凭证头和凭证体两部分。

1）凭证头：反映凭证编号和制单日期等内容。

凭证类别：选择凭证类别字。凭证类别是在初始化时设置的。

凭证编号：由系统分类按月自动编制，即每类凭证每月都从 0001 号开始。在凭证编号方式为"手工编号"模式下，则可以手工录入凭证编号。

制单日期：系统自动取进入账务处理资系统前输入的业务日期为记账凭证填制的日期。如果在"总账"、"设置"、"选项"、"凭证"处取消"制单序时控制"，当发现日期不对，可进行修改或参照输入。

附单据数：本张记账凭证应附的原始凭证的张数。

2）凭证体：输入本张凭证的分录信息。包括摘要、科目、借贷方向、发生金额、辅助信息等内容。

摘要：输入本笔分录的业务说明，摘要要求简洁明了。考试时一般会统一为"日常业务"。每行摘要可以重复，但不能没有。

科目：科目必须输入末级科目。

辅助信息：对于要进行辅助核算的科目，系统提示输入相应的辅助核算信息。辅助核算信息包括客户往来、供应商往来、个人往来、部门核算、项目核算。

如果该科目要进行数量核算，则屏幕提示用户输入"数量"、"单价"。系统根据数量×单价自动计算出金额。

　　若科目为银行科目，那么，还应输入"结算方式"、"票号"及"发生日期"。输入这些数据的目的主要是便于进行银行对账，同时也可以方便对支票的管理。

　　金额：即该笔分录的借方或贷方本币发生额，金额不能为零，但可以是红字，红字金额以负数形式输入。

　　操作步骤：单击"总账"→"凭证"→"填制凭证"，输入会计科目金额，单击"试算"，若金额平衡，单击"退出"，如图 3-3-15 所示。

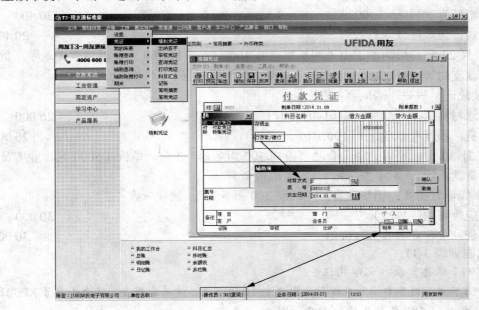

图 3-3-15　填制凭证

> **注意事项**
>
> ① 制单人员一般是除账套主管外的会计人员。
>
> ② 凭证一旦保存，其凭证类别、凭证编号不能修改。
>
> ③ 正文中不同行的摘要可以相同也可以不同，但不能为空。
>
> ④ 科目编码必须是末级的科目编码。既可以手工直接输入，也可利用右侧的放大镜按钮选择输入。
>
> ⑤ 可按"＝"键取当前凭证借贷方金额的差额到当前光标位置。

　　【例 3-17】 选用 188 账套，填制下列凭证。

　　1）1 月 2 日，销售部刘星宇购买了 780 元的办公用品，以现金支付。（付单据 1 张）（付款凭证）摘要：购办公用品

　　借：销售费用（6601）　　　　　　　　　　　　　　　　　　　　　　　　780

　　　　贷：库存现金（1001）　　　　　　　　　　　　　　　　　　　　　　　　780

　　2）1 月 9 日，财务部李三从建行提取现金 65 000 元，作为备用金。（现金支票号 GH00012，付单据 1 张）

（付款凭证）摘要：提现

借：库存现金（1001） 65 000

　　贷：银行存款/建行（100201） 65 000

3）1月14日，收到澳门万科科技有限公司偿还货款3000美元，汇率1∶6.8。（转账支票号ZZA061181，付单据2张）

（收款凭证）摘要：收到澳门货款

借：银行存款/中行（100202） 20 400

　　贷：应收账款（1122） 20 400

4）1月27日，采购部丁山采购航嘉电源100只，单价260元，材料直接入库，货款以银行存款支付。（转账支票号ZZG6515002，付单据2张）（不考虑税金）

（付款凭证）摘要：购航嘉电源

借：原材料/电源/航嘉电源（14030301） 26 000

　　贷：银行存款/建行（100201） 26 000

5）1月30日，销售给华美食品"浪潮300服务器"2台，单价15000元，业务员：刘星宇，货款未收。（付单据2张）（不考虑税金）

（转账凭证）摘要：销华美食品"浪潮300服务器"，款项未收

借：应收账款（1122） 30 000

　　贷：主营业务收入（6001） 30 000

➤ 巩固训练3-17

使用911账套，录入记账凭证。

1）1月7日，财务部梁华从建行提取现金10 000元，作为备用金（现金支票号XP001）。（付款凭证）后附凭证1账。摘要：提现

借：库存现金（1001） 10 000

　　贷：银行存款——建行存款（100201） 10 000

2）1月10日，收到投资人投资资金30 000欧元，汇率1∶8.11（转账支票号ZP001）。（收款凭证）后附凭证3张。摘要：收到投资

借：银行存款——中行存款（100202） 243 600

　　贷：实收资本（4001） 243 600

3）1月20日，采购部冯静从青岛高松公司购入甲材料1000千克，单价50元，货税款暂欠，材料已验收入库。（转账凭证）后附凭证4张。摘要：购甲材料

借：原材料——甲材料（140301） 50 000

　　应交税费——应交增值税（进项税额）（22210101） 8 500

　　贷：应付账款（2202） 58 500

4）1月24日，行政部支付业务招待费8 000元。（转账支票号ZP004）（付款凭证）后附凭证2张。摘要：支付招待费

借：管理费用——招待费（660204） 8 000

　　贷：银行存款——建行存款（100201） 8 000

5）1月25日，销售部赵科请客户吃饭，现金消费500元。（附单据1张）（付款凭证）

摘要：**招待客户**

    借：**销售费用**（6601）   500

        贷：**库存现金**（1001）   500

（2）修改凭证★

虽然在凭证录入环节系统提供了多种确保凭证输入正确的控制措施，但仍然避免不了发生错误。为此，系统提供了凭证修改功能，但仅限于对已输入未审核状态的凭证。

修改凭证时需要在填制凭证状态下找到需要修改的凭证，直接修改即可。可修改的内容包括摘要、科目、辅助项、金额及方向、增删分录等，凭证类别不能修改。

未经审核的错误凭证可直接修改；已审核的凭证应先取消审核后，再修改。

操作步骤：单击"总账"→"凭证"→"填制凭证"，单击需要修改的项目重新输入，单击"保存"→"退出"，如图 3-3-16 所示。

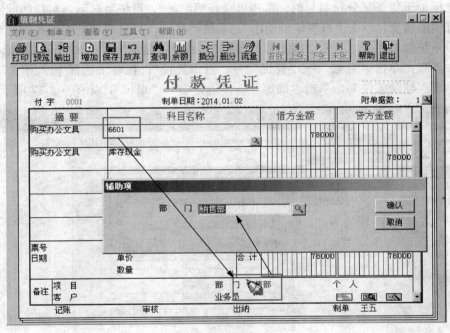

图 3-3-16 修改凭证

注意事项

    ① 修改辅助项，一定要先单击相应的账户（如管理费用），再单击辅助区，光标会变为笔头形状，如果考试软件没有，单击部门所在区即可。

    ② 不能通过"凭证"→"查询凭证"先进行查询，找到凭证后再修改，因为在 T3 软件中，这种查询方法只能查不能改。

【例 3-18】选用 188 账套，修改凭证。

修改 1 月 2 日录入的记账凭证，把"销售费用"改成"管理费用——办公费"。

➢ 巩固训练 3-18

使用 911 账套，修改记账凭证。

修改 1 月 25 日录入的销售部赵科请客户吃饭的记账凭证，把"销售费用"改成"管理费用——招待费"。

（3）查询凭证★

总账系统的填制凭证功能不仅是各账簿数据的输入口，同时也提供了强大的信息查询功能。具体体现在以下两个方面。

1）丰富灵活的查询条件。

既可设置凭证类别、制单日期等一般查询条件，也可设置摘要、科目等辅助查询条件。各查询条件也可组合设置。

2）联查明细账、辅助明细及原始单据。

当光标位于凭证某分录科目时，单击"联查明细账"，系统将显示该科目的明细账。如该科目有辅助核算，单击"查看辅助明细"，系统将显示该科目的辅助明细账。若当前凭证是由外币系统制单生成，单击"联查原始单据"，系统将显示生成这张凭证的原始单据。

操作步骤：单击"总账"→"凭证"→"查询凭证"，按要求选择/输入相关项（更多选择，单击"辅助条件"），单击"确定"→"确定"→"退出"，如图 3-3-17 所示。

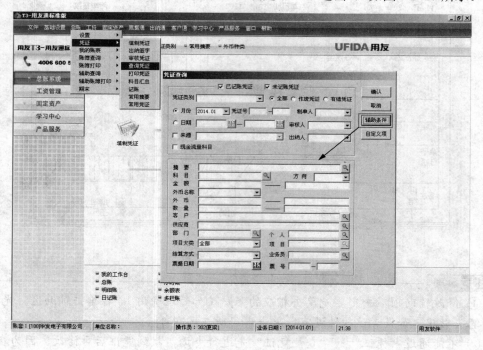

图 3-3-17 查询凭证

┌─────────────
│ **注意事项**
└─

在查询凭证中，联查明细账：先要单击相应的科目，再单击明细按钮。如图 3-3-18 所示。

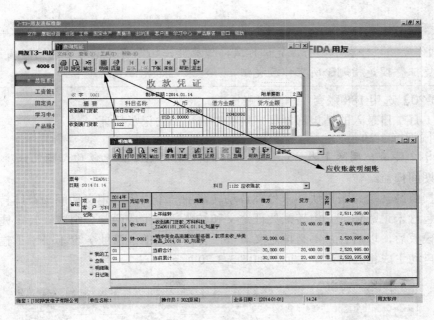

图 3-3-18　查询凭证、联查明细账

【例 3-19】选用 188 账套，查询记账凭证。

查询 2014 年 1 月"付 0001 号"记账凭证并显示。

➢ 巩固训练 3-19

使用 911 账套，查询凭证。查询含有"银行存款/建行"科目的记账凭证并显示。

（4）删除凭证★

操作步骤：单击"总账"→"凭证"→"填制凭证"→"制单"→"作废/恢复"，若凭证上显示"作废"字样，单击"整理凭证"，如图 3-3-19 所示。

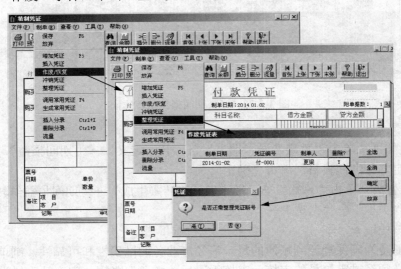

图 3-3-19　删除凭证

> **注意事项**
>
> ① "作废"字样表示已将该凭证作废,作废凭证仍保留凭证内容及凭证编号。
>
> ② 凭证整理是指删除所有作废凭证,并对未记账凭证重新编号。

【例3-20】选用188账套,删除记账凭证。

删除1月2日录入的销售部刘星宇购买办公用品的记账凭证。

➢ 巩固训练3-20

使用911账套,删除1月25日录入的销售部赵科请客户吃饭的记账凭证。

(5)期间损益结转

期间损益结转是总账模块期末处理自动转账的一个内容。定义期间损益结转凭证并转账生成(包含未记账凭证)由转账凭证定义和转账凭证生成两部分组成。转账凭证定义一次,形成模板后,以后各月不必再定义,以后各月相关的经济业务也不必手工输入,而是利用模板自动生成相应的记账凭证,如图3-3-20所示。

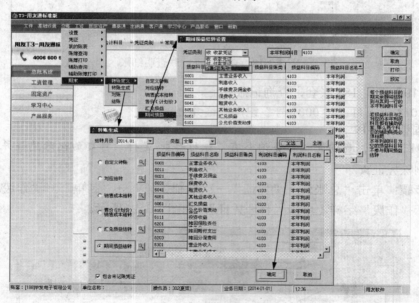

图 3-3-20 定义期间损益结转凭证

操作步骤:

1)定义凭证:单击"总账"→"期末"→"转账定义"→"期间损益",选择转账凭证类别、指定本年利润科目,单击"确定"。

2)转账生成:单击"总账"→"期末"→"转账生成"→"期间损益结转"→"未记账凭证"→"类型"→"全选"→"确定"。

(6)审核凭证★

审核凭证是为确保登记到账簿的每一笔经济业务的准确性和可靠性,制单员填制的每一张凭证都必须经过审核员的审核,审核无误后才能登记账簿。审查认为错误或有异议的凭证,应交与填制人员修改后,再审核。

操作步骤：单击"总账"→"凭证"→"审核凭证"，按要求选择/输入相关项，单击"确定"，选择单一凭证，单击"确定"→"审核"→"退出"，如图 3-3-21 所示。

> **注意事项**
>
> ① 单击"审核"后，凭证会自动跳至下一张。
>
> ② 审核人必须具有审核权。
>
> ③ 审核人和制单人不能是同一个人。
>
> ④ 凭证一经审核，不能被修改、删除，只有取消审核签字后才可修改或删除，取消审核必须由原审核人来执行。
>
> ⑤ 凭证可以单张审核也可以成批审核。

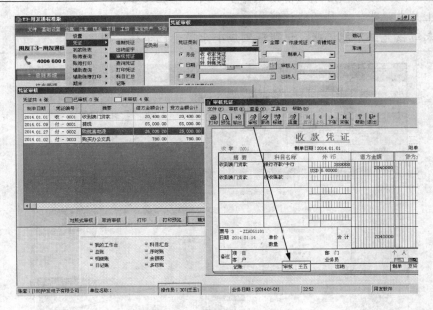

图 3-3-21 审核凭证

【**例 3-21**】选用 188 账套，审核记账凭证。

对前面填制的 4 张凭证行进审核操作。

➤ **巩固训练 3-21**

使用 911 账套，对前面填制的 4 张凭证行进审核。

（7）记账★

记账是由有记账权限的人员，通过记账功能发出指令，由计算机按照记账程序自动进行的。记账是一个功能按键，由计算机自动完成相关账簿登记；记账只是对记账凭证做记账标记（只是数据搬家），不产生新的会计核算数据；记账操作每月可多次进行；经过记账的凭证是不能修改的。

操作步骤：（图 3-3-22）

1）选择记账凭证。即确定本次需要记账的凭证范围，包括期间、类别、记账范围。确定记账范围时可以单击"全选"选择所有未记账凭证,可以输入连续编号范围(如"1-9",表示对该类别第 1~9 号凭证进行记账),也可以输入不连续的编号(如"3,7",表示仅对第 3 张和第 7 张凭证记账)。

2)记账报告。系统自动记账前,需要相应的检查,检查完成后,系统显示记账报告,呈现检验的结果,如期初余额不平或哪些凭证未审核或出纳未签字等。

3)记账。记账之前,系统将自动进行硬盘备份,保存记账前的数据,一旦记账过程异常中断,可以利用这个备份将系统恢复到记账前状态。

注意事项

① 第一次记账时,若期初余额试算不平衡,不能记账。

② 上月未记账,本月不能记账。

③ 未审核凭证不能记账,记账范围应小于等于已审核范围。

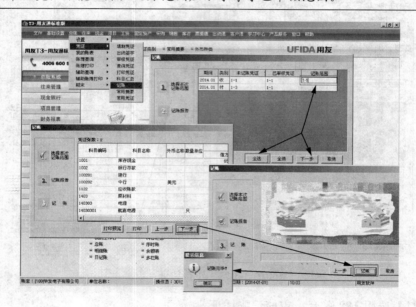

图 3-3-22　记账

【例 3-22】选用 188 账套,将已审核凭证全部记账。

➤ **巩固训练 3-22**

使用 911 账套,将已审核的付款凭证全部记账。

2. 出纳管理

出纳管理的主要工作包括:现金日记账、银行存款日记账和资金日报表的管理,支票管理,进行银行对账并输出银行存款余额调节表。本知识点在考证中,基本没有涉及,但在日常工作中为出纳人进行货币资金管理提供了方便。

(1)出纳签字

出纳签字并非必要步骤,若在会计科目增加中没有指定科目,且总账模块参数设置时不选择"出纳凭证必须经由出纳签字"，则可以不执行出纳签字命令。

操作步骤：单击【总账】→【凭证】→【出纳签字】，如图 3-3-23 所示。（与审核凭证方法相同，请参照。）

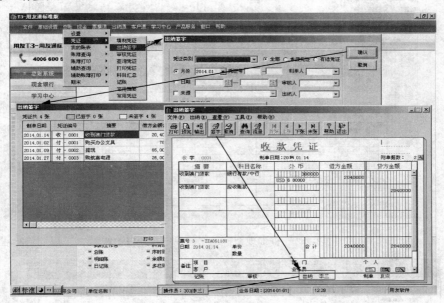

图 3-3-23 出纳签字

注意事项

① 涉及指定为现金科目和银行科目的凭证才需出纳签字。

② 凭证一经签字，就不能被修改、删除，只有取消签字后才可以修改或删除，取消签字只能由出纳自己进行。

凭证签字并非审核凭证的必要步骤。若在设置参数时，不选择"出纳凭证必须经由出纳签字"，则可以不执行"出纳签字"功能。

（2）现金日记账、银行存款日记账及资金日报表的管理

现金日记账、银行存款日记账和资金日报表属于出纳专管内容。所以，其查询与打印必由出纳操作。现金日记账和银行存款日记账的查询必须在"会计科目"设置窗口中，通过"指定科目"功能分别指定现金、银行存款科目才能实现。如需打印正式存档用的文件，则要通过"现金"命令菜单进行，如图 3-3-24 所示。

（3）支票管理

支票管理用来登记支票领用的情况，用友 T3 提供了"支票登记簿"功能，供详细登记支票领用人、领用日期、支票用途、是否报销等，其功能主要包括支票的购置、领用和报销，如图 3-3-25 所示。

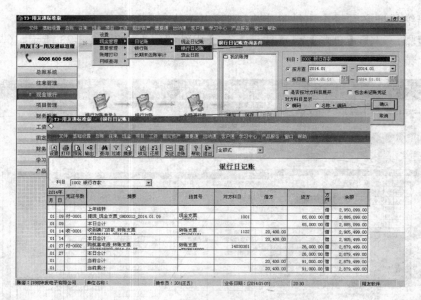

图 3-3-24　查询现金日记账、银行存款日记账

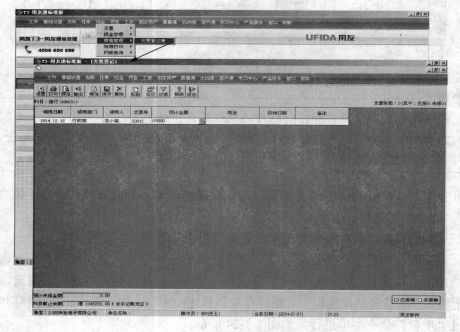

图 3-3-25　"支票登记簿"

注意事项

使用支票登记簿要注意：

① 只有在会计科目中设置了银行账辅助核算的科目才能使用支票登记簿。

② 只有在结算方式设置中选择票据控制才能选择登记银行科目。

③ 领用支票时，银行出纳员须进入"支票登记簿"功能据实登记领用日期、领用部门、领用人、支票号、备注等。

④ 对已报销的支票，系统将用不同的颜色区分。

⑤ 已报销的支票不能进行修改，但可以取消报销标志后再行修改。

⑥ 在实际应用中，如果要求领用人亲笔签字等，最好不使用支票登记簿，这样会增加输入的工作量。

（4）银行对账

银行对账是企业出纳人员的最基本工作之一。企业的结算业务大部分要通过银行进行结算，但由于企业与银行的账务处理和入账时间不一致，往往会发生双方账面不一致的情况，即所谓"未达账项"。企业必须定期将银行存款日记账与银行出具的对账单进行核对，并编制银行存款余额调节表。

电算化方式下，出纳人员只需把对账单录入到计算机中，银行存款日记账与对账单的核对可由计算机自动完成，并自动编制银行存款余额调节表。

银行对账是货币资金管理的主要内容。在总账命令系统中，银行对账的科目是指在会计科目界面编辑菜单下指定科目中指定为银行存款的科目。

1）录入银行对账期初。为了保证银行对账的正确性，在使用"银行对账"功能进行对账之前，必须在开始对账的月初先将日记账、银行对账单未达项录入系统中。

"银行对账期初录入"功能是用于第一次使用银行对账模块前输入日记账及对账单未达账项，在开始使用银行对账之后一般不再使用。

2）录入银行对账单。"银行对账单"功能用于平时录入、查询和引入银行对账单，在此功能中显示的银行对账单为启用日期之后的对账单。

要实现计算机自动对账，在每月月末对账前，必须将银行开出的银行对账单输入到计算机中，存入"对账单文件"。

3）银行对账。银行对账采用自动对账与手工对账相结合的方式。自动对账是计算机根据对账依据自动进行核对、勾销，对于已核对上的银行业务，系统将自动在银行存款日记账和银行对账单双方写上两清标志，并视为已达账项，对于在两清栏未写上两清符号的记录，系统则视其为未达账项。手工对账是对自动对账的补充，采用自动对账后，可能还有一些特殊的已达账尚未勾对出来而被视为未达账项，为了保证对账更彻底正确，可通过手工对账来进行调整。

下列四种情况中，只有第一种情况计算机能够自动核销已对账的记录，后三种情况均需人工帮助挑选相应的业务，用强制的方式核销：

对账单文件中一条业务记录和银行日记账未达账项文件中一条业务记录相同；

对账单文件中一条业务记录和银行日记账未达账项文件中多条业务记录相同；

对账单文件中多条业务记录和银行日记账未达账项文件中一条业务记录相同；

对账单文件中多条业务记录和银行日记账未达账项文件中多条业务记录相同。

4）输出余额调节表。在对银行账进行两清勾对后，便可调用此功能查询打印"银行存款余额调节表"，以检查对账是否正确。进入此项操作，屏幕显示所有银行科目的账面余额及调整余额。

5）查询对账勾对情况。"查询对账勾对情况"功能用于查询单位日记账及银行对账单的对账结果。通过此功能可以了解经过对账后，对账单上勾对的明细情况，包括已达账项情况和未达账项情况，从而进一步查询对账结果。

6）核销已达账。"核销银行账"功能用于将确认无误的已达账删除。在总账系统中，用于银行对账的银行日记账和银行对账单的数据是会计核算和财务管理的辅助数据。正确对账后，已达账项数据已无保留价值，因此，通过上述对账的结果和对账明细情况后，便可通过"核销银行账"功能核销用于对账的银行日记账和银行对账单的已达账项，以清理计算机系统的硬盘空间。在执行核销功能时，应确保银行对账正确。

3. 账簿管理★

企业发生的经济业务，最终都要登记进入账簿，对经济业务的查询与分析要通过账簿查询来实现。查询账簿包括基本账簿查询和辅助账簿查询，如图 3-3-26 所示。

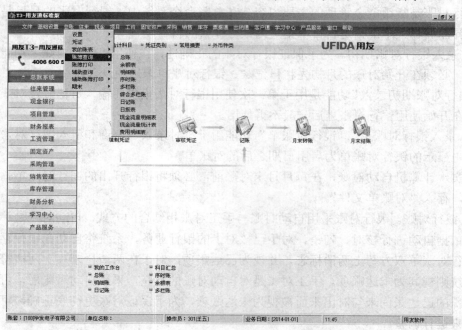

图 3-3-26 账簿查询

（1）基本账簿查询

基本账簿查询包括总账、余额表、明细账、日记账的账簿的查询。

1）总账。★

操作步骤：单击"总账"→"账簿查询"→"总账"。

查询条件：总账科目、二至六级明细科目（可以包含未记账凭证）。

查询结果：年初余额、发生额合计、月末余额。

【例 3-23】选用 188 账套，王五查询 "1122 应收账款" 总账，然后联查明细账，如图 3-3-27 所示。

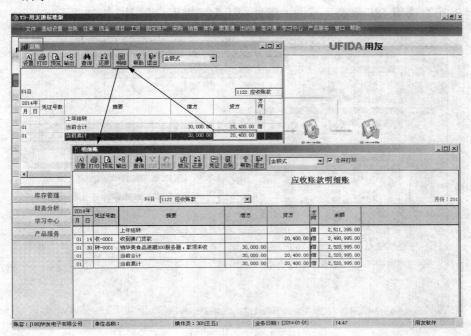

图 3-3-27　查询总账、联查明细账

注意事项

　将光标置于 "当前累计" 行，再单击 "明细"。

2）明细账。★

操作步骤：单击 "总账" → "账簿查询" → "明细账"。

查询条件：按科目范围查询、月份综合明细账查询（可以包含未记账凭证）。

查询结果：期初余额、借贷发生额、月末余额。

【例 3-24】选用 188 账套，王五按科目范围查询 "主营业务收入" 明细账，然后联查总账和 1 月 30 日凭证。

3）日记账。

操作步骤：单击 "现金" → "现金管理" → "日记账"，如图 3-3-24 所示。

注意事项

　现金日记账、银行存款日记账不能在主菜单的 "账簿" 功能下查询，只能在 "现金" 模块查询。

4）科目发生额及余额。

操作步骤：单击 "总账" → "账簿查询" → "余额表"。

【例 3-25】选用 188 账套，查询负债类总账科目的科目余额表，要求显示累计发生额信息。

5) 多栏账。

操作步骤: 单击"总账"→"账簿查询"→"多栏账"(先设置后查询)。

【例 3-26】选用 188 账套,查询"管理费用"明细账,如图 3-3-28 所示。

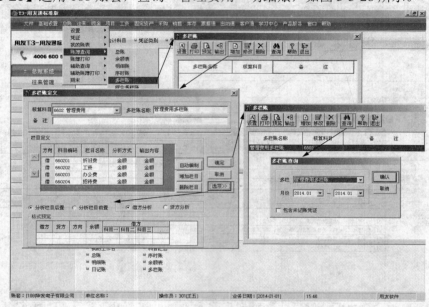

图 3-3-28　查询多栏账

(2) 辅助账簿查询

辅助核算的总账和明细账包括个人往来、部门核算、客户往来和供应商往来的总账、明细账查询输出。

1) 个人往来、部门核算辅助账。

操作步骤: 单击"总账"→"辅助查询",查询个人往来、部门核算辅助账。

【例 3-27】选用 188 账套,查询其他应收款个人科目余额表。

注意事项
① 部门科目总账:某项费用的各部门汇总。
② 部门总账:某部门的各项费用汇总。
③ 部门三栏总账:按部门、费用综合查询。
④ 部门分析表:部门、费用二维表查询。

2) 客户往来和供应商往来的总账、明细账查询。

操作步骤: 单击"往来"→"账簿"→"客户往来明细账",查询客户往来、供应商往来辅助账。

【例 3-28】选用 188 账套,查询应收账款的客户科目明细账,然后联查 1 月 30 日的凭证信息。

4. 设置明细账权限

设置明细账权限要区别于"系统管理"模块中的操作员权限,其主要目的在于协调会计人员之间的工作，在法律法规的许可范围内灵活开展工作。此项工作在实际中是在录入期初余额之后开展，设置人员为账套主管。

操作步骤：单击"总账"→"设置"→"明细账权限"。

【例 3-29】选用 188 账套，为操作员"李三"设置库存现金、银行存款明细账科目权限；设置"夏梁"凭证审核权限；为操作员"李三"设置库存现金、银行存款制单科目权限，如图 3-3-29 所示。

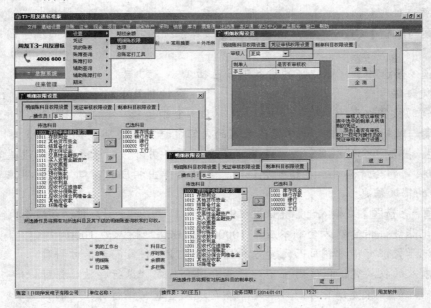

图 3-3-29　设置明细账权限

例题精讲

【例题·单选题】账务处理系统中，（　　　）后凭证可以记账。

A. 查询　　　　　　B. 修改　　　　　　C. 输入　　　　　　D. 审核

【答案与解析】D。凭证审核无误后才能登记账簿。

【例题·单选题】用友 T3 软件中，在填制凭证时，不同行的摘要（　　　），但（　　　）。

A. 可以相同，可以为空　　　　　　　　B. 可以不同，可以为空

C. 必须相同，不能为空　　　　　　　　D. 可以相同或不同，不能为空

【答案与解析】D。每行摘要可以重复，但不能没有。

【例题·单选题】在账务处理系统中，只要有凭证审核权，就可以审核（　　　）。

A. 自己输入的凭证　　　　　　　　B. 任何人输入的凭证

C. 自己以外的其他人输入的凭证　　　D. 未审核的凭证

【答案与解析】C。凭证审核的操作控制规定：审核人员和制单人员不能是同一人，而且已经审核的凭证也不能重复审核。所以答案选 C。

【例题·单选题】会计核算软件应当具有结账功能，结账前会计核算软件应当自动检

查本期输入的会计凭证是否（　　　　）。

A．全部通过审核
B．全部登记入账
C．全部打印输出
D．全部借贷平衡

【答案与解析】B。结账工作执行时，系统会检查相关工作的完成情况，如有未记账凭证，则不能结账。

【例题·多选题】下列功能不属于账务处理系统的是（　　　　）。

A．凭证处理　　　B．期末处理　　　C．工资计算　　　D．计提折旧

【答案与解析】CD。工资计算属于工资核算系统的功能，计提折旧属于固定资产系统的功能。

【例题·多选题】记账凭证的输入项目包括（　　　　）等。

A．凭证编号
B．会计科目或编号
C．辅助核算信息
D．金额

【答案与解析】ABCD。记账凭证录入的内容包括凭证类别、凭证编号、制单日期、附件张数、摘要、会计科目、发生金额、制单人等。另外，对于系统初始设置时已经设置为辅助核算的会计科目，在填制凭证时，系统会弹出相应的窗口，要求根据科目属性录入相应的辅助信息；

【例题·多选题】在输入记账凭证过程中，遇到（　　　　），会计软件必须提示操作员更正。

A．记账凭证借贷双方金额本应是 10000，却错误地输入为 1000
B．记账凭证有借方科目而无贷方科目或者有贷方科目而无借方科目
C．输入的收款凭证借方科目不是"库存现金"或"银行存款"科目
D．输入的付款凭证贷方科目不是"库存现金"或"银行存款"科目

【答案与解析】BCD。本题考核记账凭证的输入。金额输入错误，会计软件不提示。

【例题·多选题】以下不是"账务处理"下的功能的是（　　　　）。

A．凭证录入
B．结算方式
C．期末结账
D．账套选项

【答案与解析】BD。结算方式是基础设置里的功能，账套选项是总账的参数设置的内容。

【例题·判断题】财务处理系统中，可以查询/打印指定月份各类账簿的余额明细表。

（　　　　）

【答案与解析】√。基本账簿查询包括总账、余额表、明细账、日记账的账簿的查询。

第四节　报表管理模块的应用

【说明】为了能让考生更好地、连贯地掌握账务管理模块和报表管理模块的知识内容，特把应该放在章节最后讲解的报表内容放在此节讲解。

会计报表是会计核算的总括性报告文件，综合反映企业在一定时期的财务状况、经营成果和现金流量信息的书面文件，是企业经营活动的总结。无论手工会计或是计算机会计

系统，都必须定期编制各种会计报表，在这点上两者是没有区别的。

一、报表基础知识

为了便于学习和理解，在学习本节内容之前，对于涉及编制财务报表的知识应该事先明确，在以后的学习和运用过程中将不再一一阐述。

1. 格式状态和数据状态

报表编制分为两大部分来处理，即报表定义及报表数据处理工作。这两部分工作是在不同状态下进行的。

1）格式状态。在报表格式状态下进行有关格式和公式设计的操作，报表格式如表尺寸、行高列宽、单元属性、单元风格、组合单元、关键字，也可进行报表公式的设计，如单元公式（计算公式）、审核公式及舍位平衡公式等。

2）数据状态。在报表的数据状态下管理报表的数据，如生成报表数据、输入数据、增加或删除表页、审核、舍位平衡、制作图形、汇总、合并报表等。在数据状态下不能修改报表的格式，用户看到的是报表的全部内容，包括格式和数据。

报表工作区的左下角有一个"格式/数据"按钮。单击这个按钮可以在格式状态和数据状态之间切换，如图 3-4-1 所示。

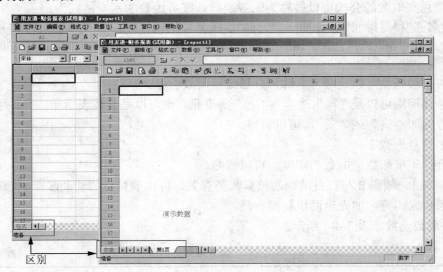

图 3-4-1　报表格式、数据状态

2. 单元和组合单元

1）单元是组成报表的最小单位。单元名称由所在行、列标识。例如，A1 表示第 1 列第 1 行交汇的单元。单元类型有数值单元、字符单元、表样单元三种。

① 数值单元。缺省类型为数值型。可以直接输入或由单元中存放的单元公式运算生成。

② 字符单元。可以直接输入内容，也可由单元公式生成。

③ 表样单元。表样单元只能在"格式"状态下输入和修改。表样单元是报表的格式，是定义一个没有数据的空表所需的所有文字、符号或数字。

2）组合单元是由相邻的两个或更多个的单元合并组成的。报表管理模块在处理报表时将组合单元视为一个单元。

3. 表页

一个报表最多可容纳 99 999 张表页，一个报表中的所有表页具有相同的格式，但其中的数据不同。

4. 区域

区域由一张表页上的相邻单元组成，自起点单元至终点单元是一个完整的长方形矩阵。例如，A1 到 B4 的长方形区域表示为 A1：B4，起点单元与终点单元用"："连接。

5. 关键字

关键字是账务处理模块中数据与报表数据生成的桥梁，是可以引起报表数据发生变化的项目。共有六种关键字，它们是"单位名称"、"单位编号"、"年"、"季"、"月"、"日"。

关键字的显示位置在格式状态下设置，关键字的值则在数据状态下录入，每张报表可以定义多个关键字。

6. 函数

企业常用的财务报表数据一般来源于总账系统或报表系统本身，取自于报表的数据又可以分为从本表取数和从其他报表的表页取数。报表系统中，取数是通过函数实现的。函数名一般是由对应中文的拼音第一个字母提取组成。

1）自总账取数的公式可以被称为账务函数。账务函数的基本格式为：

函数名（"科目编码",会计期间,["方向"],"账套号",会计年度,"编码 1","编码 2"）

例如：fs（"6602",月,"借","188",2014），表示取第 188 账套 2014 年度当月 6602 管理费用的借方发生额。

> 科目编码也可以是科目名称，且必须使用双引号。
> 会计期间可以是"年"、"季"、"月"等变量，也可以是具体表示年、季、月的数字。
> 方向即"借"或"贷"，可以省略。
> 账套号为数字。
> 会计年度即数据取数的年度，可以省略。
> 编码 1、编码 2 与科目编码的核算账类有关，可以取科目的辅助账，如职员编码、项目编码等，如无辅助核算则省略。

账务取数函数如表 3-4-1 所示。

表 3-4-1　账务取数函数

总账函数	金 额 式	数 量 式
期初额函数	QC( )	SQC( )
期末额函数	QM( )	SQM( )
发生额函数	FS( )	SFS( )

例：货币资金期末余额=QM("1001",月)+QM("1002",月)+QM("1012",月)

2）自本表页取数的函数。主要有以下几个：

数据合计：PTOTAL( )　　　　平均值：PAVG( )

最大值：PMAX( )　　　　最小值：PMIN( )

3）自本表其他表页取数的函数。可以使用 SELECT( )函数从本表其他表页取数。

例：C1 单元取自上个月的 C2 单元的数据：C1=SELECT(C2,月@=月+1)。

例：C1 单元取自第二张表页的 C2 单元数据：C1=C2 @2

4）自其他报表取数的函数。对于取自其他报表的数据可以用 "报表[.REP]"→单元的格式指定要取数的某张报表的单元。

7. 启动"财务报表"

操作步骤：登录"账务处理模块"，单击左侧列表中【财务报表】→【确定】，弹出"日积月累"对话框，单击"关闭"，如图 3-4-2 所示。

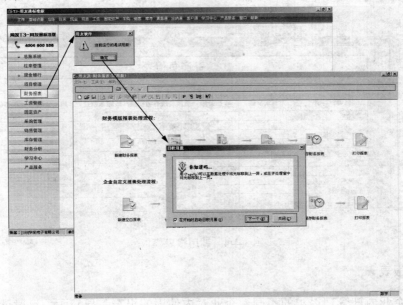

图 3-4-2 启动【财务报表】

二、报表模板的应用

在会计报表系统中，一般都提供了多种分行业的常用会计报表格式及公式，称为报表模板。报表管理模块提供的报表模板包含了 19 个行业的 70 多张标准财务报表（包括"现金流量表"），还包含用户自定义模板。用户可以根据企业所在行业挑选相应的报表，套用其格式及计算公式。其操作流程如图 3-4-3 所示。

图 3-4-3 套用报表模板的操作流程

操作步骤：单击"文件"→"新建"→"格式"→"报表模板"，选择指定报表，单击"确定"创建模板，默认为当前年度、当前账套，单击表内的数据或关键字所在单元格进行输入、修改等操作，输入时间，整表重算\表页重算。如图 3-4-4 所示。

【例 3-30】选用 188 账套，王五调用报表模板，行业"一般企业 2007 年新会计准则"，报表类型"资产负债表"，生成 2014 年 1 月 31 日报表，表名为"资产负债表-2007 新准则.rep"，保存在指定文件夹下（C:\UFSOFT）。

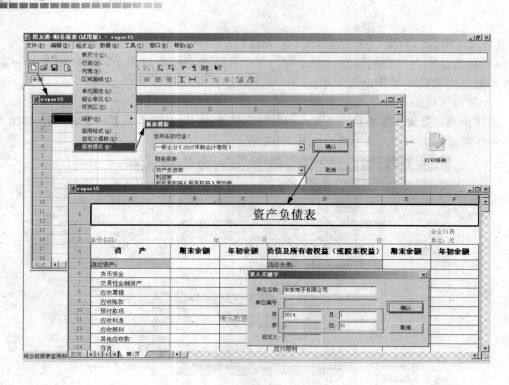

图 3-4-4   调用报表模板

三、自定义报表★

由于各企业内部管理需求的不同，企业对内使用的报表差异较大，这时就可以利用报表管理模块的自定义报表功能来解决问题。

自定义报表顾名思义是根据用户定义而生成的报表。其主要任务是自主设计报表的格式和编制公式，从总账系统或其他业务系统中取得有关会计信息自动编制各种会计报表，对报表进行审核、汇总、生成各种分析图，并按预定格式输出各种会计报表。

自定义报表生成的操作流程如图 3-4-5 所示。

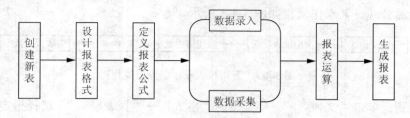

图 3-4-5   自定义报表生成的操作流程

1. 建立新表★

报表的设计基础是要有一张空白的报表，之后根据实际情况作进一步完善。

操作步骤：单击"文件"→"新建"→"空报表"→"确定"。如图 3-4-6 所示。

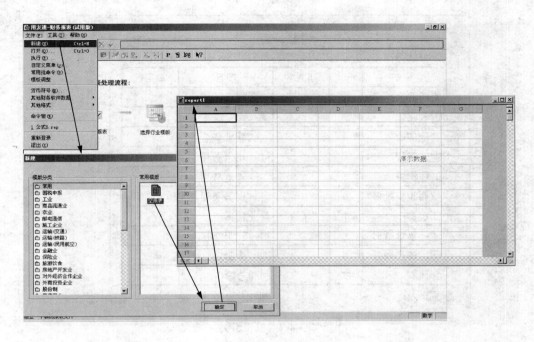

图 3-4-6　建立新报表

2. 定义报表格式★

不同的报表，格式定义的内容也会有所不同，但一般情况下报表格式应该包括报表表样、单元格类型、单元格风格等内容。

① 报表样式包括格式红、标题、表头、表体、表尾内容，其设置的具体内容一般包括设置报表尺寸、定义报表行高列宽、画表格线、定义组合单元、输入表头表体表尾的内容、定义显示风格、定义单元格属性等。

② 单元格类型一般分为数值单元、字符单元和表样单元。

③ 单元格风格指字体、颜色图案、对齐方式等。

在定义报表的表样时，要在"格式"状态下进行。"数据"状态下只能看，无法修改。本知识点将以图 3-4-7 的信息为例，来说明如何定义报表格式、计算公式和编制报表。

（1）设置报表尺寸★

设置报表尺寸指设置报表的行数和列数。设置前可根据所要创建的报表内容计算该表所需要的行数、列数，然后再设置。

特别要注意，报表一般包括表头（标题、副标题、编制单位、日期等）、表体（报表主要数据内容）、表尾（辅助说明部分）三个部分，在设置报表尺寸时应包括这三个部分。当然，在以后操作中发现行、列数不足或多时，可以随时增减。

【例 3-31】 根据"图 3-4-7　报表示例"编制报表，14 行 5 列。

操作步骤： 单击"格式"→"表尺寸"，输入行 14、列 5，单击"确认"即设置好报表尺寸，如图 3-4-8 所示。

	A	B	C	D	E	
1	报　表					} 表头
2	填报单位:		年　　月		单位: 元	
3	资产	行次	期末数	项目	本月数	}
4	货币资金	1		营业收入		
5	应收账款	2		减: 营业成本		
6	其他应收款	3		营业税金		
7	在建工程	4		销售费用		
8	工程物资	5		管理费用		表体
9	长期股权投资	6		财务费用		
10	固定资产	7		营业利润		
11	减: 累计折旧	8		加: 营业外收入		
12	固定资产净额	9		减: 营业外支出		
13	合计	10		利润总额		}
14	负责人:			制表人:		} 表尾

图 3-4-7　报表示例

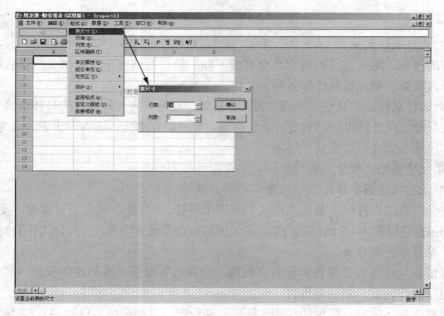

图 3-4-8　设置报表尺寸

（2）自定义报表的行高和列宽★

如果报表中的某些单元格的行高或列宽要求比较特殊，则需要调整。如为了突出标题，需要将标题的行高加高至 8 毫米（默认为 5 毫米），以满足需要。

【例 3-32】根据"图 3-4-7　报表示例"，将第一行行高设置为 8 毫米。

操作步骤：选定第 1 行单击"格式"→"行高"，输入 8，单击"确认"，如图 3-4-9 所示。

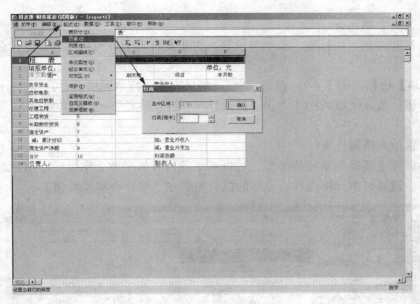

图 3-4-9　自定义报表的行高

（3）添加画表格线★

报表的尺寸、文字、行高和列宽设置完之后，在数据状态下，该报表是没有任何表格线的。为了满足查询和打印的需要，就要添加表格线。表格线的类型有网线、框线、横线、竖线、正斜线、反斜线 6 种。表线样式有空线、细实线、虚线、粗实线等 8 种。

【例 3-33】根据"图 3-4-7　报表示例"，对区域 A3:E13 添加网线。

操作步骤：选择画线区域 A3:E13，单击"格式"→"区域画线"，在打开的对话框中选择"网线"，单击"确认"，如图 3-4-10 所示。

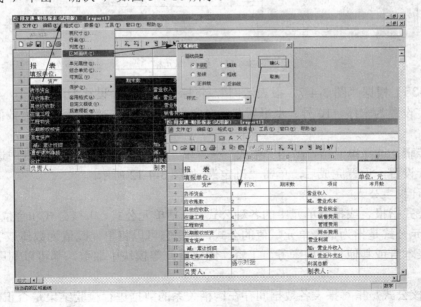

图 3-4-10　添加表格线

（4）定义组合单元★

报表中有些内容（如标题、编制单位等）需要横跨几个单元格，就要进行合并单元格的操作。

【例 3-34】 根据"图 3-4-7　报表示例"，将报表第一行单元格合并。

操作步骤： 选择区域 A1:E1 单击"格式"→"组合单元"→"整体组合"，如图 3-4-11 所示。

（5）设置单元格属性★

单元格属性主要是指单元格类型、边框和单元内容的字体、字号、字形、对齐方式、颜色图案等。设置好单元格属性会使你的报表更美观、更符合阅读习惯。

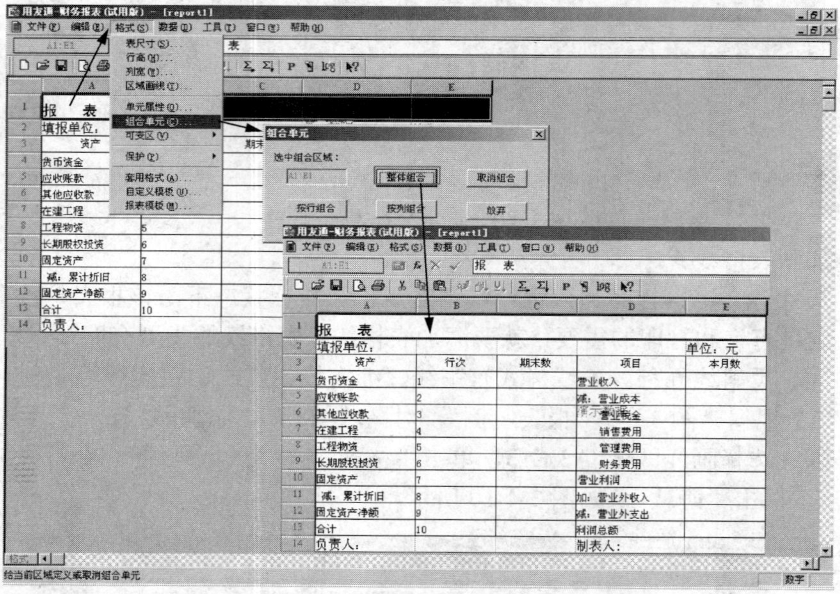

图 3-4-11　组合单元格

【例 3-35】 根据"图 3-4-7　报表示例"，将标题"报表"设置为黑体、14 号、居中，表体中文字设置为宋体、10 号、水平居左，自定义"E4 至 E13"单元类型为数值，格式为逗号。

操作步骤： 选择单元格，单击"格式"→"单元属性"，在打开的对话框中选择相应的选项卡进行设置，设置完成后，单击"确定"，如图 3-4-12 所示。

3. 设计报表公式

报表公式指报表或报表单元中的各种公式，包括单元公式、审核公式和舍位平衡公式。

① 单元公式是指为报表单元赋值的公式，利用它可以将单元赋值为数值或字符。对于需要从报表本身或其他模块如账务、工资、固定资产等模块中取数，都可以利用单元公式进行。

② 审核公式是指对报表各数据间存在钩稽关系的数据进行检验结果是否正确的过程。

③ 舍位平衡公式是指报表数据进位及重新调整报表进位之后平衡关系的公式。

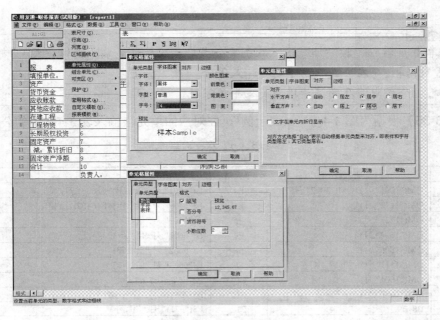

图 3-4-12　设置单元格属性

报表格式自定义完成后，要生成数据就要通过单元公式来进行取数。

（1）输入报表公式★

操作步骤：选择单元格，单击"数据"→"编辑公式"→"单元公式"，在文本框中输入公式，单击"确认"，如图 3-4-13 所示。

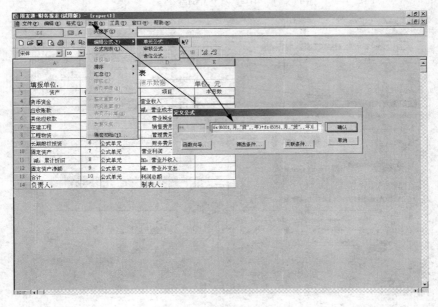

图 3-4-13　直接输入公式

┌─ **注意事项** ───

① 单击 fx 按钮、按"＝"键、双击某公式单元或数据菜单（编辑公式），都可打开定义公式对话框。（在公式框内不要再输入等号。）

② 单元公式中涉及的符号均为英文半角字符。
───

【例 3-36】根据"图 3-4-7 报表示例"，在对应的单元格输入表 3-4-2 中的公式。

表 3-4-2 公式列表

单元格	期末数	单元格	本月数
C4	QM("1001",月)+QM("1002",月)	E4	fs("6001",月,"贷",,年)+fs(6051,月,"贷",,年)
C5	QM("1122",月)	E5	fs("6401",月,"借",,年)+fs(6402,月,"借",,年)
C6	QM("1221",月)	E6	fs("6403",月,"借",,年)
C7	QM("1604",月)	E7	fs("6601",月,"借",,年)
C8	QM("1605",月)	E8	fs("6602",月,"借",,年)
C9	QM("1511",月)	E9	fs("6603",月,"借",,年)
C10	QM("1601",月)	E10	E4-E5-E6-E7-E8-E9
C11	QM("1602",月)	E11	FS("6301",月,"贷",,年)
C12	B8-B9	E12	FS("6711",月,"借",,年)
C13	C4+C5+C6+C7+C8+C9+C12	E13	E10+E11-E12

（2）利用函数向导输入公式

如果对报表函数掌握不好，可以利用函数向导输入报表公式，这样更直观简单。

操作步骤：选择单元格，单击"数据"→"编辑公式"→"单元公式"→"函数向导"，在打开的对话框中选择所需函数，单击"下一步"→"参照"，在打开的对话框中选择科目，单击"确定"→"确定"→"确认"，如图 3-4-14 所示。

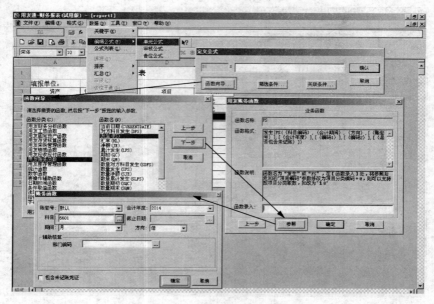

图 3-4-14 函数向导输入公式

（3）定义审核公式、舍位平衡公式

这两个内容不作为考试知识点，这里不再详细说明。

4. 关键字设置

每一张表页均对应不同的关键字，输出时随单元一起显示。日期关键字可以确认报表数据取数的时间范围，即确定数据生成的具体日期。

（1）设置关键字★

【例 3-37】根据"图 3-4-7　报表示例"，将 C2 单元格定义关键字为"年、月"。

操作步骤：选择 C2 单元格，单击"数据"→"关键字"→"设置"，在打开的对话框中选择"年"，单击"确定"，如图 3-4-15 所示。

┌─ 注意事项 ─────────────────────────────┐
│　关键字设置有误，可以取消。　　　　　　　　　　　　　　　　　　　│
└───────────────────────────────────┘

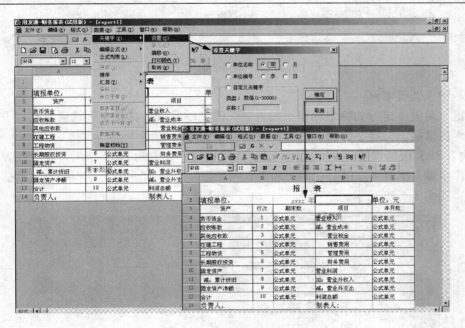

图 3-4-15　设置关键字

（2）调整关键字位置★

同一个单元格或组合单元格的多个关键字定义完以后，会重叠在一起，这时就要对其中的某个关键字进行位置调整。关键字的位置调整是用量来表示的，负数表示向左移动，正数表示向右移动。

【例 3-38】根据"图 3-4-7　报表示例"，C2 单元格的关键字的偏移量分别为—20，30。

操作步骤：选择 C2 单元格，单击"数据"→"关键字"→"偏移"，在打开的对话框中输入数值，单击"确定"，如图 3-4-16 所示。

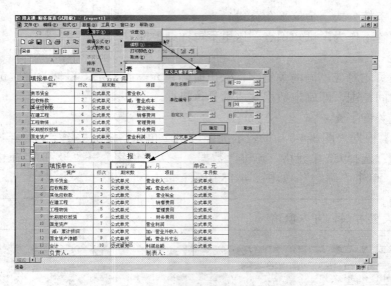

图 3-4-16　调整关键字位置

（3）输入关键字★

关键字是表页定位的特定标识，设置完关键字以后只有对其实际赋值才能真正为表页的取数提供依据。关键字的输入是在数据状态下进行的。

【例 3-39】 根据"图 3-4-7　报表示例"，将关键字设定为 2014 年 1 月，生成表数据。

操作步骤：单击"数据"→"关键字"→"录入"，在打开的对话框中输入数值，单击"确认"，如图 3-4-17 所示。

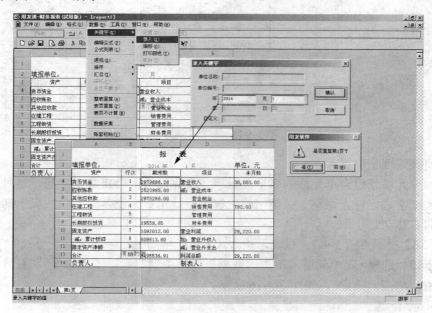

图 3-4-17　录入关键字

5. 追加表页★

考试中曾出现这样一道题目：追加一张表页；并在新表页中输入关键字"2014 年 1 月 31 日"，生成报表数据。

操作步骤：单击"文件"→"打开"，找到相应报表打开，在数据状态下，单击"编辑"→"追加"→"表页"，在打开的对话框中输入追加表页数，单击"确认"，如图 3-4-18 所示。选择新表页追加的表页，单击"数据"→"关键字"→"录入"，在打开的对话框中输入数值，单击"确认"→"是"→"保存"→"关闭"，如图 3-4-17 所示。

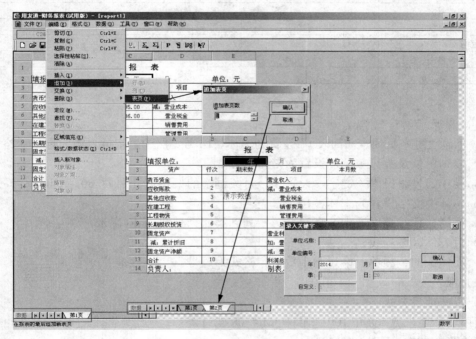

图 3-4-18 追加表页

6. 报表保存★

报表保存是指将编制好并生成数据的报表文件，按指定的要求保存在指定的位置的过程。文件保存，并不难，但是考试中往往很多考生就因为粗心而丢分。

【例 3-40】根据图 3-4-7，以"资金报表"为文件名将报表文件保存在 D:\报表文件夹下。

操作步骤：单击"文件"→"保存"/"另存为"，找到要保存的文件夹，设置文件名，单击"保存"。（如果文件名、文件存盘位置没有改变，直接单击"保存"。）

➤ 巩固训练 3-23

使用 911 账套数据，按表 3-4-3 所示，编制报表。

表 3-4-3　资产负债表（简表）

编制单位：广州飞达　　　　　　　　　年　　月　　日　　　　　　　　　　　单位：元

资　　产	期　末　数	负债及所有者权益	期　末　数
货币资金		短期借款	
应收账款		应付账款	
其他应收款		应交税费	
存货		应付利息	
固定资产		负债合计	
减：累计折旧		实收资本	
固定资产净值		为分配利润	
无形资产		所有者权益合计	
合计		权益合计	

负责人：　　　　　　　　　会计主管：　　　　　　　　　制表人：

（1）要求

1）标题"资产负债表（简表）"设置为黑体、14 号、居中，将报表第一行单元格合并。

2）编制单位及金额单位，设置为楷体、12 号。

3）设年、月、日为关键字，设置年、月关键字的偏移量分别为-60，-30。

4）表体中文字设置为宋体、10 号、居中。

5）将第一行行高设置为 8 毫米，第一列到第四列列宽为 40 毫米。

6）对表体区域画线。

7）表体中的金额单元格设置为数值，格式为逗号。

（2）报表公式

1）资产项目公式：

货币资金期末数=QM("1001",月)+QM("1002",月)

应收账款期末数=QM("1122",月)

其他应收款期末数=QM("1221",月)

存货期末数=QM("1403",月)+QM("1405",月)+QM("5001",月)

固定资产期末数=QM("1601",月)

累计折旧期末数=QM("1602",月)

固定资产净值期末数=固定资产期末数-累计折旧期末数

无形资产期末数=QM("1701",月)

资产合计期末数=货币资金期末数好+应收账款期末数+其他应收款期末数
　　　　　　　　+存货期末数+固定资产净值期末数+无形资产期末数

2）负债及所有者权益项目公式：

短期借款期末数=QM("2001",月)

应付账款期末数=QM("2202",月)

应交税费期末数=QM("2221",月)

应付利息期末数=QM("2231",月)

负债合计期末数=短期借款期末数+应付账款期末数+应交税费期末数
　　　　　　+应付利息期末数

实收资本期末数=QM("4001",月)

未分配利润期末数=QM("4103",月)+QM("4104",月)

所有者权益合计期末数=实收资本期末数+未分配利润期末数

负债及所有者权益合计期末数=负债期末数+所有者权益期末数

3）生成报表数据。

输入关键字 2014 年 1 月 31 日，生成资产负债表数据。

例题精讲

【例题·单选题】会计报表的设计和生成功能应该使会计人员能够灵活地定义（　　）与报表的钩稽关系，由计算机自动生成所需的会计报表。

　　A. 报表格式和报表数据来源　　B. 报表格式　　C.报表数据来源　　D.报表项目

【答案与解析】A。会计报表的设计和生成功能应该使会计人员能够灵活地定义报表格式和报表数据来源（定义取数公式）与报表的钩稽关系，由计算机自动生成所需的会计报表。

【例题·多选题】下列选项中，属于会计核算软件的是（　　）。

　　A. 固定资产核算软件　　B. 存货核算软件　　C. ERP 软件　　D. 报表生成与汇总

【答案与解析】ABD。凡是具备相对独立完成会计数据输入、处理和输出功能模块的软件，如账务处理、固定资产核算、工资核算软件等，均可视为会计核算软件。

【例题·多选题】电算化会计报表处理流程的内容包括（　　）。

　　A. 报表格式定义　　B. 报表数据定义　　C. 报表公式定义　　D. 报表数据生成

【答案与解析】ACD。本题考核报表处理流程。

【例题·多选题】自定义会计报表的内容有：格式、项目和（　　）等。

　　A. 各项目的数据来源　　　　　　　B. 表内和表间的稽核关系

　　C. 表的性质　　　　　　　　　　　D. 表内和表间的数据运算

【答案与解析】ABD。自定义会计报表的内容有：格式、项目、报表的数据来源、表内及表间的逻辑关系和数据运算等。

【例题·判断题】在报表管理系统中，单元的名称是由其所在的行字母和列数字组成的。　　　　　　　　　　　　　　　　　　　　　　　　　　　（　　）

【答案与解析】×。单元格的名称是由其所在的列字母和行数字组成，类似于 Excel 中的单元。

【例题·判断题】报表管理系统中，如果要表示当前表的第 2 页，则可以表示为%2。　　　　　　　　　　　　　　　　　　　　　　　　　　　　　　　（　　）

【答案与解析】×。表页在报表中的序号在表页下方以标签的形式出现，称为"页标"。页标用"第 1 页"至"第 99 999 页"表示，如果当前表为第 2 页，则可以表示为@2。

第五节　工资管理模块的应用

　　工资是以货币形式支付给职工个人的劳动报酬，是企业职工薪酬的重要组成部分，也是产品成本的计算内容，是企业进行各种费用计提的基础。工资核算的任务是以职工个人的工资原始数据为基础，计算应发工资、扣款和实发工资等，编制工资结算单；按部门和人员类别进行汇总，进行个人所得税计算；提供对工资相关数据的多种方式的查询和分析；进行工资费用分配与计提，并实现自动转账处理。工资核算模块的操作一般由有对应权限的操作员进行。

　　工资核算模块的操作流程如图 3-5-1 所示。

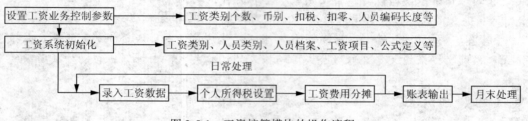

图 3-5-1　工资核算模块的操作流程

一、设置工资核算业务控制参数

　　在首次启动工资核算模块时，需要建立工资应用环境，即将工资核算模块建立成适合本单位实际需要的系统模块。主要包括设置处理工资类别个数和币种、是否处理个人所得税、是否进行扣零处理、人员编码长度等参数。业务控制参数将决定工资核算的准确性和及时性，设定后一般不能随意更改。

　　操作步骤：单击"工资"。

　　【例 3-41】沿用 188 账套资料，要求夏梁根据以下资料对工资核算业务控制参数进行设置，如图 3-5-2 所示。

　　工资类别个数：单个。

　　核算币种：人民币 RMB。

　　要求代扣个人所得税。

　　不进行扣零处理。

　　人员编码长度：3 位。

　　启用日期：2014 年 1 月 1 日。

图 3-5-2　设置业务控制参数

➤ **巩固训练 3-24**

沿用 911 账套数据，要求王芳根据以下给出的资料对工资核算业务控制参数进行设置。

工资类别个数：多个。

核算币种：人民币 RMB。

要求代扣个人所得税。

不进行扣零处理。

人员编码长度：3 位。

启用日期：2014-01-01。

二、工资模块初始化

在启动工资模块之后、处理工资业务之前，必须进行工资业务核算规则的设置。其内容包括设置人员类别、设置工资项目、设置银行名称、建立人员档案、设置工资计算公式等。一般来说，这部分的内容并不涉及具体的职工及具体的数量金额。另外，设置工资类别、人员类别、部门档案、工资项目等内容时，需关闭工资类别；设置工资项目计算公式，设置人员档案、输入工资数据、定义工资转账关系、工资计算、设置所得税基数、工资费用分配等操作，需要在打开某一工资类别下进行。

1. 工资类别管理（正式工和临时工的工资项目、计算方法不同）

1）建立工资类别。★（建立在"工资类别个数：多个"前提下）

类别名称：正式人员，包括全部部门；

　　　　　临时人员，包括销售部。

操作步骤: 单击"工资"→"工资类别"→"新建工资类别"。如图 3-5-3 所示。

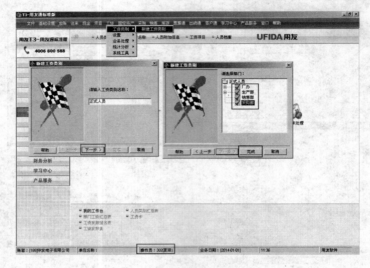

图 3-5-3　建立工资类别

注意事项

① 设置正式人员类别完毕,要关闭工资类别,再建立新类别。

② 考试中可能只包括一个部门。

③ 设置完毕,要关闭工资类别。

➢ **巩固训练 3-25**

沿用 911 账套数据,设置工资类别。"全职员工"工资类别包括所有部门,"兼职员工"工资类别只包括"生产部"。

2)关闭、打开、删除工资类别,如图 3-5-4 所示。

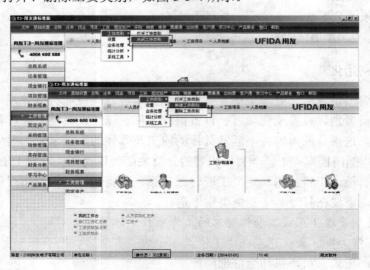

图 3-5-4　关闭、打开、删除工资类别

2. 设置人员类别★

人员类别设置是为了便于企业按人员类别进行工资汇总计算。人员类别与工资费用分配、分摊有关。

操作步骤：单击"工资"→"设置"→"人员类别设置"，在打开的对话框中输入类别名称，单击"增加"→"返回"，如图 3-5-5 所示。

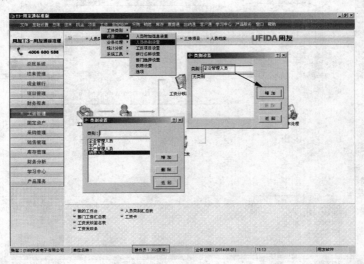

图 3-5-5　设置人员类别

【例 3-42】沿用 188 账套资料，设置人员类别分别为企业管理人员、生产人员、生产管理人员、销售人员。

➤ **巩固训练 3-26**

沿用 911 账套数据，设置人员类别分别为管理人员、销售人员、生产人员。

3. 设置银行名称

在企业发放工资采用银行代发形式时，需要确定银行名称及账号长度。发放工资的银行可按需要设置多个。账号的长度可以选定系统默认的 11 位，也可以自行设定。

操作步骤：单击"工资"→"设置"→"银行名称设置"，在打开的对话框中输入银行名称，单击"增加"，如图 3-5-6 所示。

【例 3-43】沿用 188 账套资料，设置银行名称。增加农商银行，账号长度为 11 位。

➤ **巩固训练 3-27**

沿用 911 账套数据，设置银行名称。增加交通银行，账号长度为 11 位。

4. 设置人员档案

人员档案的设置用于登记工资发放人员的姓名、职工编码、所在部门、人员类别等信息，工资日常核算中职工的增减变动也在此处处理，这样有利于加强职工工资管理。

操作步骤：单击"工资"→"设置"→"人员档案"，在打开的对话框中输入相关人员信息，单击"确认"，如图 3-5-7 所示。

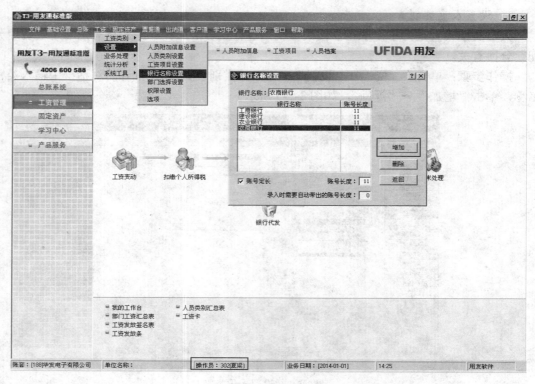

图 3-5-6　设置银行名称

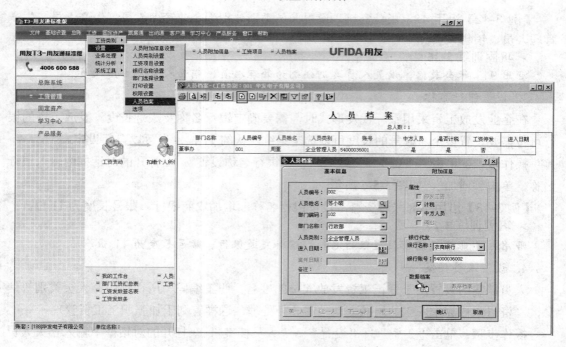

图 3-5-7　设置人员档案

【例 3-44】沿用 188 账套资料，设置人员档案，如表 3-5-1 所示。

表 3-5-1　188 账套人员档案

人员编号	人员姓名	部门名称	人员类别	中方人员	是否计税	银行账号
001	周董	董事办	企业管理人员	是	是	54000036001
002	苏小晓	行政部	企业管理人员	是	是	54000036002
003	王五	财务部	企业管理人员	是	是	54000036003
004	夏梁	财务部	企业管理人员	是	是	54000036004
005	李三	财务部	企业管理人员	是	是	54000036005
006	陈荣	总务科	企业管理人员	是	是	54000036006
007	黄宇	生产一部	企业管理人员	是	是	54000036007
008	岑贵	生产一部	生产人员	是	是	54000036008
009	杨俊	生产一部	生产人员	是	是	54000036009
010	何中炜	生产二部	生产管理人员	是	是	54000036010
011	赵龙	生产二部	生产人员	是	是	54000036011
012	刘星宇	销售部	销售人员	是	是	54000036012
013	丁山	采购部	企业管理人员	是	是	54000036013

注：以上所有人员的工资均通过"农商银行"代发。

➤ 巩固训练 3-28

沿用 911 账套数据，设置人员档案，如表 3-5-2 所示。

表 3-5-2　911 账套人员档案

人员编号	人员姓名	部门名称	人员类别	账号	是否中方人员	是否计税
101	吴玉	行政部	管理人员	11441110001	是	是
201	黄刚	人力资源部	管理人员	11441110002	是	是
301	张伟	财务部	管理人员	11441110003	是	是
302	李兰	财务部	管理人员	11441110004	是	是
303	梁华	财务部	管理人员	11441110005	是	是
304	王芳	财务部	管理人员	11441110006	是	是
401	赵明	销售部	销售人员	11441110007	是	是
501	冯静	采购部	管理人员	11441110008	是	是
601	郭明	生产部	生产人员	11441110009	是	是

5. 工资项目设置★

为了保证工资统计发放顺利，必须在输入工资数据前，将反映工资结构的工资项目加以定义。工资项目设置即定义工资项目，包括项目名称、类型、长度、小数和增减项等。系统中有一些固定项目是工资账中必不可少的，包括"应发合计"、"扣款合计"、"实发合计"等，这些项目不能删除和重命名；其他项目可根据实际情况定义或参照增加，如基本工资、奖励工资、请假天数等。在此设置的工资项目是针对所有工资类别的全部工资项目。

操作步骤：单击"工资"→"设置"→"工资项目设置"，在"工资项目设置"选项卡中输入相关参数，单击"确认"，如图 3-5-8 所示。

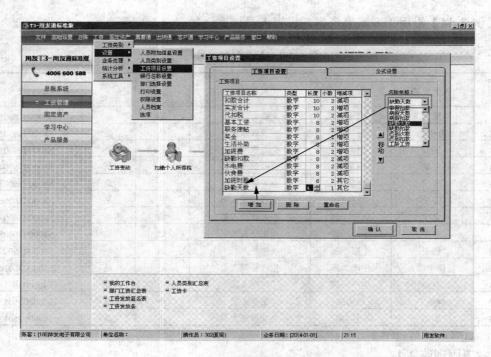

图 3-5-8　工资项目设置

【例 3-45】沿用 188 账套资料，设置工资项目，如表 3-5-3 所示。

表 3-5-3　188 账套工资项目

项目名称	类型	长度	小数位数	工资增减项
应发合计	数字	10	2	增项
基本工资	数字	8	2	增项
职务津贴	数字	8	2	增项
奖金	数字	8	2	增项
生活补助	数字	8	2	增项
加班费	数字	8	2	增项
扣款合计	数字	8	2	减项
缺勤扣款	数字	8	2	减项
水电费	数字	8	2	减项
伙食费	数字	8	2	减项
代扣税	数字	10	2	减项
实发合计	数字	10	2	增项
加班时数	数字	6	2	其他
缺勤天数	数字	4	1	其他

➤ 巩固训练 3-29

沿用 911 账套数据，设置工资项目，如表 3-5-4 所示。

表 3-5-4　911 账套工资项目

项目名称	类型	长度	小数倍数	增减项
基本工资	数字	8	2	增项
岗位工资	数字	8	2	增项
应发合计	数字	10	2	增项
请假扣款	数字	8	2	减项
住房公积金	数字	8	2	减项
代扣税	数字	8	2	减项
扣款合计	数字	10	2	减项
实发合计	数字	10	2	增项
请假天数	数字	8	2	其他

6. 设置工资项目计算公式★

定义工资项目计算公式是指对工资核算生成的结果设置计算公式。设置计算公式可以直观表达工资项目的实际运算过程，灵活地进行工资计算处理。例如：缺勤扣款＝基本工资/月工作日×缺勤天数。

定义公式可通过选择工资项目、运算符、关系符、函数等组合完成。

系统固定的工资项目，如"应发合计"、"扣款合计"、"实发合计"等的计算公式，系统根据工资项目设置的"增减项"自动算出，不能修改，用户在此只能增加、修改、删除其他工资项目的计算公式。

定义工资项目计算公式要符合逻辑。系统将对公式进行合法性检查，对不符合逻辑的公式，系统将给出错误提示。定义公式时要注意先后顺序，先得到的数据应先设置公式。

操作步骤：单击"工资"→"设置"→"工资项目设置"，在"公式设置"选项卡中输入相关参数，单击"公式确认"→"确认"，如图 3-5-9 所示。

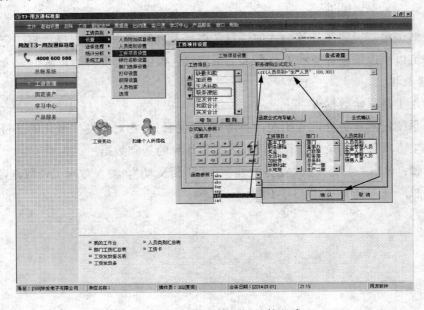

图 3-5-9　设置工资项目计算公式

注意事项

① "应发合计"、"扣款合计"、"实发合计"项目公式的定义，由系统默认。

② 公式录入时使用英文半角状态，最好采用"函数公式向导输入"。

③ 每录入一条公式时，不要忘记单击"公式确认"。

【例 3-46】沿用 188 账套资料，设置工资项目计算公式，如表 3-5-5 所示。

表 3-5-5　188 账套工资项目计算公式

项　目	计算公式
职务津贴	Iff（人员类别="生产人员"，100，300）
生活补助	Iff（人员类别="销售人员"，600，0）
加班费	基本工资/21/8×加班时数×1.5
缺勤扣款	基本工资/21×缺勤天数×2

➤ 巩固训练 3-30

沿用 911 账套数据，设置工资项目计算公式，如表 3-5-6 所示。

表 3-5-6　911 账套工资项目计算公式

工资项目	定义公式
请假扣款	请假天数×50
住房公积金	（基本工资+岗位工资）×0.12

三、工资核算日常业务处理

工资核算的日常处理是指对个人工资资料的调整以及某些工资项目的增减设置。在修改了某些资料、重新设置了计算公式或进行了资料替换等操作后，选择重算工资和工资汇总等功能，可以快速重新计算和汇总个人工资资料，保证工资资料的正确。

1. 工资数据

（1）输入工资原始数据★

在工资系统日常业务处理开始前，将所有人员的每月相对不发生变化的工资项目数据或变化较小工资项目数据录入计算机，作为工资计算的基础数据。

操作步骤：单击"工资"→"业务处理"→"工资变动"，输入对应工资数额，单击"计算"→"汇总"→"是"，如图 3-5-10 所示。

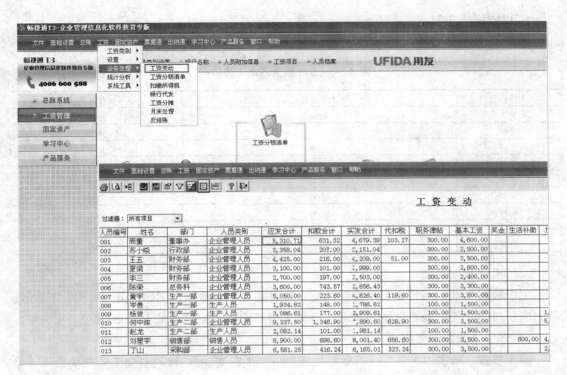

图 3-5-10 输入工资原始数据

注意事项

录入完毕后要单击"重新计算"、"汇总"两个按钮。

【例 3-47】沿用 188 账套资料，录入职工基本工资数据，如表 3-5-7 所示。

表 3-5-7 188 账套基本工资数据

人员编号	姓名	基本工资	水电	伙食费	加班时数	缺勤天数
001	周董	4600	150	159	10	0.5
002	苏小晓	2500	120	87	25	—
003	王五	3500	100	65	20	—
004	夏梁	2800	68	33	—	—
005	李三	2400	98	99	—	—
006	陈荣	3300	38	77	—	2
007	黄宇	3800	28	76	—	—
008	岑贵	1500	25	123	81	—
009	杨俊	1500	111	66	89	—
010	何中炜	3500	174	42	87	1.5
011	赵龙	1500	36	65	66	—
012	刘星宇	3500	144	98	59	—
013	丁山	3500	89	4	70	—

➤ 巩固训练 3-31

沿用 911 账套数据，录入职工基本工资数据，如表 3-5-8 所示。

表 3-5-8　911 账套基本工资数据

人员姓名	基本工资	岗位工资
吴玉	3000	2000
黄刚	4500	3000
张伟	4000	3000
李兰	2500	2000
梁华	3000	2000
王芳	4000	3000
赵科	3000	5000
冯静	4000	3500
郭明	2000	3000

（2）工资数据变动

工资数据变动是指每个月不同的数据，每月必须一一输入。例如：员工病假、事假等。但如果要对同一工资项目做统一变动，就要采用其中的"数据替换"命令。

1）直接修改变动数据。

操作步骤： 单击"工资"→"业务处理"→"工资变动"，修改对应工资变动数额，单击"计算"→"汇总"→"退出"。

2）利用"公式/函数"进行处理数据（亦称为"数据替换"）。★

操作步骤： 单击"工资"→"业务处理"→"工资变动"→"数据替换"，输入公式/函数，单击"确认"→"是"，如图 3-5-11 所示。

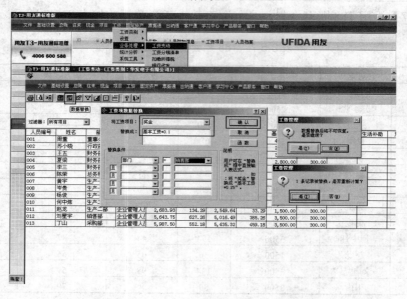

图 3-5-11　工资数据变动

【例 3-48】 沿用 188 账套资料，作如下工资调整。奖金＝基本工资×0.1。

➢ **巩固训练 3-32**

沿用 911 账套数据，作如下工资调整。

考勤情况： 吴玉请假 2 天，郭明请假 0.5 天。财务部工作业绩较好，每人增加岗位工资 500 元。

2. 计算个人所得税

个人所得税是根据《中华人民共和国个人所得税法》对个人所得征收的一种税费。手工方式下，每月工作量较大而且烦琐。计算机方式下，自动计算个人所得税自动能大大减轻计算工作量，从而提高财务人员的工作效率。本软件工资核算特提供个人所得税的自动计算功能。用户只需自定义所得税的税率，系统就能自动计算个人所得税。

（1）设置个人所得税税率★

系统内置的计算所得税的算法是以 2 000 元为起征点，按照国家规定的九级超额累进税率计算表进行计算。但 2013 年 9 月后国家的税收政策发生变化，为此，应通过修改"基数"、"附加费用"和税率计算公式来满足这一变化要求。

操作步骤： 单击"工资"→"业务处理"→"扣缴所得税"，在打开的对话框中的"对应工资项目"区的下拉列表中选择"实发合计"，单击"确认"→"是"→"税率表"，输入相应金额，单击"确认"→"是"→"退出"，如图 3-5-12 所示。

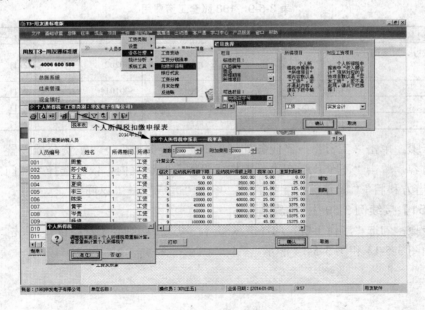

图 3-5-12 设置个人所得税税率

注意事项

① 所得税参数设置后，系统会自动根据员工月工资计算应纳税额。

② "附加费用"栏是对"外方人员"扣缴个人所得税而设置的。

【例 3-49】沿用 188 账套资料，修改个人所得税税率表，设置计税基数为 3 500 元。

> **巩固训练 3-33**

沿用 911 账套数据，修改个人所得税税率表，设置计税基数为 3 500 元。

（2）计算与申报个人所得税

"个人所得税扣缴申报表"是个人纳税情况的记录，企业每月需要向税务机关上报。工资系统预置了该表中的栏目，并且提供了一些可选栏目供企业选择。系统默认以"实发工资"作为扣税基数，但企业可以自行选择其他工资项目作为扣税标准。

3. 工资费用分配★

月末，企业要对各部门、各类人员的工资等费用进行分配核算，通过工资系统可以灵活设置各项费用计提基数，并自动生成转账凭证，供总账系统审核、记账用。由于不同的企业会选择不同工资总额的计算方法进行分配，因此应事先设置工资分摊和费用计提基数。

【例 3-50】沿用 188 账套资料，定义工资转账关系，分摊工资费用（分配到部门、明细到工资项目）。

计提类型名称：应付工资；计提比例：100%，如表 3-5-9 所示。

表 3-5-9　188 账套工资费用

部门名称	人员类别	项目	借方科目	贷方科目
董事办、行政办、财务部、总务科、采购部	企业管理人员	应发合计	660202	2211
生产一、二部	生产人员	应发合计	500101	2211
生产一、二部	生产管理人员	应发合计	510102	2211
销售部	销售人员	应发合计	6601	2211

操作步骤：单击"工资"→"业务处理"→"工资分摊"→"工资分摊设置"，在对话框中输入内容，单击"下一步"在"分摊构成设置"对话框内，依次选择"部门名称""人员类别""借方科目""贷方科目"等信息，单击"完成"→"返回"。

【例 3-51】接续例 3-50 生成记账凭证。

操作步骤：勾选"应付工资"选择核算部门，勾选"明细到工资项目"，单击"确定"→"制单"，如图 3-5-13 和图 3-5-14 所示。

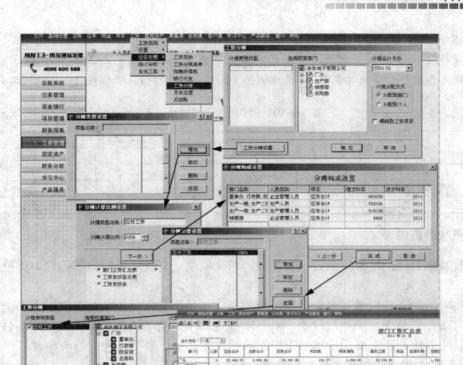

图 3-5-13　定义工资转账关系

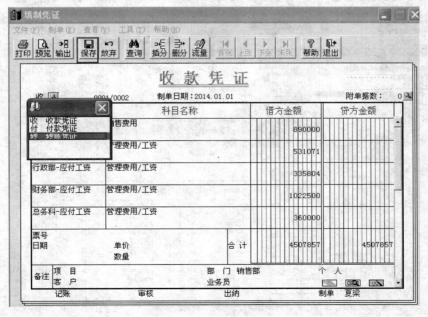

图 3-5-14　生成的分摊工资凭证

➢ **巩固训练 3-34**

沿用 911 账套数据，定义工资转账关系，并生成记账凭证。如表 3-5-10 所示。

计提类型名称：*应付工资 1*；计提比例为 100%；核算部门：*所有部门*；明细到工资项目。

表 3-5-10　911 账套工资转账关系

部门及人员		应付工资	
		借方	贷方
行政部、人力资源部、财务部、采购部	管理人员	660201	2211
销售部	销售人员	6601	2211
生产部	生产人员	5101	2211

四、工资账表查询★

工资数据处理结果最终通过工资报表的形式反映，工资系统提供了各种工资报表。

1. 工资表★

工资表包括工资发放签名表、工资发放条、工资卡、部门工资汇总表、人员类别工资汇总表、条件汇总表、条件统计表、条件明细表、工资变动明细表、工资变动汇总表等由系统提供的原始表，主要用于本月工资发放和统计。工资表可以进行修改和重建。

【例 3-52】沿用 188 账套资料，查询全部部门工资汇总表。

操作步骤： 单击"工资"→"统计分析"→"账表"→"工资表"，在"部门工资汇总表"对话框中选择全部部门，单击"确定"。如图 3-5-15 所示。

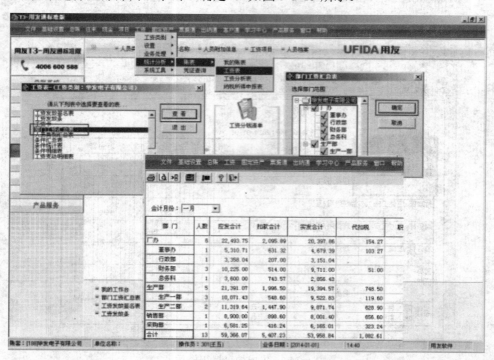

图 3-5-15　查询全部部门工资汇总表

> 巩固训练 3-35

沿用 911 账套数据，查询纳税所得申报表。

2. 工资分析表★

工资分析表是以工资数据为基础，对不同部门、人员类别的工资数据进行分析和比较，产生各种分析表供决策人员使用。

【例 3-53】沿用 188 账套资料，查询全部部门的工资项目构成分析表。

操作步骤：单击"工资"→"统计分析"→"账表"→"工资分析表"→"部门工资项目构成分析表"，选择时间、全部部门、全选项目，单击【确认】，如图 3-5-16 所示。

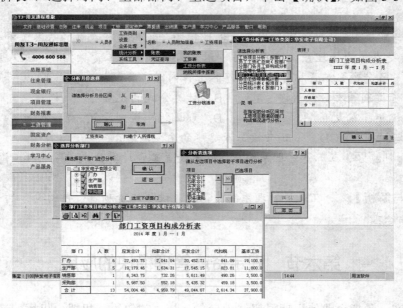

图 3-5-16 查询全部部门的工资项目构成分析表

> 巩固训练 3-36

沿用 911 账套数据，查询财务部部门的工资项目构成分析表。

例题精讲

🖊 【例题·单选题】下列关于会计核算软件的工资核算模块功能的表述中，不正确的是（   ）。

A. 完成工资计算任务   B. 完成产品成本计算任务

C. 完成工资费用的汇总和分配   D. 完成工资分配记账凭证的编制任务

【答案与解析】B。产品成本计算是成本核算模块的功能。

🖊 【例题·单选题】下列关于会计核算软件的工资核算模块功能的表述中，不正确的是（   ）。

A. 提供工资表和工资计算方法的设计功能

B. 提供职工应发工资和实发工资的计算功能

C. 不能提供编制工资分配记账凭证的入账功能

D. 提供职工基本资料、每月更新资料、批量更新资料的灵活输入功能

【答案与解析】C. 工资核算模块是以职工个人工资原始数据为基础，完成职工工资计算。主要包括：工资费用汇总和分配；计算个人所得税；查询、统计和打印各种工资表；自动进行工资费用的分配并生成转账凭证传递给账务处理模块。

【例题·单选题】在工资管理系统中，用户在（　　），需要将所有工资数据逐一录入系统。

A. 每月初 　　　　　　　　　　B. 每年初

C. 系统启用当月 　　　　　　　D. 每月末

【答案与解析】C. 第一次使用工资管理模块必须将所有人员的基本工资数据录入计算机。也就是在工资管理系统启用当月，用户需要将所有工资数据逐一录入系统。

【例题·多选题】工资核算系统的建账工作内容主要包括（　　）。

A. 工资类别等参数设置 　　　　B. 计算公式的设置

C. 扣税和扣零设置 　　　　　　D. 职工编码规则设置

【答案与解析】ACD. 本题考核工资建账的主要内容。

【例题·判断题】在工资管理系统中，应先设置工资计算公式，再进行工资项目设置。

（　　）

【答案与解析】×. 在工资管理系统中，应先设置工资项目，再由具体的工资项目确定工资计算公式。

∽ 第六节　固定资产管理模块的应用 ∽

固定资产，是指企业使用期限超过 1 年的房屋、建筑物、机器、机械、运输工具以及其他与生产、经营有关的设备、器具、工具等。不属于生产经营主要设备的物品，单位价值在 2 000 元以上，并且使用年限超过 2 年的，也应作为固定资产。固定资产是企业正常生产经营的必要条件，正确管理和核算企业的固定资产，对于保护企业资产完整、保证企业再生产资金来源具有重要意义。固定资产核算模块可以帮助企业进行固定资产日常业务的核算和管理，生成固定资产卡片，按月反映固定资产的增加、减少、原值变化及其他变动并输出相应的增减变动明细账，按月自动计提折旧，生成折旧分配凭证，同时输出相关的报表和账簿。

固定资产核算模块的操作流程如图 3-6-1 所示。

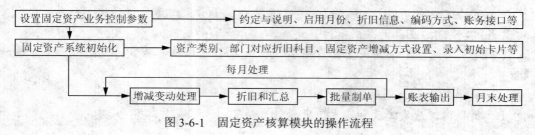

图 3-6-1　固定资产核算模块的操作流程

一、设置固定资产核算业务控制参数

在首次启动固定资产核算模块时，和工资核算模块一样，需要建立固定资产应用环境，即将固定资产核算模块建立成适合本单位实际需要的系统模块。主要包括约定与说明、启用月份、折旧信息、编码方式、账务接口以及其他参数。

操作步骤：单击"固定资产"。

【例 3-54】 沿用 188 账套资料，要求夏梁根据表 3-6-1 给出的资料对固定资产核算业务控制参数进行设置。

表 3-6-1　188 账套固定资产核算参数

控制参数	设置内容
约定与说明	我同意
启用月份	2014 年 1 月
折旧信息	➢ 选择"本账套计提折旧"； ➢ 主要折旧方法：平均年限法（一）； ➢ 折旧汇总分配周期为 1 个月； ➢ 选择"当（月初已计提月份＝可使用月份－1）时要求将剩余折旧全部提足"
编码方式	➢ 资产类别编码方式：2112； ➢ 选择"自动编码"，按"类别编码＋部门编码＋序号"自动编码卡片序号长度为 3
财务接口	选择"与账务系统进行对账"
对账科目	➢ 固定资产对账科目：1601 固定资产； ➢ 累计折旧对账科目：1602 累计折旧； ➢ 选择"在对账不平情况下允许固定资产月末结账"

具体操作流程如图 3-6-2 所示。

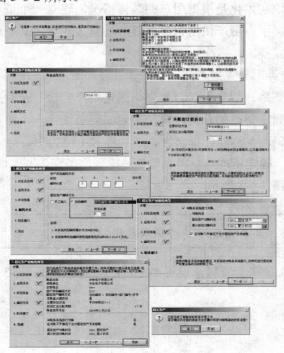

图 3-6-2　设置固定资产业务控制参数

> 巩固训练 3-37

沿用 911 账套数据，要求王芳根据表 3-6-2 给出的资料对固定资产核算业务控制参数进行设置。

表 3-6-2　911 账套固定资产核算参数

控制参数	设置内容
约定与说明	我同意
启用月份	2014 年 1 月
折旧信息	➤ 选择"本账套计提折旧"； ➤ 主要折旧方法：平均年限法（一）； ➤ 折旧汇总分配周期为 1 个月； ➤ 选择"当（月初已计提月份＝可使用月份－1）时要求将剩余折旧全部提足"
编码方式	➤ 资产类别编码方式：2112； ➤ 选择"自动编码"，按"类别编码＋部门编码＋序号"自动编码卡片序号长度为 3
财务接口	选择"与账务系统进行对账"
对账科目	➤ 固定资产对账科目：1601 固定资产； ➤ 累计折旧对账科目：1602 累计折旧； ➤ 选择"在对账不平情况下允许固定资产月末结账"

二、固定资产核算模块初始化

固定资产核算模块初始化是根据用户的具体情况，建立一个适合的的固定资产系统参数的过程，包括资产类别、资产使用状况、资产增减方式等，其中还涉及许多代码信息，必须一一定义并输入完整。

1. 设置固定资产类别★

固定资产的种类繁多，规格不一。要强化固定资产管理、及时准确地作好固定资产核算，必须科学地建立固定资产的分类，资产类别编码必须唯一，同一上级的类别名称也不能相同，而且类别编码、名称、计提属性、卡片样式不能为空。

操作步骤：单击"固定资产"→"设置"→"资产类别"→"增加"，输入内容，单击"保存"→"否"，如图 3-6-3 所示。

> 注意事项

单击【保存】后，又再出现"是否保存数据？"提示框，单击"否"退出。

【例 3-55】沿用 188 账套资料，设置固定资产类别，如表 3-6-3 所示。

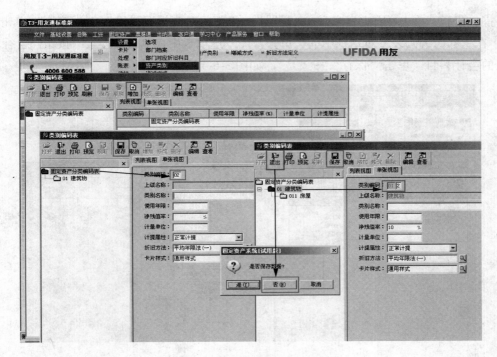

图 3-6-3 设置固定资产类别

表 3-6-3 188 账套固定资产类别

编码	类别名称	净残值率/%	计提属性
01	建筑物	10	正常计提
011	房屋	10	正常计提
02	生产设备	10	正常计提
03	交通设备	10	正常计提
04	办公设备	10	正常计提

其他项目：默认。

➤ 巩固训练 3-38

沿用 911 账套数据，设置固定资产类别，如表 3-6-4 所示。

表 3-6-4 911 账套固定资产类别

编码	类别名称	净残值率/%	计提属性
11	机器设备类	5	正常计提
12	办公设备类	5	正常计提
13	其他	5	正常计提

2. 设置部门对应折旧科目★

资产计提折旧后必须把折旧归入成本或费用，有按部门归集的，也有按类别归集的。当按部门归集折旧费用时，一般情况下，某一部门内的资产的折旧费用将归集到一个比较固定的科目，在录入卡片时，该科目自行填补在卡片中，不必逐个输入。

操作步骤：单击"固定资产"→"设置"→"部门对应折旧科目"，选择部门，单击"修改"，在"部门编码表"对话框中的"单张视图"选项卡中，单击"搜索"按钮，自行填补对应的会计科目，单击"保存"→"是"，如图 3-6-4 所示。

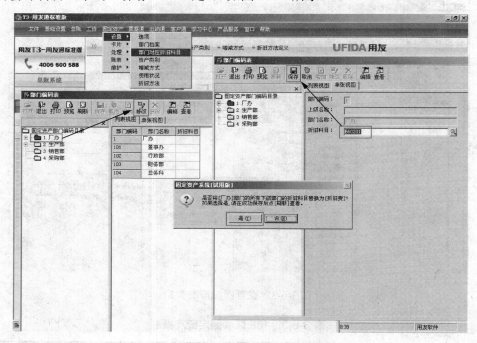

图 3-6-4　设置部门对应折旧科目

【例 3-56】沿用 188 账套资料，设置部门及对应折旧科目，如表 3-6-5 所示。

表 3-6-5　188 账套部门及折旧科目

车间、部门	对应会计科目
厂办	（660201）管理费用——折旧费
生产部	（510101）制造费用——折旧费
销售部	（6601）销售费用
采购部	（660201）管理费用——折旧费

3. 输入固定资产原始卡片★

固定资产卡片是固定资产核算和管理的基础依据。为保持历史资料的连续性，必须将建账日期以前的数据录入系统中。不将现有卡片全部录入，系统将无法正确计提折旧和提供完整的统计资料。原始卡片的录入不限制必须在第一个期间结账前，任何时候都可以录入原始卡片。原始卡片上所记录的资产的开始使用日期一定小于固定资产系统的启用日期。

操作步骤：单击"固定资产"→"卡片"→"录入原始卡片"，输入内容，单击"保存"→"确定"→"退出"，如图 3-6-5 所示。

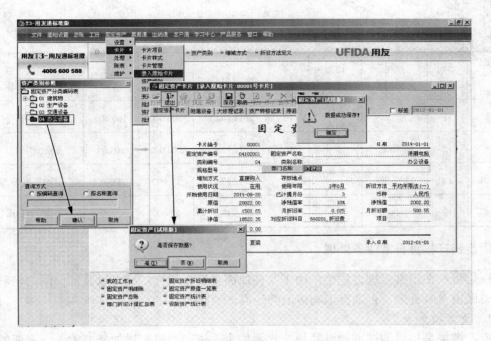

图 3-6-5　输入固定资产原始卡片

注意事项

① 固定资产所记录的资产的开始使用日期一定小于软件的登录日期。

② 保存后出现的空白卡片，退出时不再保存。

【例 3-57】沿用 188 账套资料，输入表 3-6-6 中的固定资产原始数据。

表 3-6-6　188 账套固定资产原始数据

固定资产名称	类别编号	部门	增加方式	使用状况	使用年限	开始使用日期	原值	累计折旧	对应折旧科目
浪潮电脑	04	行政部	直接购入	使用中	3	2013-09-20	20 022.00	1 501.65	660201
金杯客车	03	销售部	直接购入	未使用	12	2000-12-30	208 087.00	187 278.3	6601
生产厂房	01	生产一部	在建工程转入	使用中	30	2012-3-30	200 000.00	10 800.00	510101
联想电脑	04	生产二部	直接购入	使用中	5	2013-06-30	3 280.00	295.20	510101

注：净残值率均为 10%，折旧方法均采用平均年限法（一）。

➤ **巩固训练 3-39**

沿用 911 账套数据，输入固定资产原始数据，如表 3-6-7 所示。

表 3-6-7 911 账套固定资产原始数据

固定资产名称	类别编号	所在部门	增加方式	可使用年限	开始使用日期	原值	累计折旧	对应折旧科目名称
机床	11	生产部	直接购入	10	2011.10.01	800 000	100 000	制造费用
轿车	12	采购部	直接购入	10	2011.12.01	200 000	50 000	管理费用/折旧费
计算机	12	财务部	直接购入	5	2012.12.01	10 000	3 000	管理费用/折旧费
复印机	12	销售部	直接购入	5	2013.12.01	30 000	7 000	销售费用

三、固定资产核算日常业务处理

固定资产在日常管理过程中,由于某种原因会发生增加、减少以及部门间的转移,这就需要做出及时处理,否则会影响折旧的计提。

1. 资产增加★

资产增加是指以购进或通过其他方式增加企业资产。资产增加需要输入一张新的固定资产卡片,与固定资产期初输入相对应,但登录的方式不同。

操作步骤: 单击"固定资产"→"卡片"→"资产增加",输入内容,单击"保存"→"确定"→"退出"→"否",如图 3-6-6 所示。

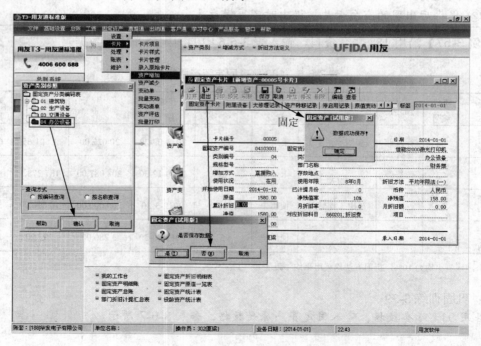

图 3-6-6 资产增加

【例 3-58】沿用 188 账套资料，资产增加

1 月 24 日，购入财务部用佳能 S2000 激光打印一台，单价 1 580 元，现金付款，净残值率 10%，预计使用年限 8 年。

➤ 巩固训练 3-40

沿用 911 账套数据，2014 年 1 月 18 日，财务部购买打印机一台。

资产类别：办公设备类；

资产名称：打印机；

部门：财务部；

增加方式：直接购入；

使用状况：在用；

开始日期：2014.01.18；

原值：3 800；

使用年限：5 年；

折旧方法：平均年限法（一）；

对应折旧科目：管理费用——折旧费。

2. 计提折旧★

自动计提折旧是固定资产系统的主要功能之一。用户可以根据录入系统的资料，利用系统提供的"折旧计提"功能对各项资产每期计提一次折旧，并自动生成折旧分配表，然后制作记账凭证，将本期的折旧费用自动登账。

计提折旧遵循以下原则：

1）在一个期间内可以多次计提折旧，每次计提折旧后，只将计提的折旧累加到月初的累计折旧上，不会重复累计。

2）若上次计提折旧已制单并传递到总账系统，则必须删除该凭证才能重新计提折旧。

3）计提折旧后又对账套进行了影响折旧计算功分配的操作，必须重新计提折旧，否则系统不允许结账。

4）若自定义的折旧方法，月折旧率或月折旧额出现负数，系统自动中止计提。

5）资产的使用部门和资产折旧要汇总的部门可能不同。为了加强资产管理，使用部门必须是明细部门，而折旧分配部门不一定分配到明细部门。不同的单位处理可能不同，因此要在计提折旧后，分配折旧费用时做出选择。

操作步骤：单击"固定资产"→"处理"→"计提本月折旧"→"是"→"是"→"退出"，若需生成新凭证，则单击"凭证"→"保存"→"退出"，否则，单击"退出"→"确定"，如图 3-6-7 所示。

> **注意事项**
> ① 凭证已传递到总账系统，需删除凭证后才能重新计提折旧。
> ② 提折旧后又发生折旧变动，需重新计提。（凭证查询中删除。）

【例 3-59】沿用 188 账套资料，计提本月折旧。

➤ 巩固训练 3-41

沿用 911 账套数据，计提本月折旧。

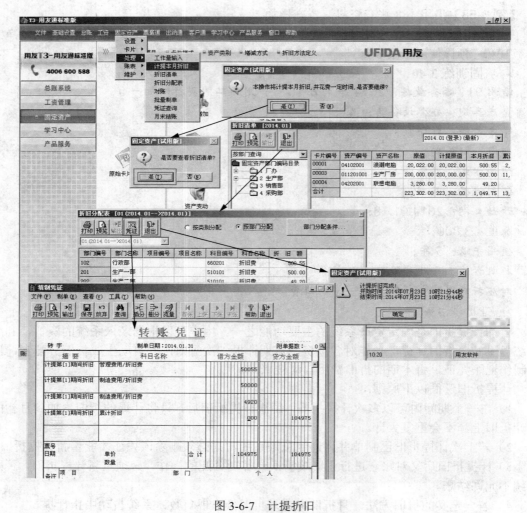

图 3-6-7　计提折旧

3. 资产减少★

资产减少是指资产在使用过程中，由于各种原因（如毁损、出售、盘亏等）退出企业，此时要做资产减少处理。资产减少的前提是计提完本月折旧，并需输入资产减少卡片且说明减少原因。

操作步骤：单击"固定资产"→"卡片"→"资产减少"，选择对应资产编号，单击"增加"，输入相关内容，单击"确定"→"确定"，如图 3-6-8 所示。

【例 3-60】沿用 188 账套资料，减少下列固定资产卡片，并生成凭证。

卡片编号：00002；

资产编号：033001；

资产名称：金杯客车；

减少日期：默认；

减少方式：报废；

清理收入：10 000；

清理费用：5 000；

清理原因：报废出售。

（注：该固定资产原值 208 087 元，已经计提折旧 187 278.3 元，附件张数是 1，凭证类型为转账凭证，摘要为出售报废金杯客车。）

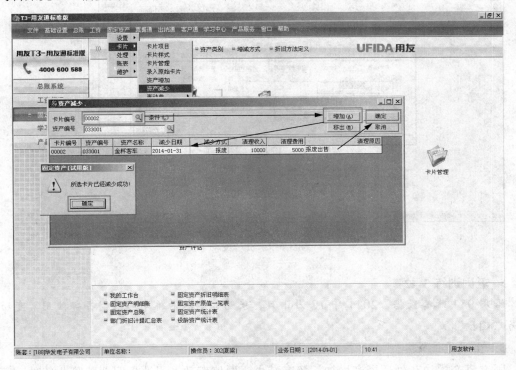

图 3-6-8　资产减少

4. 资产变动★

资产在使用过程中，可能会调整卡片上的一些项目。固定资产模块与计算和报表汇总有关的项目的调整称为资产变动操作，包括原值变动、部门转移、使用状况变动、使用年限调整、折旧方法调整、净残值（率）调整、工作总量调整、累计折旧调整、资产类别调整和变动单管理等。资产变动要求输入相应的"变动单"来记录资产调整结果。

【例 3-61】 沿用 188 账套资料，1 月 28 日生产一部生产厂房扩建增资 100 000 元，转账付款。变动原因原值增加。

操作步骤： 单击"固定资产"→"卡片"→"变动单"→"原值增加"，输入内容，单击"保存"→"确定"→"退出"，如图 3-6-9 所示。

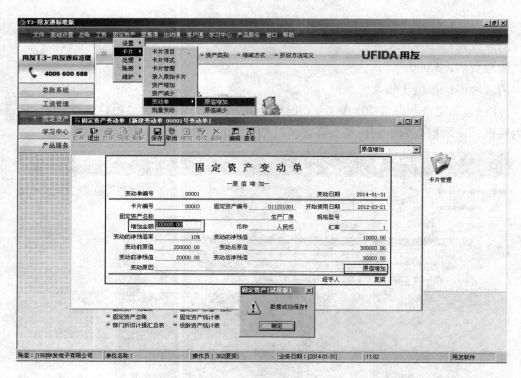

图 3-6-9 资产变动

➤ 巩固训练 3-42

沿用 911 账套数据，2011 年 12 月 1 日，采购部购入的轿车转入财务部使用，变动原因为"调拨"。

5. 生成凭证★

固定资产模块在处理资产增加、资产减少、原值变动、累计折旧调整等业务时，都要编制相应的记账凭证。模块一般设计两种制单方式：一是立即制单（如图 3-6-7），即在一项业务完成后，通过"凭证"命令即编制记账凭证；一是批量制单，即一项业务完成后没有立即编制记账凭证，系统将该业务记录在批量制单表中，以便期末或其他时间由批量制单功能成批对其编制记账凭证并传输到账务处理模块中。

【例 3-62】沿用 188 账套资料，对例 3-61 操作进行生成凭证。

操作步骤：单击"固定资产"→"处理"→"批量制单"，选择对应条目双击，单击格出现"Y"字样，单击"制单设置"选项卡，输入科目，单击"制单"，生成凭证，单击"保存"后退出，如图 3-6-10 所示。

注意事项

生成的凭证，要判断并选择合适的凭证类别。

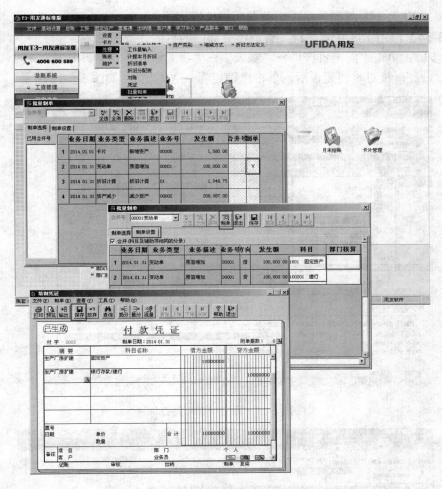

图 3-6-10　批量制单

四、固定资产核算账表查询★

用户可以通过固定资产核算模块提供的账表管理功能，及时查询资产的统计、汇总和其他各方面的信息。固定资产核算账表查询包括账簿、折旧表、统计表、分析表。

1. 账簿

系统自动生成的账簿包括（单个）固定资产明细账、（部门、类别）明细账、固定资产登记簿和固定资产总账。这些账簿以不同方式序时地反映了资产变化情况。

【例 3-63】沿用 188 账套资料，查询"办公设备"类固定资产明细账。

操作步骤：单击"固定资产"→"账表"→"我的账表"→"账簿"→"（部门、类别）明细账"，选择类别名称或部门名称，单击"确定"→"退出"，如图 3-6-11 所示。

2. 折旧表

系统提供了四种折旧表，即（部门）折旧计提汇总表、固定资产及累计折旧表、固定资产折旧计算明细表和固定资产折旧期间统计表。通过该类表可以了解并掌握本企业所有资产本期、本年乃至某部门计提折旧及其明细情况。

【例3-64】沿用188账套资料，查询所有部门的折旧计提汇总表。

操作步骤：单击"固定资产"→"账表"→"我的账表"→"折旧表"→"（部门）折旧计提汇总表"，核对时间无误后，单击"确定"→"退出"，如图3-6-12所示。

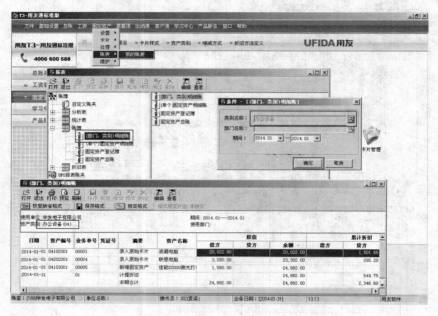

图 3-6-11　固定资产账簿查询

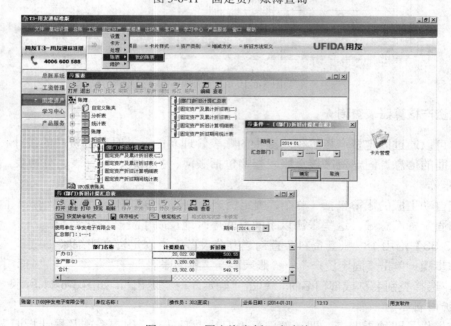

图 3-6-12　固定资产折旧表查询

3. 统计表

统计表是由于管理资产的需要，按管理目的统计的数据。系统提供了七种统计表，即（固定资产原值）一览表、固定资产统计表、盘盈盘亏报告表、评估变动表、评估汇总表、役龄资产统计表和逾龄资产统计表。

【例 3-65】沿用 188 账套资料，查询固定资产统计表。

操作步骤：单击"固定资产"→"账表"→"我的账表"→"统计表"→"固定资产统计表"按要求选择相应项目，单击"确定"→"退出"，如图 3-6-13 所示。

图 3-6-13　固定资产统计表查询

4. 分析表

分析表主要通过对固定资产的综合分析，为管理者提供管理和决策依据。系统提供了四种分析表，即部门构成分析表、固定资产使用状况分析表、价值结构分析表和类别构成分析表。

【例 3-66】沿用 188 账套资料，查询固定资产使用状况分析表。

操作步骤：单击"固定资产"→"账表"→"我的账表"→"分析表"→"固定资产使用状况分析表"，如图 3-6-14 所示。

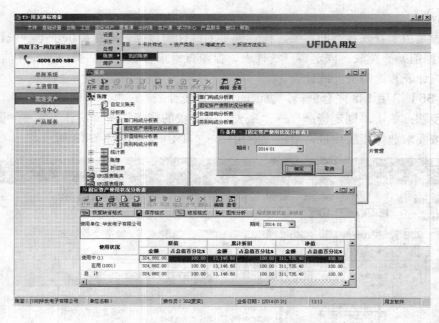

图 3-6-14　固定资产分析表查询

例题精讲

【例题·单选题】 固定资产变动包括（　　）。

A. 固定资产增加
B. 固定资产减少
C. 盘盈、盘亏
D. 以上三者都是

【答案与解析】 D。该题针对固定资产核算模块基本操作。

【例题·多选题】 固定资产系统预置的折旧方法有（　　）。

A. 平均年限法
B. 工作量法
C. 年数总和法
D. 双倍余额递减法

【答案与解析】 ABCD。固定资产系统一般预置常用的五种折旧方法供选择，即不提折旧、平均年限法、工作量法、年数总和法、双倍余额递减法。

【例题·多选题】 固定资产管理系统初始设置，主要包括（　　）。

A. 使用部门设置
B. 摘要设置
C. 固定资产类别设置
D. 初始卡片录入

【答案与解析】 ACD。本题考核固定资产初始化的内容。固定资产核算模块初始设置包括：①固定资产类别设置；②使用部门设置；③固定资产卡片录入。

【例题·判断题】 固定资产折旧费用不需要按部门或类别归入不同的成本费用科目。
（　　）

【答案与解析】 ×。固定资产折旧费用应当根据具体情况按部门或类别归入不同的成本费用科目。

✎ 第七节　应收管理模块的应用 ✎

应收款管理主要是针对赊销商品或提供劳务而发生的将要在一定时期内收回的款项的管理。应收管理核算模块以发票、费用单、其他应收单等原始单据为依据，记录销售业务及其他业务所形成的往来款项，处理应收款项收回、坏账、转账等情况，同时提供统计分析的功能。

应收账款核算模块日常业务的基本处理流程如图 3-7-1 所示。

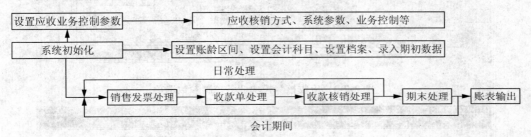

图 3-7-1　应收账款核算模块处理流程

一、初始设置

进行应收管理核算模块的初始化设置，必须启用"购销存管理"、"核算"两个模块，否则在系统中是找不到"采购"和"销售"菜单的。[启用"购销存管理"、"核算"两个模块，启用日期：2014 年 1 月 1 日。（详见本章第二节"启用"账套模块）]

应收管理核算模块的初始化设置也称初始化，主要包括设置业务控制参数、基础设置、档案设置和初始数据的输入四个方面的内容。

1. 业务控制参数

应收管理核算模块业务控制参数主要包括业务范围、业务控制、系统参数、打印参数、价格管理、应收核销等六种。

操作步骤：单击"销售"→"销售业务范围设置"→"业务控制"→"是否允许零出库"，如图 3-7-2 所示。

2. 基础设置

（1）设置会计科目

此处的会计科目与账务处理模块的会计科目有本质的不同，这里指的是应收管理核算中涉及的基本科目、控制科目等，如图 3-7-3 所示。

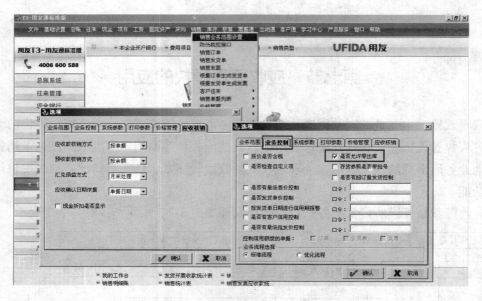

图 3-7-2　应收核算模块业务控制参数选项

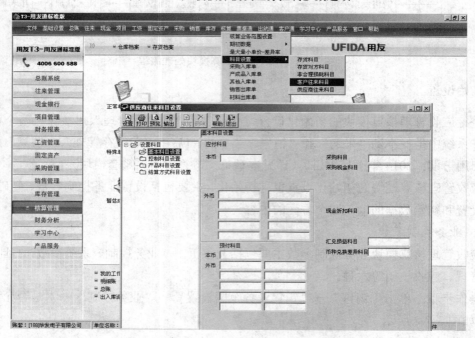

图 3-7-3　应收管理核算——设置会计科目

（2）设置付款条件★

采用赊销方式进行销售时，为了促使客户及时支付货款，当客户能够在一定的期限内付款时，可以给客户一定的折扣。为处理有现金折扣条件的采购与销售业务，需要进行付款条件的定义。付款条件一般用"2/10，1/20，n/30"的形式表示，其含义是 10 天内付款给予 2% 的折扣、20 天内付款给予 1% 的折扣、30 天内付款不给折扣。付款条件定义的内容有折扣有效期限、对应的折扣率、应收账款的到期天数。

【例 3-67】沿用 188 账套资料，设置付款条件。

编码：01；付款条件：4/5，2/15，n /30。

操作步骤：单击"基础设置"→"收付结算"→"付款条件"，输入条件参数，单击"增加"→"退出"，如图 3-7-4 所示。

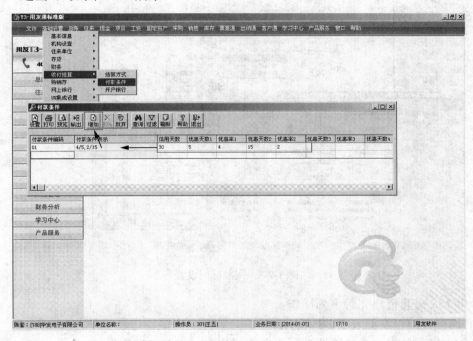

图 3-7-4　设置付款条件

➤ **巩固训练 3-43**

沿用 911 账套数据，设置付款条件。

编码：01；付款条件：2/10，1/20，n/30。

（3）账龄区间设置★

设置账龄区间是根据应收款欠款时间长短，对应收款分级进行分析，掌握客户欠款情况。为了对应收账款进行账龄分析，应首先在此设置账龄区间。

【例 3-68】对销售发票进行账龄分析。

操作步骤：单击"销售"→"客户往来账表"→"业务账龄分析"→"账龄区间设置"→"退出"，如图 3-7-5 所示。

3．档案设置

应收核算模块的档案设置包括往来单位档案、商品存货档案等。

（1）设置往来单位档案

应收管理核算模块主要用于核算客户往来款项，因此，首先必须把往来单位基本信息输入系统，主要是客户代码和名称，此外，银行账号、联系电话、地址等资料也可以根据需要输入。往来单位档案在基础档案中设置完毕。

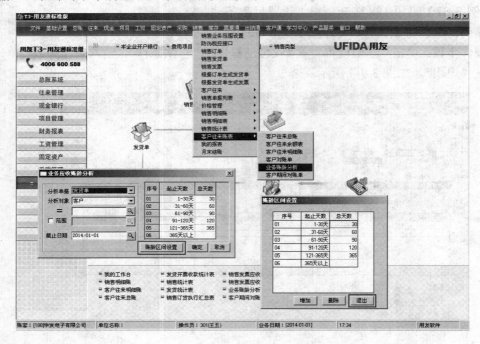

图 3-7-5　账龄区间设置

沿用 188 账套资料完善下列操作。

1）设置客户档案如表 3-7-1 所示。

操作步骤：单击"基础设置"→"往来单位"→"客户档案"。

表 3-7-1　客户档案

客户名称	税号	开户银行名称	账号
澳门万科科技有限公司	A111	建行澳门支行	B111
佛山华美食品有限公司	A222	工行佛山支行	B222
乐平信息化领导小组办公室	A333	建行三水支行	B333

2）设置供应商档案如表 3-7-2 所示。

操作步骤：单击"基础设置"→"往来单位"→"供应商档案"。

表 3-7-2　供应商档案

供应商名称	税号	开户银行名称	账号
深圳现代科技公司	C111	建行深圳支行	D111
广州丰盛科技有限公司	C222	工行广州支行	D222

3）设置开户银行如表 3-7-3 所示。

操作步骤：单击"基础设置"→"收付结算"→"开户银行"。

表 3-7-3　开户银行信息

单位名称	编号	开户银行名称	银行账号
华发电子有限公司	01	广州商业银行	H8888

（2）设置商品存货档案

企业中的商品、存货种类繁多，不同的商品、不同的存货存在不同的计量单位、商品属性等情况。因此，在进行应收核算模块使用之前，应进行商品存货档案的定义。

沿用 188 账套资料完善下列操作。

1）设置仓库档案，如表 3-7-4 所示。

操作步骤：单击"基础设置"→"购销存"→"仓库档案"。

表 3-7-4　仓库档案

仓库编号	仓库名称
01	原料库
02	成品库

2）设置存货档案，如表 3-7-5 所示。

操作步骤：单击"基础设置"→"存货"→"存货档案"。

表 3-7-5　存货档案

存货编号	仓库编号	存货名称	计量单位	存货属性
01		AMD	PCS	销售、外购
02	01	TCL 金刚机箱	台	销售、外购
03		航嘉电源	只	销售、外购
04		浪潮服务器软件	套	销售、外购
05	02	浪潮 300 服务器	台	销售、外购
06		AOC17S 显示器	台	销售、外购

3）设置库存期初数。

操作步骤：单击"库存"→"期初数据"→"库存期初"。

根据表 3-3-18"188 账套会计科目及余额"提供的资料录入。

4．初始数据的输入

期初数据指正式启用应收核算模块之前发生但尚未使用或结算的业务数据。期初数据的输入是一个非常关键的环节。作为期初建账的数据，系统即可对其进行管理，这样既保证了数据的连续性；又保证了数据的完整性。

当您初次使用本系统时，要将上期未处理完全的单据都录入本系统，以便于以后的处理。当进入第二年度处理时，系统自动将上年度未处理完全的单据转成为下一年度的期初余额。如图 3-7-6 所示。

注意事项

单据日期要小于销售模块的启用日期。

本月结账后，客户往来期初只能查看，不能增加、删除、修改。即本月结账前，可以先处理本月销售发票业务，再增加客户往来期初。

图 3-7-6　初始数据输入

二、日常处理

应收管理核算模块日常业务主要包括输入销售发票、输入收款单、销售核销和应收账表查询。其中发票是销售业绩的实际记录，应收单是其他应收费用的记录，它们确定了应收款的客户单位与金额，而收款单则记录了已经回收的款项。

应收管理核算模块日常业务流程如图 3-7-7 所示。

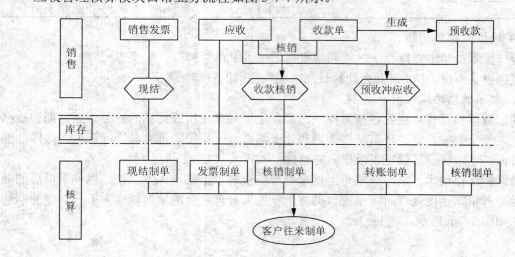

图 3-7-7　应收核算日常业务流程

1．应收处理

（1）单据处理

在具体操作时，要确认单据的录入项是表头还是表体部分，如图 3-7-8 所示。

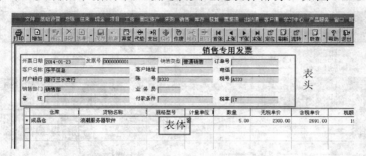

图 3-7-8　表头表体关系

1）录入销售发票。★

销售开票是销售业务的重要环节，它是销售收入的确认、销售成本计算、应交销售税金确认和应收账款确认的依据。销售发票是指给客户开具的增值税专用发票、普通发票及其所附清单等原始销售票据，一般包括产品或服务的说明、客户名称地址，以及货物的名称、单价、数量、总价、税额等资料。

【例 3-69】沿用 188 账套资料，录入销售发票。

2014 年 1 月 23 日，销售给乐平信息"浪潮服务器软件"5 套，无税单价 2300 元，企业开出专用发票一张，发票号 16698，增值税率为 17%，销售类型为普通销售，发票到期日 2014 年 1 月 28 日。

操作步骤：单击"销售"→"销售发票"，单击"增加"下拉列表，单击"专用发票"，输入开票日期、发票号、销售类型、客户名称、销售部门→选择仓库、货物名称，修改数量金额等，单击"保存"→"复核"，确认复核信息无误后，单击"是"→"确定"，如图 3-7-9 所示。

> 注意事项
>
> ① 录入销售发票，表头表体的内容都要录入。
>
> ② 灰色区域、题目中没有给出的内容不录入。
>
> ③ 顺序：增加—录入—保存—复核。

➤ **巩固训练 3-44**

沿用 911 账套数据，2014 年 1 月 10 日，销售部向新科科技销售甲产品，数量 100 件，无税单价 300 元，货物从成品库发出，企业开出专用发票一张，发票号为 3333，增值税税率为 17%，销售类型为普通销售，发票到期日 2014 年 1 月 31 日。

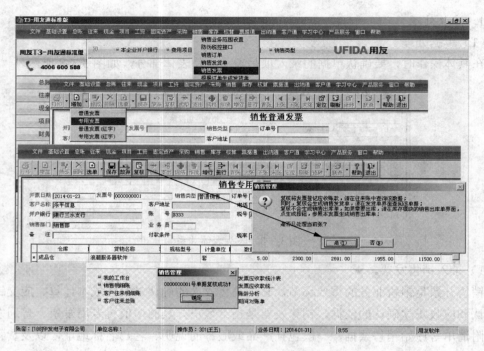

图 3-7-9 录入销售发票

2）录入收款单。★

应收管理核算模块的收款单用来记录企业所收到的客户款项，款项性质包括应收款、预收款、其他费用等。其中应收款、预收款性质的收款单将与发票、应收单、付款单进行核销勾对。

【例 3-70】沿用 188 账套资料，录入收款单。

2014 年 1 月 29 日，销售部收到乐平信息的转账支票一张，票号为 ZPA061144，为支付购买"浪潮服务器软件"的款项，金额合计为 13 455 元。

操作步骤：单击"销售"→"客户往来"→"收款结算"，选择客户名称，单击"增加"，输入日期、结算方式、金额，单击"保存"→"退出"，如图 3-7-10 所示。

注意事项

① 录入收款单，只录入表头的内容。

② 结算单号自动生成、订单号不录入。

③ 如果给出数量也不用录入。

➢ 巩固训练 3-45

沿用 911 账套数据，输入收款单。2014 年 1 月 11 日，销售部收到新发科技公司的转账支票一张，票号为 ZP008，为支付购买甲产品的款项，金额合计为 35 100 元。

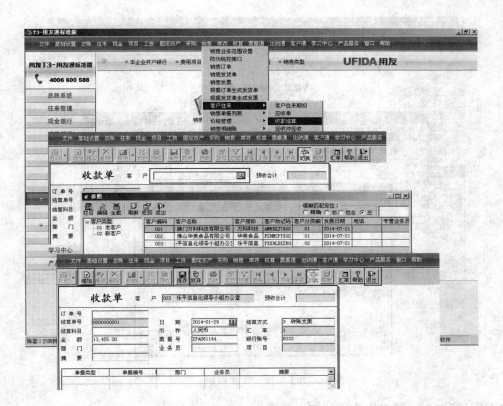

图 3-7-10　录入收款单

3）收款核销。★

收款核销就是确定收款单与销售发票之间对应关系的操作，即指明每一次收款收的是哪几笔销售业务款项。核销时，一般可以一张发票对应一张收款单分次核销，也可以一张发票一次对应多张收款单核销、一张收款单一次对应多张发票核销或多张发票对应多张收款单核销。核销分自动核销和手工核销两种方式。自动核销是用户指定核销条件后，系统根据核销条件（主要是往来单位、金额）自动选择匹配的单据进行核销。手工核销是指由用户确定收款单和应收单匹配关系进行核销。

【例 3-71】沿用 188 账套资料，收款核销。

将客户为"乐平信息"、金额为 13 455 元的收款单与相同金额的销售发票进行核销。

操作步骤：单击"销售"→"客户往来"→"收款结算"，选择客户后，单击"核销"，"本次结算"中输入"13455"，单击"保存"→"退出"，如图 3-7-11 所示。

〔注意事项〕

录入收款核销，只录入表体的内容。

➤ 巩固训练 3-46

沿用 911 账套数据，将客户为"新科科技"、金额为 35 100 的收款单与相同金额的销售发票进行核销。

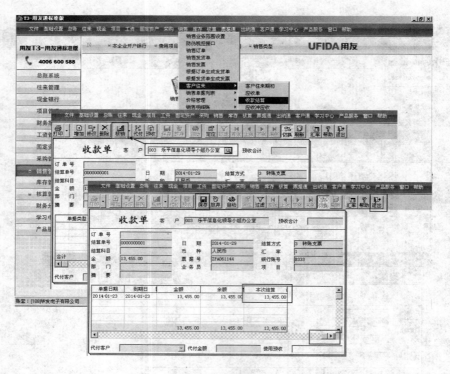

图 3-7-11　收款核销

（2）转账处理（暂时作为理解知识掌握）

企业往来业务纵横交错，应收、预收、应付、预付之间难免要产生转账业务。因此，应收管理核算模块不仅要实现转账对冲功能，还要实现自动和手工的冲单功能。

1）应收冲应收。

应收冲应收是指将一家客户的应收款转到另一家客户中。通过将应收款业务在客户之间转入、转出，实现应收业务的调整，解决应收款业务在不同客户间入错户和合并户等问题，如图 3-7-12 所示。

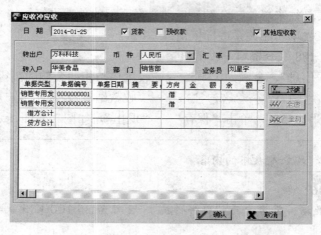

图 3-7-12　应收冲应收

2）预收冲应收。

通过预收冲应收处理客户的预收款（红字预收款）与该客户应收欠款（红字应收）之间的核销业务，如图 3-7-13 所示。

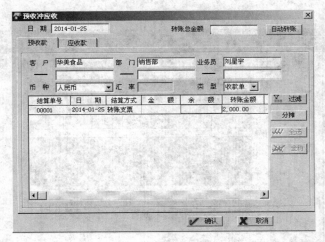

图 3-7-13　预收冲应收

3）应收冲应付。

应收冲应付是指用某客户的应收款冲抵某供应商的应付款项。通过应收冲应付，将应收款业务在客户和供应商之间进行转账，实现应收业务的调整，解决应收债权与应付债务的冲抵，如图 3-7-14 所示。

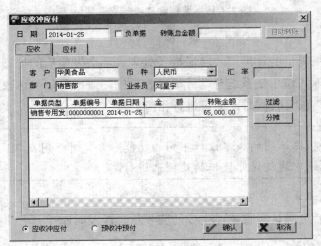

图 3-7-14　应收冲应付

2. 票据管理

票据管理用来管理企业销售商品、提供劳务收到的银行承兑汇票或商业承兑汇票。对应收票据的处理主要是对应收票据进行新增、修改、删除及收款、退票、背书、贴现等操作，如图 3-7-15 所示。

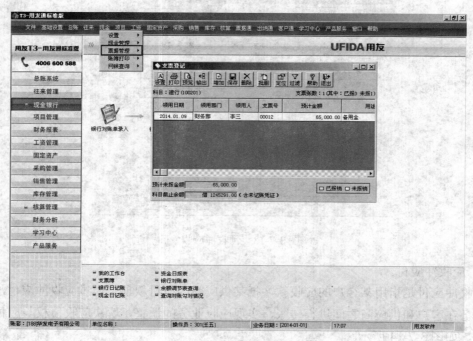

图 3-7-15　票据管理——支票登记

3. 坏账处理

坏账处理指系统提供的计提应收坏账准备处理、坏账发生后的处理、坏账收回后的处理等功能。坏账处理的作用是系统自动计提应收款的坏账准备，当坏账发生时即可进行坏账核销，当被核销坏账又收回时，即可进行相应处理。

━━ 注意事项 ━━

用友财务软件根据不同的版本设计不同的功能命令，对于用友 T3 "坏账处理" 部分的操作是在账务系统中通过记账凭证的处理来进行。

4. 生成应收凭证★

销售发票审核后可确认应收款，生成的应收款项应及时制单，并生成凭证反映到账务处理模块。

【例 3-72】接续例 3-69 内容，生成记账凭证。

操作步骤：单击 "核算" → "凭证" → "客户往来制单" → "发票制单" → "确认"，选择 "转账凭证"，单击 "制单" → "保存" → "退出"，如图 3-7-16 所示。

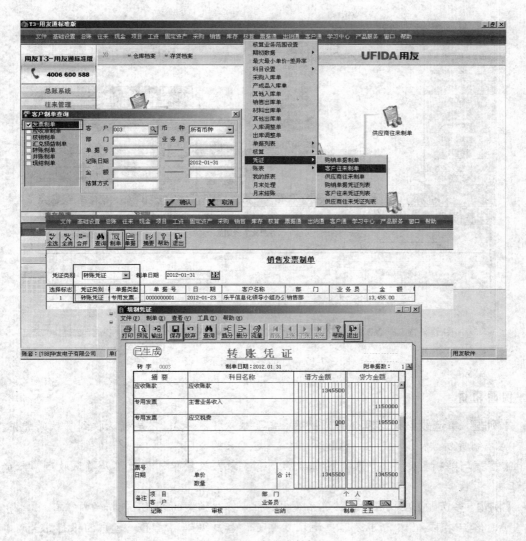

图 3-7-16 生成应付凭证

三、应收账款查询★

应收管理核算模块中有数量众多的单据、账表，为了方便企业管理人员以及业务人员进行数据查询，必须提供账表管理功能。

应收账款查询包括单据查询和账表查询。单据查询主要是对销售发票和收款单等单据的查询。账表查询主要包括客户往来余额表、客户往来明细账、客户对账单、应收账龄分析表等。

【例 3-73】查询全部客户的客户往来余额表。

操作步骤：单击"销售"→"客户往来账表"→"客户往来余额表"，勾选"包含发货单""包含未审核发票"，单击"确认"，如图 3-7-17 所示。

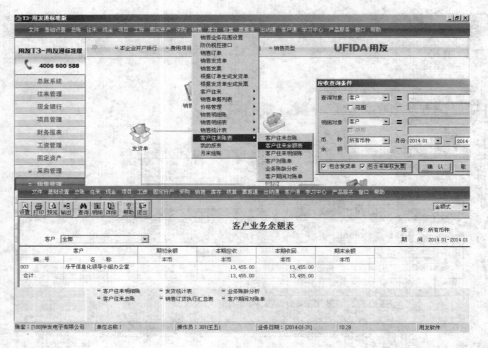

图 3-7-17　查询客户往来余额表

例题精讲

【例题·单选题】收到客户的货款后，需要录入（　　　），它是确认收到货款的凭证。

A. 销售发票　　　　B. 收款单　　　　C. 采购合同　　　　D. 付款单

【答案与解析】B。收到客户的货款后，需要录入收款单，收款单是确认收到货款的凭证。

【例题·多选题】应收应付款核算系统中的往来客户档案的设置，包括的内容有（　　　）。

A. 客户名称　　　　B. 客户地址　　　　C. 客户编码　　　　D. 客户的银行账号

【答案与解析】ABCD。本题考核建立客户档案时需要输入的项目。

【例题·多选题】下列往来核销中，允许采取的核销方式有（　　　）。

A. 一张发票对应一张收款单核销　　　B. 一张发票对应多张收款单核销

C. 多张发票对应一张收款单核销　　　D. 多张发票对应多张收款单核销

【答案与解析】ABCD。本题考核核销的处理。核销时，一般可以一张发票对应一张收款单分次核销，也可以一张发票一次对应多张收款单核销、一张收款单一次对应多张发票核销或多张发票对应多张收款单核销。

【例题·判断题】"2/10，1/20，n/30"的含义是：10天内付款给予2%的折扣、20天内付款给予1%的折扣、30天内给予n%的折扣。　　　　　　　（　　　）

【答案与解析】×。"2/10，1/20，n/30"的含义是：10天内付款给予2%的折扣、20天内付款给予1%的折扣、30天内付款不享受折扣。

第八节 应付管理模块的应用

为了全面核算企业的采购与劳务支出，凡涉及采购与接受劳务的业务都由应付管理核算模块管理。应付管理核算模块主要用于核算与管理供应商往来款项，其日常业务的基本处理流程如图 3-8-1 所示。

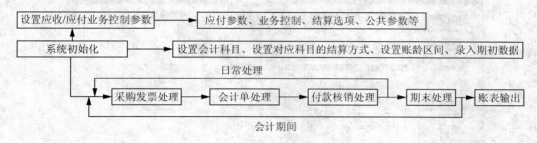

图 3-8-1 应付管理模拟基本处理流程

一、初始设置

应付管理核算模块的初始化设置也称初始化，主要包括设置业务控制参数、基础设置和初始数据的输入三个方面的内容。

1. 业务控制参数

应付管理核算模块业务控制参数主要包括应付参数、业务控制、结算选项、公共参数等四种。其中，应付款核确定付款与采购发票、应付单据之间对应关系的操作，即指明每一次付款所属采购业务的款项。本书选择系统默认，如图 3-8-2 所示。

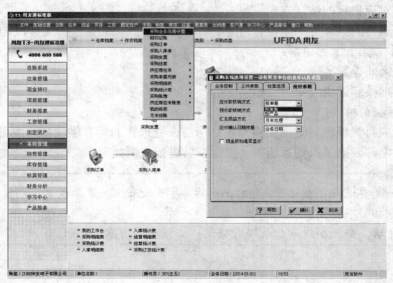

图 3-8-2 应付核算模块业务控制参数选项

2. 基础设置

（1）设置会计科目

设置会计科目是指定义应付管理模块凭证制单所需的基本科目，如应付科目、预付科目、采购科目、税金科目等。应付管理核算模块的设置会计科目要与应收管理核算模块的设置会计科目区分开，同样也要区别于账务处理模块的设置会计科目，如图 3-8-3 所示。

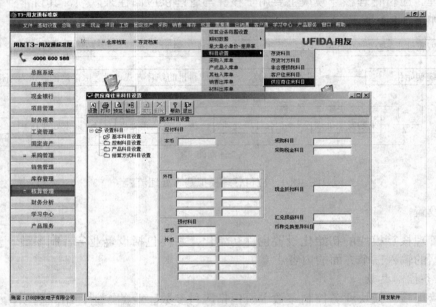

图 3-8-3　应付管理核算——设置会计科目

（2）设置对应科目的结算方式

设置对应科目的结算方式即设置对应科目的付款方式，主要包括现金、支票、汇票等。（此知识点在本章第三节已讲解。）

（3）账龄区间设置

与应收管理核算模块的知识点相同。

3. 初始数据的输入

初次使用应付管理模块时，要将系统启用前未处理完的所有供应商的应付账款、预付账款、应付票据等数据录入到系统中，以便以后进行核销处理。

注意事项

录入后一定要进行期初记账，期初记账后，再进入采购入库单或者采购发票，"增加"不会显示"期初"字样。

期初记账后，如果发现期初数据有错误，必须要取消期初记账。

二、日常处理

现实中，凡涉及采购与接受劳务的记账凭证一般都均由应付管理核算模块编制。无论现购还是赊购的票据都必须进入应付管理核算模块进行处理。应收管理核算模块日常业务主要包括输入采购发票、输入付款单、采购核销和应付账表查询。其业务流程如图 3-8-4 所示。

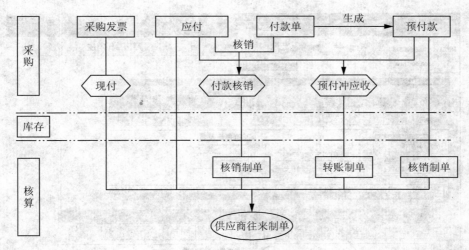

图 3-8-4 应付核算日常业务流程

1. 应付处理

在具体操作时，仍要确定单据的录入项，是表头还是表体部分（参照图 3-7-8）。

（1）单据处理

1）录入采购发票。★

采购发票是企业发生采购业务时从供应商取得的各种业务凭证。系统根据采购发票确认采购成本，并据以登记应付账款。采购发票包括普通发票、增值税发票和记入采购成本的费用发票。

【例 3-74】沿用 188 账套资料，录入采购发票。

2014 年 1 月 15 日，采购部收到现代科技的专用发票，发票号为 1141，航嘉电源 50 只，单价 280 元，增值税率 17%，货物在途，发票到期日为 2014 年 1 月 20 日。

操作步骤：单击"采购"→"采购发票"，单击"增加"下拉列表，单击"专用发票"，输入开票日期、发票号、部门名称、供货单位，双击存货编码，修改数量、金额等，单击"保存"→"复核"→"退出"，如图 3-8-5 所示。

> **注意事项**
> ① 录入采购发票，表头表体的内容都要录入。
> ② 存货编码要双击单元格，然后选择货物种类。
> ③ 到期日如没有给出，则不用录入。
> ④ 复核后再退出（增加—录入—保存—复核）。
> ⑤ 如果要求录入期初采购发票，业务日期会早于操作日期，并且不用点击复核。

➢ 巩固训练 3-47

沿用 911 账套数据，2014 年 12 月 25 日，采购部收到青岛高松开具的专用发票一张，票号为1234，商品为甲材料，数量100千克，单价为300元，增值税税率为17%。货物在途，发票到期日为2014年1月31日。

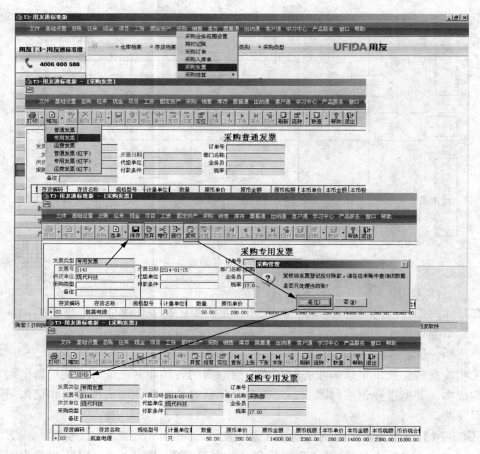

图 3-8-5　录入采购发票

2）录入付款单。★

付款单据是处理向供应商支付的购买商品的货款或预付货款的业务行为的单据，可处理企业采购付款、采购预付款、采购退款等付款业务。

【例 3-75】沿用 188 账套资料，录入付款单。

2014 年 1 月 22 日，采购部开出转账支票一张，票号为 ZG65151022，为支付购买现代科技采购航嘉电源的款项，数量 50 只，单价 280 元，增值税率 17%，金额合计为 16 380 元。

操作步骤：单击"采购"→"供应商往来"→"付款结算"，选择供应商后，单击"增加"，输入日期、结算方式、金额等，单击"保存"→"退出"，如图 3-8-6 所示。

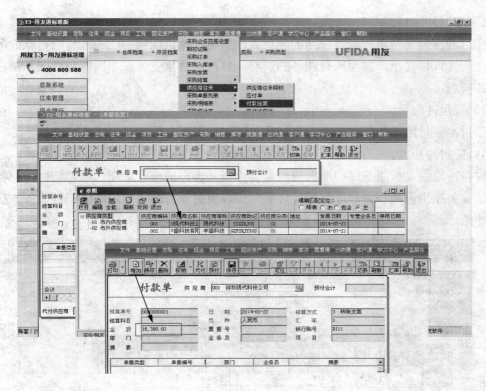

图 3-8-6　录入付款单

注意事项

　　录入付款单，只录入表头的内容。

3）付款核销。★

　　付款核销就是确定付款单与采购发票之间对应关系的操作，即指明每一次付款付的是哪几笔采购业务款项。

　　【例 3-76】沿用 188 账套资料，付款核销。

　　2014 年 1 月 23 日，将供应商为"现代科技"、金额为 16 380 元的付款单与相同金额的采购发票进行核销。

　　操作步骤：单击"采购"→"供应商往来"→"付款结算"，选择供应商，单击"核销"，在"本次结算"中录入金额，单击"保存"→"退出"，如图 3-8-7 所示。

注意事项

　　录入付款核销，只录入表体的内容。

　　付款结算是在付款单录入的基础上进行的操作，与付款单的录入路径相同；区别是选择供应商后，不单击"增加"而是单击"核销"。

　　（2）转账处理（暂时作为理解知识掌握，与应收管理核算模块类同）

　　转账处理主要包括往来转账与对冲处理功能。

1）应付冲应付。

应付冲应付是指将一家供应商的应付款转到另一家供应商中。通过将应付款业务在供应商之间转入、转出，实现应付业务的调整，解决应付款业务在不同供应商间入错户和合并户等问题。

2）预付冲应付。

预付冲应付用于处理供应商的预付款和对该供应商应付欠款的转账核销业务。

3）应付冲应收。

应付冲应收是指用某供应商的应付款，冲抵某客户的应收款项。通过应付冲应收，将应付款业务在供应商和客户之间进行转账，实现应付业务的调整，解决应付债务与应收债权的冲抵。

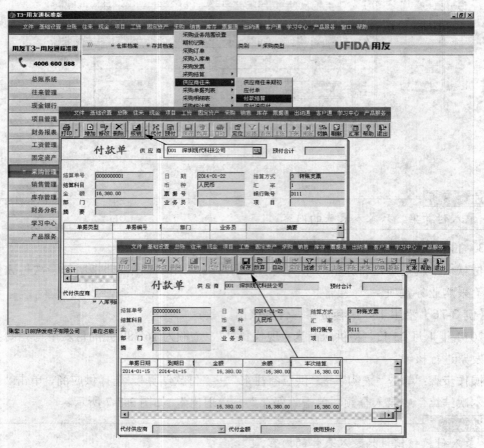

图 3-8-7　付款核销

2. 票据管理（与应收管理核算模块相同）

票据管理用来管理企业因采购商品、接受劳务等而开出的商业汇票，包括银行承兑汇

票和商业承兑汇票。对应付票据的处理主要是对应付票据进行新增、修改、删除及付款、
退票等操作。

3. 生成应付凭证★

采购结算后生成的应付款项应及时制单，并生成凭证反映到账务处理模块。

【例 3-77】接续例 3-74 内容，生成记账凭证。

操作步骤：单击"核算"→"凭证"→"供应商往来制单"→"发票制单"→"确认"
选择"转账凭证"，单击"制单"→"保存"→"退出"，如图 3-8-8 所示。

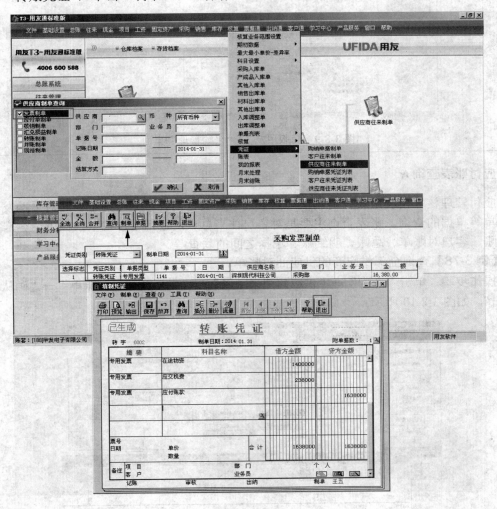

图 3-8-8　生成应付凭证

注意事项

如果遇到简版用友 T3，须生成凭证的操作，直接单击系统桌面的"供应商往来制单"
图标即可，如图 3-8-9 所示。

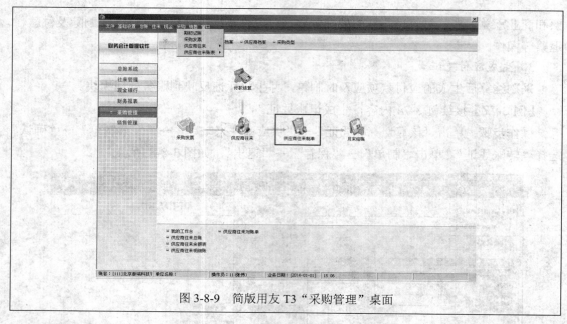

图 3-8-9 简版用友 T3 "采购管理" 桌面

三、应付账表查询★

应付管理核算模块账表查询包括单据查询和账表查询。单据查询主要是对采购发票和付款单等单据的查询。账表查询主要是对客户往来总账，包括客户往来余额表、客户往来明细账、客户对账单、总账、明细账、单据之间的联查等。

【例 3-78】查询全部供应商的供应商对账单。

操作步骤：单击"采购"→"供应商往来账表"→"供应商往来对账单"→"确认"→"退出"，如图 3-8-10 所示。

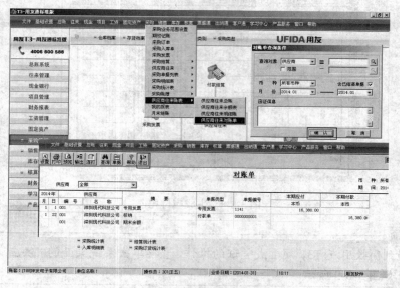

图 3-8-10 查询供应商对账单

【例 3-79】查询全部供应商的供应商业务明细账，联查 1 月 1 日凭证。

操作步骤：单击"采购"→"供应商往来账表"→"供应商往来明细账"→"确认"→"退出"，如图 3-8-11 所示。

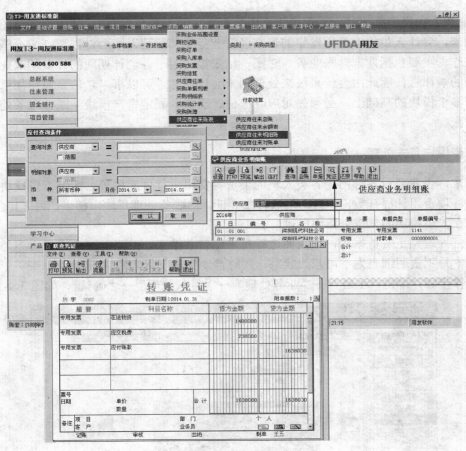

图 3-8-11　查询供应商往来明细账

例题精讲

【例题·单选题】下列各项中，与应收/应付账款核算不直接相关的单据是（　　）。

A. 销售发票　　　B. 采购发票　　　C. 收款单　　　D. 产品出库单

【答案与解析】D。产品出库单在库存模块中填写生成。

【例题·多选题】录入采购发票是需要选择（　　）。

A. 销售发票　　　B. 普通发票　　　C. 专用发票　　　D. 增值税专用发票

【答案与解析】BC。录入采购发票是需要选择普通发票或专用发票。

【例题·判断题】自动核销是指由用户确定收款单和应收单匹配关系进行核销。（　　）

【答案与解析】×。手工核销是指由用户确定收款单和应收单匹配关系进行核销。

第九节　月　末　处　理

【说明】在操作练习时，本节操作不用执行，主要是配合后面的模拟测试题的使用。

期末，会计人员将本月所发生的日常经济业务全部登记入账后，需要完成一些特定的会计工作，主要包括期末转账业务、对账、结账等。由于各会计期间的许多期末业务均具有较强的规律性，因此由会计系统来处理期末会计业务，可以事半功倍。值得注意的是，在启用多个模块的基础上，必须先对应收应付、工资、固定资产模块结账，账务处理模块最后结账。

一、工资模块月末处理

月末，企业要对各部门、各类人员的工资等费用进行分配核算。通过工资模块可以灵活设置各项费用计提基数，并自动生成转账凭证，供账务处理模块审核、记账之用。（具体操作，在工资模块的工资分摊中已讲解。）

每月处理完工资数据后，均需要进行月末结转并结账。结账时，应进行清零处理。结账后，本月工资明细表为不可修改状态，同时自动生成下月工资明细账。

操作步骤： 单击"工资"→"业务处理"→"月末处理"→"确认"，如图 3-9-1 所示。

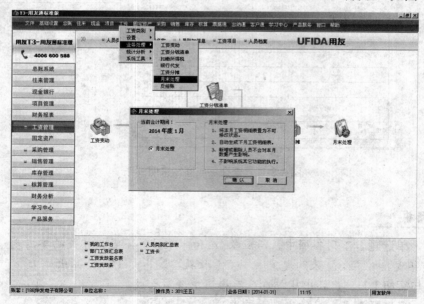

图 3-9-1　工资模块月末结账

二、固定资产月末处理

固定资产月末处理是指对当月发生的固定资产变动业务及折旧费用的计提制作自动转账凭证，凭证生成后，自动传递到账务处理模块。在账务处理模块中经出纳签字、审核凭证、科目汇总后，进行记账。（具体操作，凭证生成在固定资产模块的批量制单中已讲解。）

当账务处理模块记账完毕，在固定资产价值和固定资产科目的数值对账平衡后，才能开始固定资产系统月末结账。

操作步骤： 单击"固定资产"→"处理"→"对账"→"确定"→"固定资产"→"处理"→"月末结账"→"确定"，如图 3-9-2 所示。

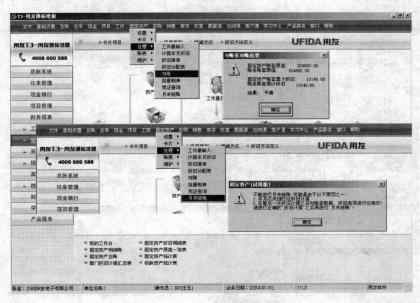

图 3-9-2 固定资产模块月末结账

三、账务处理系统月末处理

账务处理系统月末处理主要包括试算平衡与对账以及月末结账等工作。

试算平衡就是将系统中所设置的所有科目的期末余额按会计平衡等式"借方余额＝贷方余额"进行平衡检验，并输出科目余额表及是否平衡信息。

对账是对各个账簿数据进行核对，以便检查各个对应记账数据是否正确和账簿是否平衡。

结账主要完成停止本月各账户的记账工作、计算本月各账户发生额合计，计算本月各账户期末余额并将余额结转至下月月初。

操作步骤： 单击"总账"→"期末"→"对账"→"选择"（出现"Y"）→"对账"→"确认"→"总账"→"期末"→"结账"→"下一步"→"下一步"，如图 3-9-3 所示。

注意事项

① 结账前，要进行数据备份。

② 结账是一种成批数据处理，每月只能结账一次。

③ 已结账月份不能再进行填制凭证。

④ 结账必须按月进行。

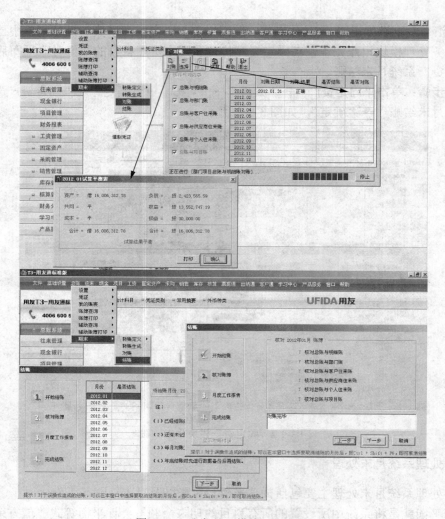

图 3-9-3　账务处理模块月末结账

四、应收/应付账款核算月末处理

应收/应付账款核算在一个会计期间结束时也必须进行期末处理，只有所有票证全部审核记账并经结账处理，系统才能进入下一个会计期间。期末处理主要包括结转汇总损益及期末或年末结账。

年结后除有关部门业务记录结转到下年度外，所有的当年度已过账的票证及业务资料全部保留在备份账套内。

操作步骤：单击"采购"/"销售"→"月末结账"→"确定"→"确定"，如图 3-9-4 所示。

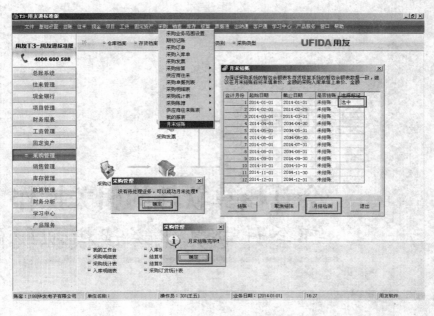

图 3-9-4 应收/应付账款核算月末结账

例题精讲

【例题·单选题】账务处理系统中，当月结账后不能再输入（ ）的凭证。

A. 当月   B. 下月   C. 下季度   D. 下年

【答案与解析】A。该题针对"结账"知识点进行考核。

【例题·多选题】结账前要进行的检查包括（ ）。

A. 检查本月业务是否全部记账，有未记账凭证不能结账

B. 月末结转必须全部生成并已记账，否则本月不能结账

C. 检查上月是否已结账，如果上月未结账，则本月不能结

D. 核对总账与明细账、主体账与辅助账、账务处理系统与其他子系统的数据是否
已经一致，如果不一致，则不能结账

【答案与解析】ABCD。以上四项都属于结账前要进行的检查。

【例题·多选题】使用月末结账功能之前需要注意的问题有（ ）。

A. 本月凭证有没有全部登记入账   B. 本月有没有未审核凭证

C. 检查上月是否已结账   D. 操作人员是否是主管会计

【答案与解析】ABC。本题考核结账前检查的工作，这些工作需要全部通过才能够进
行结账操作。

【例题·判断题】结账时显示的月度工作报告中不包括上月结账状态。 （ ）

【答案与解析】×。结账时显示的月度工作报告中包括上月结账状态。

【例题·判断题】结账前，系统自动进行账簿核对。 （ ）

【答案与解析】√。

第四章

>>> 会计核算软件的相关操作（财政部会计电算化考试模拟软件）

本 章 导 读

　　本章介绍了会计电算化考试软件的基本操作方法，包括系统初始化、账务处理模块、报表管理模块、工资管理模块、固定资产管理模块、应收/应付管理模块的应用。新大纲与旧大纲相比，内容有所扩充，增加了"系统初始化"和"数据管理"等相关内容。其他各模块也补充了具体知识内容，讲解更加细化。

　　本章是初级会计电算化考试的重中之重，考试题型包括客观题（单选题、多选题、判断题）和实操题，因此是否掌握本章介绍的考试软件，对考生能否通过电算化考试起着决定性的作用。要求考生反复练习，熟练掌握各模块的操作方法和技巧，理解记忆相关的理论题。本考试软件相比其他成熟的会计电算化软件要简单，考生可合理安排学习时间，在有能力的情况下先学习完第三章 T3 软件的主要流程，再利用本软件进行考前的强化练习与准备，可达到考试顺利过关和掌握电算化一般流程的双重效果。

第一节　会计电算化考试软件简介

一、会计电算化核算基本流程

目前社会上适用的会计核算软件很多，但账务处理程序的流程基本一致，都是由凭证到账簿，最后生成报表，即编制记账凭证→凭证审核→记账→结账→编制会计报表。

1. 编制记账凭证

编制记账凭证有以下三种方式。

1）根据原始凭证，手工编辑完成记账凭证后录入计算机。

2）根据原始凭证，直接在计算机上编制记账凭证，由计算机打印输出。在这种情况下，记账凭证应由经办人员签名或盖章。

3）由账务处理模块以外的其他核算模块自动生成记账凭证数据。例如，由固定资产核算模块根据预设的折旧资料自动生成计提折旧凭证。在这种情况下，同样需要打印出记账凭证，并由经办人员签名或盖章。

2. 凭证审核

凭证审核是指由负责审核的会计人员审核计算机中已生成的记账凭证。会计核算软件可根据审核情况对凭证进行控制，已审核的凭证不能再进行修改，未通过审核的凭证不能进行记账。

3. 记账

记账不再是手工会计对凭证数据在账簿上的重复转抄，而是由有记账权限的人员通过记账功能发出指令，由计算机按照记账程序自动进行。

记账的特点如下：

1）记账是一个功能按键，由计算机自动完成相关账簿登记。

2）同时登记总账、明细账和日记账。

3）各种会计账簿的数据都来源于记账凭证数据，记账只是对记账凭证做记账标记，不产生新的会计核算数据。

4. 结账

结账是指计算和结转各个会计科目本期发生额和期末余额，同时结束本期的账务处理工作。处理完本期所有的会计业务后，就可以进行期末的结账处理了。结账的注意事项如下：

1）必须完成本期所有必要的摊、提、结转工作，并依次审核这些凭证，方可结账。

2）将本期所有凭证全部记账，方可结账。

3）将账务处理模块之外的其他核算模块进行结账，才能进行本模块的结账。

4）上期未结账，则本期不能结账。

5）结账之前应做好数据备份，每期只能结账一次。

6）结账后，不能再录入已结账期间的记账凭证。

7）上月未结账，下月的凭证可以录入，但不能记账。

5．编制会计报表

会计报表是以货币为计量单位，总括反映会计主体在某一点的财产状况和一定时期内经营成果的表式报告，能系统地反映被核算单位的经营状况和经营成果。通常财务报表模块是会计核算软件的必要组成部分。报表编制的流程包括报表格式的设置、报表公式的设置、报表的编制和报表的输出。另外，财务报表模块也会提供一些报表分析和报表维护的功能。

二、会计电算化考试软件操作界面

会计电算化考试的界面分为四个区域，分别是菜单区、导航区、功能模块区和状态区，如图 4-1-1 所示。

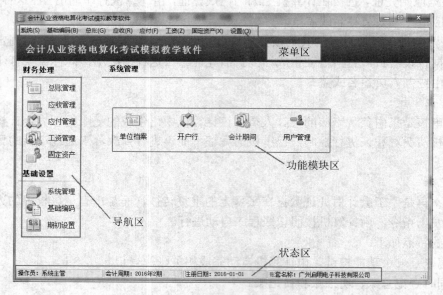

图 4-1-1　会计电算化考试软件操作界面

第二节　系统级初始化

系统级初始化就是将手工会计系统（或旧的计算机会计软件）转换成当前会计电算化软件过程中所做的有关初始性工作，是在初始使用时根据单位实际情况进行初始化设置的过程。

在实际工作中，为了确保高质量地完成系统初始化工作，首先要对所使用的会计核算软件的功能及工作流程有一个全面的了解，同时结合企业本身的业务特点进行前期准备，系统级初始化包括创建账套并设置相关信息、管理用户并设置权限、设置系统公用基础信息等内容。

一、创建账套并设置相关信息

1. 创建账套

账套实际上是由相互关联的账务数据构成的一套数据库文件，是企业进行日常业务操作的对象和场所。日常操作都是在某个账套中进行的，它用于储存企业凭证、账簿、报表、固定资产资料、工资资料、往来资料等各项业务数据。

操作步骤：单击"系统"→"新建账套"，在打开的对话框中输入新建的账套名"广州启明电子科技有限公司"，选择适用的会计准则，进行科目预设和本位币的设置，按题目要求设置会计年度和账套启用日期。

具体操作如图 4-2-1～图 4-2-4 所示。

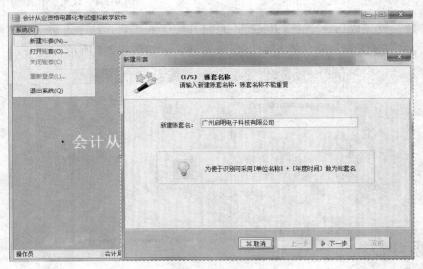

图 4-2-1　录入新建账套名称

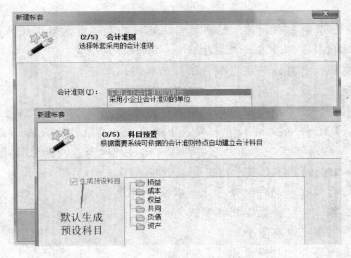

图 4-2-2　选择适用的会计准则和科目预置

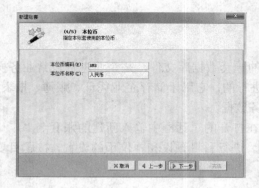
图 4-2-3 设置本位币

图 4-2-4 设置会计期间

上述参数设置完成后，单击"完成"，系统开始建立账套，这个过程大概需要几秒钟。账套建好后，"账套管理"对话框中会出现账套列表，如图 4-2-5 所示。

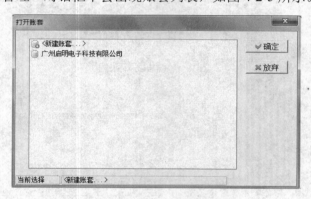
图 4-2-5 账套列表

例题精讲

【重点例题·单选题】下列关于账套数据库路径的表述中，不正确的是（   ）。
A. 数据库路径就是账套在计算机磁盘系统中的存放位置
B. 为便于查找，也可以将磁盘根目录作为数据库路径
C. 一般在硬盘上建立专门目录作为数据库路径
D. U 盘等移动储存介质根目录及其所有子目录不宜作为数据库路径
【答案与解析】B。一般应在计算机硬盘上建立专门目录作为数据库路径，不可以将路径指定到 U 盘等移动储存介质，切忌将数据库路径指定为磁盘的根目录。

【重点例题·单选题】下列关于账套的表述中，不正确的是（   ）。
A. 账套最好存放在移动存储介质上，以便于携带
B. 账套可以备份，以备数据损坏时恢复
C. 一台计算机中可以有多个账套
D. 账套就是一套会计数据文件

【答案与解析】A。账套是用于存放核算单位会计数据的实体，是一套会计数据文件。一个会计软件通常允许同时建立多个账套。为防止系统因故障或病毒感染等原因造成的数据丢失，用户应该定期对账套进行备份，并妥善保存。备份文件应一式两份，其中一份应放在移动磁盘上，以便在机器损坏或硬盘备份数据受破坏时使用。账套最好存放在硬盘上。

✎ 【重点例题·多选题】下列关于账套的表述中，正确的有（   ）。

   A. 账套数据库一般建立在硬盘根目录上

   B. 账套名称要便于记忆

   C. 账套就是一套会计数据文件

   D. 为便于数据备份，可将账套数据库建立在U盘上

【答案与解析】AC。见上一例题的解释。

✎ 【重点例题·判断题】通过账套管理功能，可以实现对用户在账套中的业务操作授权。

（   ）

【答案与解析】√。账套管理功能中包括对用户在账套中的操作权限设置。

➤ 巩固训练4-1

新建账套，输入信息如下：

账套名称：东莞华泽塑料有限公司。

适用的会计准则：小企业会计准则。

科目预置：生成预置科目。

本位币编码及名称：RMB人民币。

账套启用时间：2015年12月。

2. 设置账套相关信息

本考试软件里的账套属性也是账套的相关信息，主要包括单位档案和会计期间两个部分。其中，单位档案是指单位的一些基本信息，包括账套名称（一般是单位名称或简称）、适用的会计制度、本位币、单位法人、会计主管、单位地址、联系方式、税务登记号、纳税人类型等。通过单位档案的设置，可以使账套使用者了解单位的工商登记方面的一些基本情况，便于以后会计与税务等工作的开展。而会计期间是指通过设置会计期间，把企业持续不断的生产经营过程划分为较短的等距会计期间，以便分期结账和按时编制会计报表。

（1）会计期间

在电算化会计考试系统主界面，单击"设置"→"会计期间"，在打开的"账套属性-会计期间"对话框中可以设置和修改账套的启用日期，如图4-2-6所示。

✉ 知识拓展

1）会计年度以建账日所在年为准，其年度起始日和结束日分别默认为本年度第一天和最后一天。

2）账套启用日期是指正式使用本系统的日期。

3）启用会计期间不能在计算机系统日期之后。

4）账套设置完成后仍需重新注册方可进入系统。

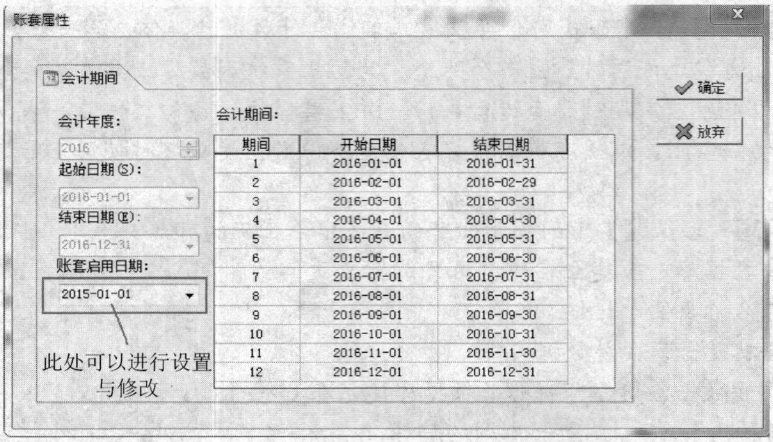

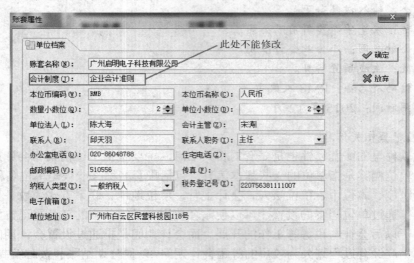

图 4-2-6 "账套属性-会计期间"对话框

（2）单位档案

在电算化会计考试系统主界面，单击"设置"→"单位档案"，在打开的"账套属性-单位档案"对话框中可以设置和修改单位的档案信息，如图 4-2-7 所示。

图 4-2-7 "账套属性-单位档案"对话框

注意事项

单位档案里除了适用的会计制度是在建账时确定，不能修改外，其他档案信息在此对话框中均可设置与修改。

➤ 巩固训练 4-2

1）修改账套启用日期：

操作员：系统主管；

账套名：123；

启用日期修改为 2015 年 11 月。

2）设置单位档案：

账套名称：东莞华泽塑料有限公司；

单位法人：李海洋；

纳税人类型：一般纳税人；

税务登记号：43300987××××××；

开户银行名称：广发银行前海支行；

开户银行账号：392000××××××。

3）设置记账本位币：

代码：USD；

名称：美元；

小数位：4。

二、管理用户并设置权限

1. 管理用户

用户是指有权登录系统，对会计软件进行操作的人员。管理用户主要是指将合法的用户增加到系统中，设置其用户名和初始密码或对不再使用系统的人员进行注销其登录系统的权限等操作。

2. 设置权限

在增加用户后，一般应该根据用户在企业核算工作中所担任的职务、分工来设置、修改其对各功能模块的操作权限。通过设置权限，用户不能进行没有权限的操作，也不能查看没有权限的数据。

【例4-1】完成表4-2-1中各业务操作人员及权限分工的设置。

表 4-2-1　各业务操作人员及权限分工

操作员名	访问口令	权　　限
马红光	888	拥有全部模块的管理限权
李崎	111	拥有账务处理、应收/应付管理、工资管理的权限
张丽	222	拥有账务处理和工资管理的权限

操作步骤：在会计电算化考试系统主界面，单击"设置"→"用户管理"，进入"操作员列表"窗口。单击"增加"，打开"新增操作员"对话框，在"操作员名"文本框中输入"马红光"，并在拥有的模块权限前打"√"，单击"确定"，系统将保存刚刚新建的用户信息，如图4-2-8所示。

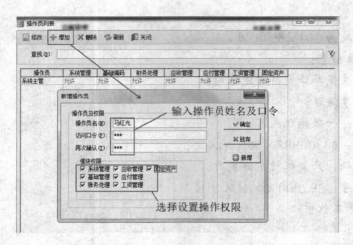

图 4-2-8　增加操作人员及权限

以相同的方法，重复以上操作步骤，依次添加其他用户。设置完成后，如图 4-2-9 所示。

图 4-2-9　"操作员列表"对话框

注意： 此处如果在"新增操作员"对话框中没有及时设置好操作权限，那么可以在打开的"操作员列表"对话框中选择需要修改的操作员记录，再单击菜单栏里的"修改"，打开"修改操作员"对话框，修改其操作权限并单击"确定"，如图 4-2-10 所示。

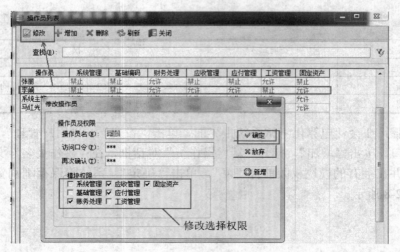

图 4-2-10　"修改操作员"对话框

➢ **巩固训练 4-3**

1）*在用户管理中新增两个用户：王建设、李开平。*

2）*在用户管理中给用户授权，如表 4-2-2 所示。*

表 4-2-2　新建用户

姓　名	密　码	用户权限
王建设	6688	应收/应付管理的权限
李开平	4455	固定资产系统的管理权限

三、设置系统公用基础信息

设置系统公用基础信息包括设置编码方案、基础档案、收付结算信息、凭证类别、外币和会计科目等。

1. 设置编码方案

设置编码方案是指设置具体的编码规则，包括编码级次、各级编码长度及其含义。其目的在于方便企业对基础数据的编码进行分级管理。设置编码的对象包括部门、职员、客户、供应商、科目、存货分类、成本对象、结算方式和地区分类等。编码符号能唯一地确定被标示的对象。

2. 设置基础档案

一个账套由若干个子系统组成，这些子系统共享公用的基础信息，基础信息是会计核算软件系统进行运行的基石，其不仅涉及财务信息，还涉及各个业务管理部门，如财务部、行政部、销售部等。

设置基础档案是后续进行具体核算、数据分类、汇总的基础，其内容一般包括设置企业机构信息（如企业部门档案、职员类型、职员档案等）、往来单位信息（如地区、单位类型、客户信息、供应商信息等）、企业财务信息（如会计科目、币种汇率、凭证类别等）和收付结算信息（如付款方式、付款条件等）。

（1）设置企业部门档案

设置企业部门档案一般包括输入部门编码、名称、属性、负责人、电话、传真等。其目的是方便会计数据按照部门进行分类汇总和会计核算。

本考试系统里部门档案只需填入部门编码和部门名称即可。

【例 4-2】设置企业部门档案，如表 4-2-3 所示。

表 4-2-3　设置企业部门档案

部门编码	部门名称	部门编码	部门名称
01	行政部	04	销售部
02	财务部	05	采购部
03	生产部	06	研发部

操作步骤： 单击"基础编码"→"部门"，在打开的窗口中单击"增加"，打开"新增部门"对话框，按题目要求输入相应信息，单击"确定"，关闭"部门"窗口。

在"新增部门"对话框的"部门编码"文本框中输入"01",在"部门名称"文本框中输入"行政部",如图 4-2-11 所示。单击"确定",再依次增加其他部门信息。

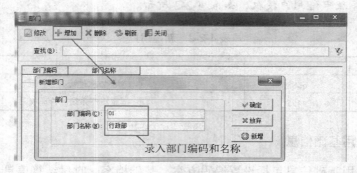

图 4-2-11　"新增部门"对话框

> ➤ 巩固训练 4-4
> 增加部门档案如下：
> 部门编码为 08，部门名称为工程部；
> 部门编码为 09，部门名称为设计部。

（2）设置职员类型

职员类型是根据职员所在的部门和从事的工作性质给出的职员分类标准，在工资分配时对生成凭证有一定的关联意义。

【例 4-3】设置职员类型，如表 4-2-4 所示。

表 4-2-4　设置职员类型

职员类型编码	职员类型名称
01	管理人员
02	生产人员
03	销售人员
04	研发人员

操作步骤：单击"基础编码"→"职员类型"，在打开的"职员类型"窗口中单击"增加"，打开"新增职员类型"对话框，按题目要求输入相应信息，单击"确定"，关闭"部门"窗口。

在"新增职员类型"对话框的"职员类型编码"文本框中输入"01"，在"职员类型名称"文本框中输入"管理人员"，如图 4-2-12 所示。单击"确定"，再依次增加其他职员类型。

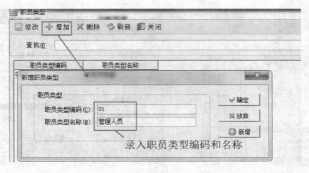

图 4-2-12 "新增职员类型"对话框

➤ **巩固训练 4-5**
增加职员类型如下：
职员类型编码为 05，职员类型名称为设计人员；
职员类型编码为 06，职员类型名称为离职人员。

（3）设置职员档案

【例 4-4】依次增加表 4-2-5 中的职员信息。

表 4-2-5 职员信息

职员编码	职员姓名	性别	所属部门	职员类型	扣税标准
001	彭磊	男	行政部	管理人员	中方人员：3500
002	徐红柳	女	行政部	管理人员	中方人员：3500
003	张丽	女	财务部	销售人员	中方人员：3500
004	马红光	男	财务部	管理人员	中方人员：3500
005	李崎	女	财务部	管理人员	中方人员：3500
006	赵方杰	男	销售部	销售人员	中方人员：3500
007	王飞	男	生产部	生产人员	中方人员：3500
008	张万年	男	生产部	生产人员	中方人员：3500
009	黎开发	女	采购部	管理人员	中方人员：3500
010	Peter	男	研发部	研发人员	外方人员：4800

操作步骤：单击"基础设置"→"职员"，在打开的"职员"窗口中单击"增加"，打开"新增职员"对话框，按题目要求输入相应的职员信息，单击"确定"，关闭"职员"窗口。

在"新增职员"对话框的"职员编号"文本框中输入"001"，在"职员姓名"文本框中输入"彭磊"，在"所属部门"下拉列表中选择"行政部"，在"职员类型"下拉列表中选择"管理人员"，如图 4-2-13 所示，然后打开"辅助信息"标签，选中"征收个人所得税"，在"扣税标准"下拉列表中选择"中方人员：3500 元"，如图 4-2-14 所示。完成后单击"确定"保存并退出，然后依次录入其他职员的信息。

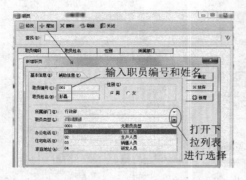

图 4-2-13 "新增职员-基本信息"对话框　　　图 4-2-14 "新增职员-辅助信息"对话框

➢ 巩固训练 4-6

修改职员信息如下：

将编号 001 的彭磊的当前职务设为总经理。

将编号 005 的李峰的当前职务设为会计。

（4）设置往来单位信息

往来单位是指因销售或采购等经济业务发生资金往来关系的单位，包括客户与供应商。

其中，客户是指与企业有销售业务往来核算关系的单位。设置客户信息是指对客户进行分类并设置其基本信息，一般包括输入客户编码、分类、名称、开户银行、联系方式等。其目的是方便企业录入、统计和分析客户数据、销售收入、应收账款业务数据。

供应商指与企业有采购业务往来核算关系的单位。设置供应商信息是指对供应商进行分类并设置其基本信息，一般包括输入供应商编码、分类、名称、开户银行、联系方式等。其目的是方便企业对采购、库存、应付账款等进行管理。

本软件里关于往来单位的信息里有地区类型、单位类型和选项，这也属于基础信息的范围，在此一并学习。

1）设置地区。

【例 4-5】依次增加表 4-2-6 中的地区信息。

表 4-2-6　新建地区

地区编码	地区名称
01	本省
02	东南地区
03	西北地区
04	华中地区

操作步骤：单击"基础编码"→"地区"，在打开的"地区"窗口中单击"增加"，打开"新增地区"对话框，按题目要求输入相应信息，单击"确定"，关闭"地区"窗口。

在"新增地区"对话框的"地区编码"文本框中输入"01"，在"地区名称"文本框中输入"本省"，如图 4-2-15 所示。单击"确定"，再依次增加其他地区信息。

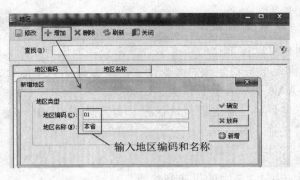

图 4-2-15 "新增地区"对话框

➤ 巩固训练 4-7

增加地区信息如下：

地区编码为05，地区名称为西南地区。

2）设置单位类型。

【例 4-6】依次增加表 4-2-7 中的单位类型信息。

表 4-2-7 新建单位类型

单位类型编码	单位类型名称
01	国有企业
02	民营企业
03	外商企业

操作步骤：单击"基础编码"→"单位类型"，在打开的"单位类型"窗口中单击"增加"，打开"新增单位类型"对话框，按题目要求输入相应信息，单击"确定"，关闭"地区"窗口。

在"新增单位类型"对话框的"单位类型编码"文本框中输入"01"，在"单位类型名称"文本框中输入"国有企业"，如图 4-2-16 所示。单击"确定"，再依次增加其他单位类型信息。

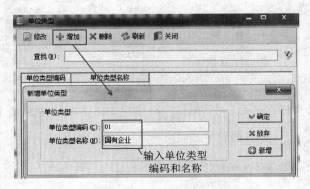

图 4-2-16 "新增单位类型"对话框

📧 知识拓展

1）单位类型的划分可以按单位的所有制性质来分，如国有企业、民营企业、外资企业等；也可按单位的规模大小来划分，如大型企业、中型企业和小微企业等；还可按单位的资信情况来划分，如 AAA 类、A 类、B 类、C 类等。

2）单位类型也可与科目一样进行级次区分，如可设想 01-01 表示"大型国有企业"、02-02 表示"中型民营企业"等。

3）设置供应商信息。

【例 4-7】依次增加表 4-2-8 中的供应商信息。

表 4-2-8　新建供应商

单位编码	单位名称	单位性质	所属类型	所属地区	付款条件
101	东莞明华塑料厂	供应商	外商企业	本省	30 天
102	福州华科电子元器件公司	供应商	民营企业	东南地区	现金
103	西安迅达科技公司	供应商	国有企业	西北地区	60 天

操作步骤：单击"基础编码"→"供应商"在打开的"供应商"窗口中单击"增加"按钮，打开"新增供应商"对话框，按题目要求输入相应信息，单击"确定"，关闭"供应商"窗口。

在"新增供应商"对话框的"单位编码"文本框中输入"101"，在"单位名称"文本框中输入"东莞明华塑料厂"，在"单位类型"下拉列表中选择"外商企业"，在"付款条件"下拉列表中选择"30 天"，如图 4-2-17 所示，然后打开"辅助信息"标签，在"所属地区"下拉列表中选择"本省"，如图 4-2-18 所示。完成后单击"确定"保存并退出，然后依次录入其他供应商的信息。

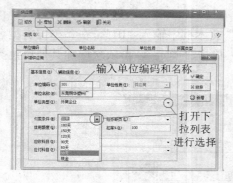

图 4-2-17　"新增供应商-基本信息"对话框

图 4-2-18　"新增供应商-辅助信息"对话框

4）设置客户信息。

【例 4-8】依次增加表 4-2-9 中的客户信息。

表 4-2-9　新建客户

单位编码	单位名称	单位性质	所属类型	所属地区	付款条件
201	长江电子商贸集团	客户	国有企业	华中地区	60 天
202	深圳华润商场	客户	民营企业	本省	现金
203	厦门 ABC 国际集团	客户	外商企业	东南地区	30 天

操作步骤：单击"基础编码"→"客户"，在打开的"客户"窗口中单击"增加"，打开"新增客户"对话框，按题目要求输入相应信息单击"确定"，关闭"客户"窗口。

在"新增客户"对话框的"单位编码"文本框中输入"201"，在"单位名称"文本框中输入"长江电子商贸集团"，在"单位类型"下拉列表中选择"国有企业"，在"付款条件"下拉列表中选择"60 天"，如图 4-2-19 所示，然后打开"辅助信息"标签，在"所属地区"下拉列表中选择"华中地区"，如图 4-2-20 所示。完成后单击"确定"保存并退出，然后依次录入其他客户的信息。

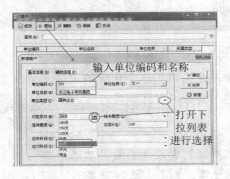

图 4-2-19　"新增客户-基本信息"对话框　　　图 4-2-20　"新增客户-辅助信息"对话框

➢ 巩固训练 4-8

增加往来单位信息如下：

单位编码为 105，单位名称为绿色集团，单位性质为供应商，信用额度为人民币 30 000 元，所属地区为西北地区，单位类型为民营企业，单位地址为北京市海淀区上地五街 33 号。

（5）设置收付结算方式

设置收付结算方式一般包括设置结算方式编码、结算方式名称等。其目的是建立和管理企业在经营活动中所涉及的货币结算方式，方便银行对账、票据管理和结算票据的使用。

在本考试系统里，该功能统一称为付款方式，并且系统里已有八种常见的结算方式，操作人员可根据需要进行增减和修改。

【例 4-9】　新增付款方式，如表 4-2-10 所示。

表 4-2-10　新增付款方式

付款方式编码	付款方式名称	票据管理
09	本票	需要

操作步骤：单击"基础编码"→"付款方式"，在打开的"付款方式"窗口中单击"增加"按钮，打开"新增付款方式"对话框，按题目要求输入相应信息，单击"确定"，关闭"付款方式"窗口。

在"新增付款方式"对话框的"付款方式编码"文本框中输入"09"，在"付款方式名称"文本框中输入"本票"，如图4-2-21所示，单击"确定"。

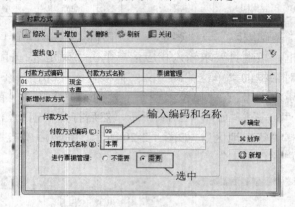

图 4-2-21 "新增付款方式"对话框

注意：如若修改或删除某种付款方式，只需要在此窗口里选中相应的记录，单击菜单栏里的"修改"或"删除"即可，在此不一一举例，读者可自行练习。

📧 知识拓展

1）"进行票据管理"是系统为出纳对银行结算票据的管理而设置的功能，类似于手工会计中的支票登记簿的管理方式。若需要实施票据管理，则要勾选"需要"。

2）已经使用的付款方式不能被删除和修改。

➢ 巩固训练4-9

修改付款方式如下：

将支票、银行汇票、商业汇票等付款方式修改为"需要票据管理"。

（6）设置付款条件

付款条件是给往来单位制定的关于付款期限及优惠折扣方面的规定，即会计实务中所称的现金折扣。本考试系统的付款条件功能里已经设有七种条件，但没有相应的优惠付款条件，因此不完整。读者可以在此功能里进行补充修改、新增、删除等操作。

【例4-10】设置付款条件，如表4-2-11所示。

表 4-2-11 设置付款条件

付款条件编码	付款条件名称	到期日	优惠日及对应折扣率					
			优惠日1	折扣率1	优惠日2	折扣率2	优惠日3	折扣率3
30D	30天	30	10	5%	20	3%		
60D	60天	60	20	4%	40	2%	50	1%

　　操作步骤: 单击"基础编码"→"付款条件",在打开的"付款条件"窗口中选中"30D"记录,单击"增加",打开"修改付款条件"对话框,按题目要求输入优惠日及折扣率等信息,单击"确定",关闭"付款条件"窗口。

　　在"修改付款条件"对话框中,确认付款条件是"30D",在序号 1 对应的"优惠日"文本框中输入"10","折扣率"文本框中输入"5";在序号 2 对应的"优惠日"文本框中输入"20","折扣率"文本框中输入"3",如图 4-2-22 所示,单击"确定"。

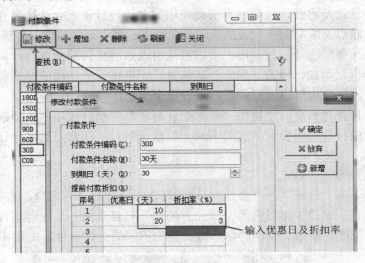

图 4-2-22　"修改付款条件"对话框

📧 知识拓展

　　1）设置付款条件要遵循优惠日应递增,而对应的折扣率应递减的规律,即优惠日 1 应小于优惠日 2,优惠日 2 应小于优惠日 3,而折扣率 1 应大于折扣率 2,折扣率 2 应大于折扣率 3。

　　2）所有的优惠日均不能大于到期日。

　　3）还应注意这里的折扣率和往来单位中的折扣率不是同一概念。这里的折扣率是现金折扣,是为了鼓励购货方尽早付款而给予的一定现金结算折扣优惠;而往来单位中的折扣率是商业折扣,是指购货方在购货时直接获得的价格折扣。

❧ 第三节　账务处理模块的应用 ❧

　　会计信息系统是向企业内外有关部门提供企业经营成果和财务状况信息的数据处理系统。一个完整的会计信息系统由若干会计信息子系统构成。这些子系统包括工资管理、固定资产管理、应收应付管理、账务处理等。账务处理（也称为总账模块）是整个会计信息系统的核心和基础。

　　从功能上看,账务处理最基本的功能应包含系统初始化（建账）、编制记账凭证、凭证审核、出纳签字、记账、对账、结账等。在本会计电算化考试软件中，账务处理模块也就是总账管理模块。

下面通过边读书边操作的方式来介绍账务处理的基本功能和具体运用。

一、账务处理模块初始化工作

1. 设置会计科目

设置会计科目就是将会计核算时所需要使用的会计科目录入会计核算软件中。会计科目是会计核算的起点及编制记账凭证的基础，在设置过程中遵循科学、合理、适用的原则。系统通常会提供预置的会计科目，用户可以直接引入系统提供的预置会计科目，在此基础上根据需要，查询、增加、修改、删除会计科目，如果企业所使用的会计科目与预置的会计科目相差较多，用户也可以根据需要自行设置全部会计科目。

本考试软件在新建账套时已提供"预置会计科目"的功能选项，一经选用，在建好的账套中就已经生成符合选用会计制度的全部一级会计科目。在此，通过会计科目查询功能查看一下即可。

（1）查询预置的会计科目

操作步骤：单击"总账"→"会计科目"，打开"会计科目"窗口，查看科目。

在"会计科目"窗口中可以查看全部已有的会计科目。另外，读者也可选择该窗口内的不同标签，如资产、负债、共同等，来分类查询不同的会计科目，如图4-3-1所示。

图4-3-1　"会计科目-资产类"窗口

（2）新增会计科目

按照国家统一的会计准则制度要求，会计科目按其性质划分为资产类、负债类、共同类、所有者权益类、成本类和损益类共六种类型。用户可以选择一级会计科目所属的科目类型。如果增加的是二级或其以下会计科目，则系统将自动与其一级会计科目类型保持一致，用户不能更改。

会计科目编码按照会计科目编码规则进行。在对会计科目编码时，一般应遵守唯一性、统一性和扩展性原则。

会计科目名称可以是汉字、英文字母、数字等符号，但不能为空。而且在同一级不能重复，尽量突出特点且精简，符合会计制度的一般要求。

【例4-11】新增会计科目，如表4-3-1所示。

表4-3-1　新增会计科目

科目编码	科目名称	科目类别	科目性质	余额方向	辅助核算
1002-01	工行存款	资产	银行	借	
1002-02	广发银行	资产	银行	借	
1221-01	员工借款	资产	应收	借	
1403-01	集成电路板	资产	存货	借	数量核算（单位：块）
1403-02	液晶屏	资产	存货	借	数量核算（单位：套）
1405-01	小灵通计算器	资产	存货	借	数量核算（单位：个）
1405-02	智慧学习机	资产	存货	借	数量核算（单位：台）
2221-01	应交增值税	负债	其他	贷	
2221-01-01	进项税额	负债	其他	贷	
2221-01-02	销项税额	负债	其他	贷	
6602-01	办公费	损益	其他	借	部门核算
6602-02	工资	损益	其他	借	部门核算
6602-03	差旅费	损益	其他	借	部门核算、职员

操作步骤： 单击"基础编码"（或"总账"）→"会计科目"，在打开的"会计科目"窗口中单击"增加"，打开"新增会计科目"对话框，按题目要求输入相应信息（注意：选择"科目类别"后，对应的"余额方向"），单击"确定"，关闭"会计科目"窗口。

在"新增会计科目"对话框中依次输入科目代码"1002-01"和科目名称"工行存款"，选择科目类别为"资产"、科目性质为"银行"，余额方向为"借方"，如图4-3-2所示，单击"确定"，再依次新增其他的会计科目。

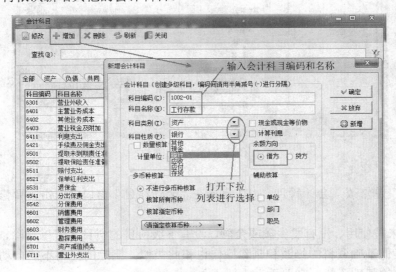

图4-3-2　"新增会计科目"对话框

注意：会计科目的编码要遵循编码规则，本考试软件的下级明细编码与上级编码之间要用"-"分开，而且要用英文书写格式，否则不能保存。

➤ 巩固训练 4-10

在会计科目"1101 交易性金融资产"下设置两个明细科目，相关资料如表 4-3-2 所示。

表 4-3-2　明细科目相关资料

科目代码	科目名称	科目类别	性质	余额方向
1101-01	股票	资产	其他	借方
1101-02	债券	资产	其他	借方

（3）修改和删除会计科目

【例 4-12】修改会计科目"1221—01 员工借款"的辅助核算类型为"部门、职员"。

操作步骤：单击"基础编码"→"会计科目"在打开的"会计科目"窗口中选中会计科目"1221—01 员工借款"，单击"修改"，打开"修改科目"对话框，按题目要求选择辅助核算——"部门、职员"，单击"确定"，关闭"会计科目"窗口。

在"修改科目"对话框中选中需要修改的会计科目"1221 员工借款"，单击工具栏中的"修改"，在打开的"修改科目"对话框中修改对应数据，如图 4-3-3 所示，然后单击"确定"并退出。删除会计科目时，选中要删除的会计科目，单击"删除"进行操作即可。

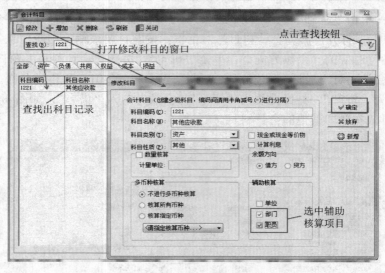

图 4-3-3　修改会计科目

注意：

1）如果仅是修改某会计科目，也可直接在"会计科目"窗口中双击需要修改的会计科目进行修改。

2）只有未被使用、没有发生额或余额、没有下级科目的科目才可以删除，否则系统不允许删除，其他基础资料的修改和删除操作也和此类似。删除的资料不能自动恢复，如果要使用被删除的基础资料，需要手工重新录入。

📧 **知识拓展**

1）辅助核算功能用于设置会计科目是否有辅助核算。辅助核算的目的是实现对会计数据的多元分类核算，为企业提供多样化的信息。辅助核算一般包括部门核算、个人往来核算、客户往来核算、供应商往来核算、项目核算等。辅助核算一般设置在末级科目上。某一会计科目可以同时设置多种相容的辅助核算。

2）本考试系统提供了单位、部门、职员等核算项目作为辅助核算，其功能与该科目的明细科目作用类似，但具有更大的灵活性，如一个核算项目可以挂接到不同的科目上。已有数据的会计科目，不能直接修改和删除，应先将该科目及其下级科目的数据删除后再进行修改和删除。

3）删除科目后不能直接恢复，只能通过科目增加功能重新增加被删除的科目。

➤ **巩固训练 4-11**

1）修改会计科目"1121 应收票据"的辅助核算类型为"单位"。

2）删除会计科目"1821 独立账户资产"。

2. 设置外币币种及汇率

设置外币是指当企业有外币核算业务时，设置所使用的外币币种、核算方法和具体汇率。用户可以增加、删除币别。通常在设置外币时，需要输入币符、币名、固定汇率或浮动汇率、记账汇率和折算方式等信息。

本考试系统提供的外币币种和汇率设置功能没有固定汇率和和浮动汇率之分。

【例 4-13】设置外币币种及汇率，如表 4-3-3 所示。

表 4-3-3　币别信息

币种编码	币种名称	币种小数位	汇率小数位	折算方式	记账汇率
EUR	欧元	2	4	原币×汇率＝本位币	7.149 1
JPY	日元	2	4	原币÷汇率＝本位币	15.532 0

操作步骤：单击"总账"（或"基础编码"）→"币种汇率"，在打开的"币种汇率"中单击"增加"，打开"新增币种"对话框，按题目输入相应的币种信息，单击"确定"，关闭"币种汇率"窗口。

打开"新增币种"对话框，在"币种编码"文本框中输入"EUR"，在"币种名称"文本框中输入"欧元"，币种小数位选择"2"，汇率小数位选择"4"，折算方式选择"原币×汇率＝本位币"，在"汇率"栏输入"7.149 1"，如图 4-3-4 所示。最后单击"确定"保存，再依相同方法设置另一种外币币种及汇率。

3. 设置凭证类别

设置凭证类别是指对记账凭证进行分类编制。用户可以按照企业的需求选择或自定义凭证类别。凭证类别设置完成后，用户应该设置凭证类别限制条件和限制科目，两者组成凭证类别校验的标准，供系统对录入的记账凭证进行输入校验，以便检查录入的凭证信息和选择的凭证类别是否相符。

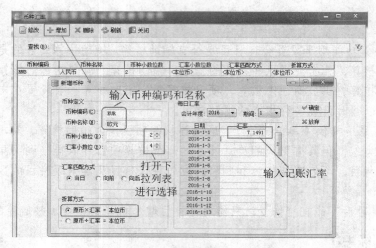

图 4-3-4　"新增币种"对话框

在会计软件中，系统通常提供的限制条件包括借方必有、贷方必有、凭证必有、凭证必无、无限制等。凭证类别的限制科目是指限制该凭证类别所包含的科目。在记账凭证录入时，如果录入的记账凭证不符合用户设置的限制条件或限制科目，则系统会提示错误，要求修改，直至符合为止。

本会计电算化考试软件允许用户按自己的习惯划分凭证类型。每一种类型的凭证通常用一个或两个字来表示，称为凭证字。实际凭证类别一般分为收款凭证、付款凭证、转账凭证，对应的凭证字可设置为"收"、"付"、"转"。其中收款凭证按照收款的内容可分为现金收款凭证和银行收款凭证，凭证字可以设为"现收"、"银收"；付款凭证也可分为现金付款凭证和银行付款凭证，对应的凭证字设为"现付"和"银付"；也可只采用通用记账凭证，对应的凭证字直接设置为"记"。

【例 4-14】设置凭证类型，如表 4-3-4 所示。

表 4-3-4　凭证类型

编码	名称	格式	限制类型	限制科目
收	收款凭证	收款凭证	借方必有	科目 1：库存现金；科目 2：银行存款
付	付款凭证	付款凭证	贷方必有	科目 1：库存现金；科目 2：银行存款
转	转账凭证	转账凭证	凭证必无	科目 1：库存现金；科目 2：银行存款

操作步骤：单击"总账"→"凭证类型"，打开"凭证类型"窗口，单击"增加"，打开"新增凭证类型"对话框，按题目要求填入相关信息，单击"确定"，关闭"凭证类型"窗口。

打开"新增凭证类型"对话框，在"编码"文本框中输入"收"，在"名称"文本框中输入"收款凭证"，"借方必有科目"选项组的"科目 1"对应选择"库存现金"，"科目 2"对应选择"银行存款"，如图 4-3-5 所示。单击"确定"，再依相同方法新增其他的凭证类型。

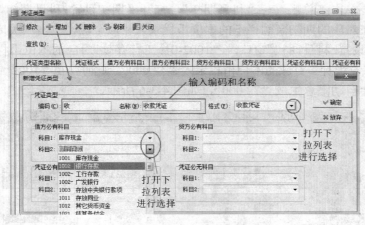

图 4-3-5 "新增凭证类型"对话框

注意：如若修改或删除某种凭证类型，只需要在"凭证类型"窗口里选中相应的记录，单击菜单栏里的"修改"或"删除"即可，在此不一一举例，读者可自行进行练习。

➢ 巩固训练 **4-12**

1）新增凭证类型，如表 4-3-5 所示。

表 4-3-5 凭证类型

编码	名称	格式	限制类型	限制科目
现收	现收凭证	收款凭证	借方必有	科目 1：库存现金
银收	银收凭证	收款凭证	借方必有	科目 1：银行存款
现付	现付凭证	付款凭证	贷方必有	科目 1：库存现金
银付	银付凭证	付款凭证	贷方必有	科目 1：银行存款
转	转账凭证	转账凭证	凭证必无	科目 1：库存现金； 科目 2：银行存款

2）新增凭证类型如下：

编码为记，名称为"记账凭证"，格式为"记账凭证"，无限制。

4. 录入科目初始数据

会计科目初始数据录入是指第一次使用账务处理模块时，用户需要在开始日常核算工作前将会计科目的初始余额以及发生额等相关数据输入系统中。

在系统中一般只需要对末级科目录入期初余额，系统会根据下级会计科目自动汇总生成上级会计科目的期初余额。如果会计科目设置了数量核算，用户还应该输入相应的数量和单价；如果会计科目设置了外币核算，用户应该先录入本币余额，再录入外币余额；如果会计科目设置了辅助核算，用户应该从辅助账录入期初明细数据，系统会自动汇总并生成会计科目的期初余额。

【例 4-15】录入以下科目的初始数据：

1002-01 工行存款：40 000 元；

1002-02 广发银行：32 000 元。

操作步骤： 单击"总账"→"科目期初"，打开"期初设置-科目期初"窗口，找到对应会计科目，在对应的期初余额栏下的本位币栏录入相应金额，单击"关闭"。

打开"期初设置-科目期初"窗口，在"1002-01 工行存款"对应的本位币栏录入"40 000"，在"1002-02 广发银行"对应的本位币栏录入"32 000"。此时，在"1002 银行存款"对应的本位币栏就会自动汇总生成"72 000"，如图 4-3-6 所示。

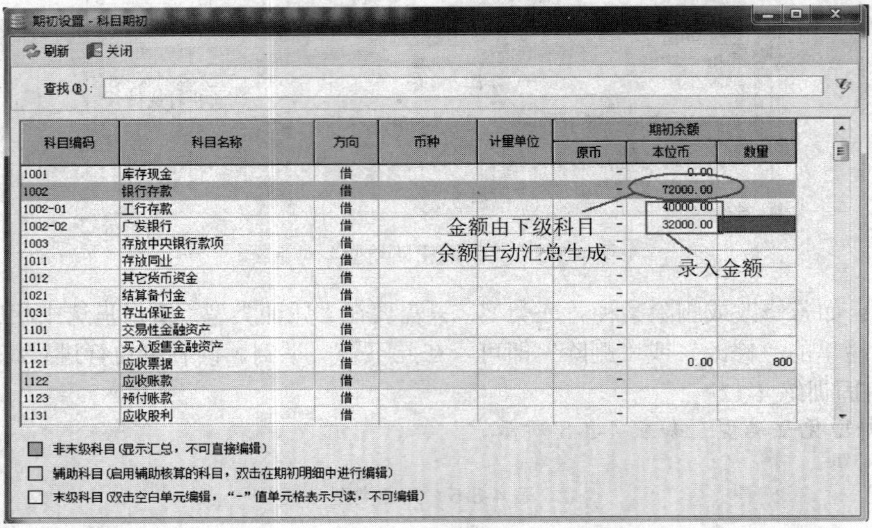

图 4-3-6　科目期初录入——有下级明细的科目

注意： 没有明细科目的会计科目的期初余额可以直接录入，如有明细科目，其余额必须从最末级科目录入，系统会自动汇总生成上一级科目的余额。

【例 4-16】 录入科目初始数据，"1122 应收账款"的期初余额为 63 000，明细资料如表 4-3-6 所示。

表 4-3-6　客户初始数据

名称	期初金额	业务发生日期
长江电子商贸集团	15 000	2015-12-10
深圳华润商场	48 000	2015-12-18

操作步骤： 单击"总账"→"科目期初"，打开"期初设置-科目期初"窗口，找到"应收账款"科目，双击对应的期初余额栏下的本位币栏，打开"科目期初明细"对话框，录入相应的单位和金额，单击"关闭"。

找到"应收账款"对应的记录栏，由于此科目设置了"客户"核算项目，因此不能在对应的"期初余额"文本框中直接录入数据，而要先双击本位币栏，再在"科目期初明细"对话框中录入相应的客户余额资料，如图 4-3-7 所示。

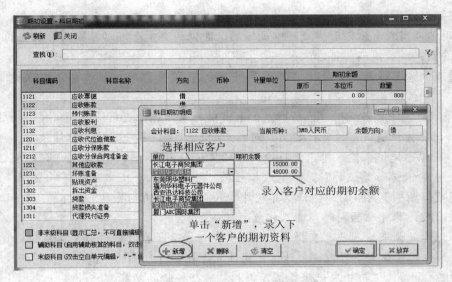

图 4-3-7 科目期初录入——有辅助核算项的科目

注意： 科目下设有核算项目时，必须按核算项目明细录入，不能直接录入，必须先单击后面的"√"，再在打开的对话框中录入数据。

➤ 巩固训练 4-13

1）录入表 4-3-7 的科目初始数据。"1221-01 员工借款"的年初余额为 3 000 元，明细资料如表 4-3-7 所示。

表 4-3-7 员工初始数据

员工名称	期初金额	业务发生日期
徐红柳	1 000	2015-11-25
赵方杰	2 000	2015-12-10

2）录入表 4-3-8 的科目初始数据。

表 4-3-8 科目代码及名称初始数据

科目代码及名称	年初数量	年初余额
140-01 集成电路板	100	100 000
1405-01 小灵通计算机	200	26 000

✍ 例题精讲

✎ 【重点例题·单选题】下列关于账务处理模块初始化工作的表述中，正确的是（ ）。

A. 可以设置多个记账本位币

B. 企业最多能设置三种凭证类型

C. 会计科目一旦设定即不能删除

D. 会计期间设置完成后不能再进行修改

【答案与解析】D。账务处理模块初始化工作中，记账本位币只能设置一个；会计科目在没用被调用或有余额时，是可以删除的；凭证的类型是可以根据需要设置的，但会计期间设置完成后便不能再修改。

✎【重点例题·多选题】会计电算化条件下，下列关于原始凭证输入的要求中正确的有（   ）。

A. 会计软件应当提供对已经输入但未审核的原始凭证进行修改和审核的功能

B. 记账凭证通过审核或记账后，对相应的原始凭证不能直接进行修改

C. 在记账凭证未输入时，直接输入原始凭证，由会计软件自动生成记账凭证

D. 在输入记账凭证的同时，输入相应原始凭证

【答案与解析】ABCD。会计核算软件输入原始凭证的相关要求如下：

1）输入记账凭证的同时，输入相应原始凭证。

2）记账凭证未输入前，直接输入原始凭证，由会计核算软件自动生成记账凭证。

3）如原始凭证需要修改，会计核算软件应当在留有痕迹的前提下，提供修改和对修改后的机内原始凭证与相应记账凭证是否相符进行校验的功能。

✎【重点例题·多选题】会计核算软件在初始化时需要进行用户设置，设置内容主要包括（   ）。

A. 登录密码　　　　　　　　　B. 操作权限

C. 姓名　　　　　　　　　　　D. 登录名

【答案与解析】ABCD。会计核算软件初始化工作中的用户设置内容包括登录名、用户姓名、登录密码和操作权限等。

✎【重点例题·判断题】设置凭证类别时，可以限制不同类别凭证可以使用的科目，也可以规定不能使用的科目。　　　　　　　　　　　　　　　　　（   ）

【答案与解析】√。设置凭证类别时，可以按照不同的凭证类别设置"凭证必有"、"凭证必无"来限定可以使用或不可以使用的会计科目。

二、日常账务处理操作

账务处理系统的日常业务处理就是利用各功能完成企业的日常会计核算，主要是根据相关业务资料及原始单据，利用会计核算软件，完成记账凭证录入、凭证审核、凭证查询及修改、记账、结账等工作，某系统流程结构如图4-3-8所示。

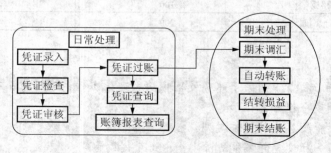

图 4-3-8　系统流程结构

1. 凭证录入

在日常账务处理中，工作量最大的是记账凭证录入。会计凭证是整个会计核算系统的主要数据来源，是决定系统输出报表结果正确与否的基础，也是整个核算系统的基础，它的正确性直接影响到整个会计信息系统的真实性、可靠性，因此系统必须保证会计凭证录入数据的正确性。

由于对各个科目的核算要求不同，因此反映不同经济业务的凭证需要录入的内容也不尽相同。日常工作中的凭证一般分为如下三种。

（1）普通凭证录入

【例4-17】根据经济业务的发生情况编制记账凭证，具体业务如下：

1）1月3日从广发银行提取现金20 000元，用于日常业务支出，支票号为5412003058。

摘要：提取备用金

借：库存现金　　　　　　　　　　　　　　　　　　　　　　　　　　　20 000

　　贷：银行存款——广发银行　　　　　　　　　　　　　　　　　　　　20 000

2）1月8日上月购买集成电路板500块，单价180元，已经运到且验收入库。附单据1张。

摘要：材料入库

借：原材料——集成电路板　　　　　　　　　　　　　　　　　　　　　90 000

　　贷：在途物资　　　　　　　　　　　　　　　　　　　　　　　　　　90 000

3）1月10日行政部购买办公用品800元，款项以现金付讫。附单据2张。

摘要：购买办公用品

借：管理费用——办公费　　　　　　　　　　　　　　　　　　　　　　　800

　　贷：库存现金　　　　　　　　　　　　　　　　　　　　　　　　　　　800

操作步骤：以会计李崎的身份登录账套，单击"总账"→"填制凭证"，修改日期（按经济业务发生的日期进行修改），选择正确的凭证类别，根据题目信息，在记账凭证里录入正确的会计分录（包括摘要、科目、借贷方向、金额等），单击"确定"。

在"记账凭证"窗口中，选择日期，即业务日期为"2016年1月3日"，选择凭证字号为"付"，凭证号"1"系统自动生成。单击"摘要"栏的第一行，录入"提取备用金"。双击"科目"栏的第一行，则打开"会计科目"对话框，选择并单击"1001 库存现金"，则"1001 库存现金"科目就填入了"科目"栏内（直接录入科目代码1001也可以）。单击"借方"栏（或按Enter键），录入"20 000"。

双击"科目"栏的第二行，打开"会计科目"对话框，双击"1002-02 广发银行"，在"贷方"栏中录入"20 000"。在弹出的录入框的"付款方式"文本框中选择"02 支票"，在"票据号"文本框中录入"5412003058"（提示：录入银行存款类科目时，"付款方式"和"票据号"处于激活状态）。

填完凭证后，单击"确定"保存，再依次录入另外两张凭证，如图 4-3-9～图 4-3-11所示。

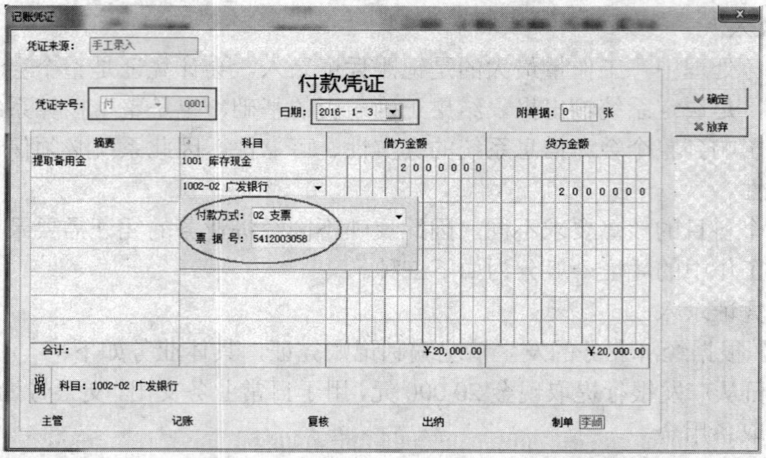

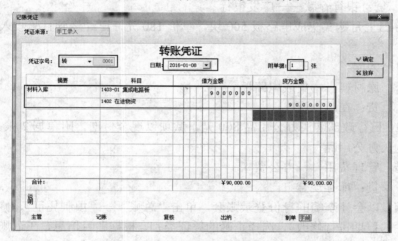

图 4-3-9 "1 月 3 日记账凭证"界面

图 4-3-10 "1 月 8 日记账凭证"界面

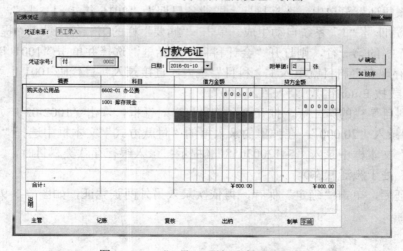

图 4-3-11 "1 月 10 日记账凭证"界面

📧 **知识拓展**

1）约束条件：当凭证的借贷不平衡时，系统不能保存。凭证的制单日期，只允许录入未结账月份的记账凭证。

2）凭证类型：凭证类型可以直接从下拉列表中选择。判断收、付、转凭证的方法：当现金或银行存款科目在借方时，该凭证为收款凭证；当现金或银行存款科目在贷方时，该凭证为付款凭证；当借方和贷方均无库存现金或银行存款时，该凭证为转账凭证；当借方和贷方都有库存现金或银行存款时，该凭证为付款凭证。

3）凭证附件：附件是附着在记账凭证后面的原始凭证。在"附单据数"处，如题目无要求可以按 Enter 键通过，也可按题目要求录入单据数量。

4）凭证摘要：摘要是对经济业务的简要文字概述。正文中不同行的摘要可以相同，也可以不同，第一行摘要不能为空。

5）其他：本考试软件的凭证编号由系统自动生成。凭证一旦保存，其凭证类型、凭证编号不得修改。

（2）带辅助核算项目凭证录入

【例4-18】1月13日收到厦门 ABC 国际集团的上月货款 200 000 元，支票已于当天存入工行账户（票据号：00251456），编制相关记账凭证。

操作步骤：在"摘要"栏的第一行录入"收到 ABC 集团欠款"，在"科目"栏中选择"1002-01 工行存款"，录入金额"20 000"。在"科目"栏第二行选择"1122 应收账款"，在弹出的录入框的"单位"文本框中选择"203 厦门 ABC 国际集团"，在"贷方"栏录入"20 000"，如图 4-3-12 所示，单击"确定"。

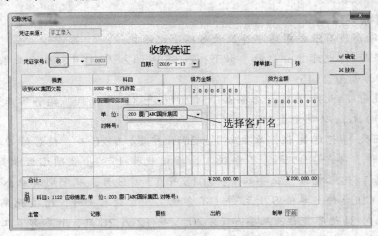

图 4-3-12 核算项目会计科目录入

📧 **知识拓展**

在凭证实时校验时，系统会对凭证内容的合法性进行校验。校验的内容包括：

1）会计科目是否存在，即会计科目是否是初始化时设置的会计科目。

2）会计科目是否为末级科目。

3）会计科目是否符合凭证的类别限制条件。

4）发生额是否满足"有借必有贷，借贷必相等"的记账凭证要求。

5）凭证必填内容是否填写完整。

6）手工填制凭证号的情况下还需校验凭证号的合理性。

例题精讲

【重点例题·多选题】在会计电算化条件下，下列各项中属于会计数据处理功能基本要求的有（　　）。

A. 会计核算软件应当具有记账功能

B. 会计核算软件应当具有自动编制会计报表的功能

C. 会计核算软件应当提供自动进行银行对账的功能

D. 会计核算软件应当提供按照规定的会计期间结账的功能

【答案与解析】ABCD。以上四项均是会计数据处理功能的基本要求。

【重点例题·判断题】输入凭证时，科目可以是最末级的明细科目，也可以是含明细科目的总账科目。（　　）

【答案与解析】×。输入凭证时，选择的科目下如果有明细科目的，只能选最末级明细科目，跟录入期初余额是同样的道理。

【重点例题·判断题】正确输入的收款凭证贷方科目或付款凭证借方科目不是现金或银行存款的，会计软件应当予以提示并拒绝保存。（　　）

【答案与解析】×。收款凭证的借方科目或付款凭证的贷方科目不是现金或银行存款的，会计软件应当予以提示并拒绝保存。

> **巩固训练4-14**

在东莞华泽塑料有限公司的账套里录入以下记账凭证：

1）编制银付1#记账凭证，业务如下：2015年12月4日，从农业银行提取备用金10 000元，结算号为2345。

2）编制现付1#记账凭证，业务如下：2015年12月6日，销售部王小明出差，预借差旅费8 000元，以现金支付。

3）编制银收1#记账凭证，业务如下：2015年12月10日，销售给力源贸易有限公司商品1 000件，单价800元（不含税），增值税率17%，款项已经收到。

4）编制转1#记账凭证，业务如下：2015年12月5日，从中明实业公司采购A材料并入库，数量1 000件，单价5.8元/件（不含税），货款未支付，增值税率17%。

5）编制银付3#记账凭证，业务如下：2015年12月26日，财务部员工王小小购买办公用品一批，共5 600元，以转账支票支付，支票号为600074323。

2. 凭证查询

【例4-19】查询2016年1月全部未过账凭证。

操作步骤：以会计李崎的身份登录账套，单击"总账"→"凭证管理"，打开"凭证列表"窗口，查询没有记账签名的全部凭证。

本考试系统在"凭证列表"窗口里没有设置"查询条件"选项卡，因此打开该窗口后查询记账栏没有签名的即为未"过账"凭证记录，如图 4-3-13 所示。

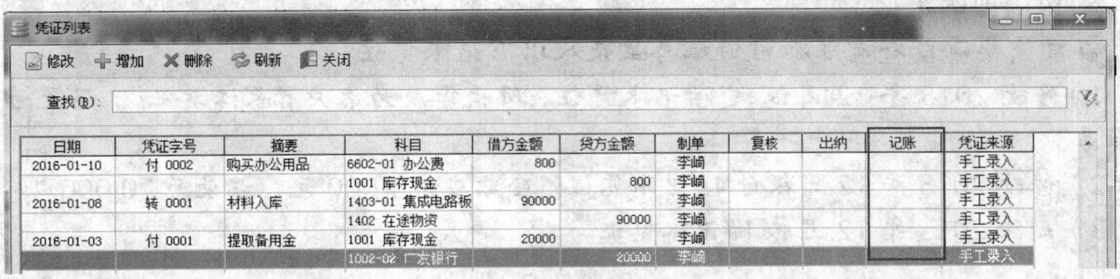

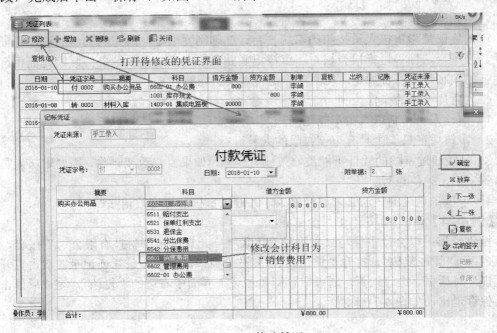

图 4-3-13 凭证查询——"凭证列表"窗口

> ➤ **巩固训练 4-15**
1）查找并打开 2016 年 1 月转 0001 号记账凭证。
2）查找 2016 年 1 月全部未审核凭证。

3. 凭证修改
在没有审核和过账的凭证中发现错误时，可以直接进行修改。

【例 4-20】 经审核发现，2016 年 1 月付 0002 号凭证，办公用品系销售部购买使用，而非行政部，请修改该凭证。

操作步骤：以会计李崎的身份登录账套，单击"总账"→"凭证管理"，打开"凭证列表"窗口，选中"付 0002 凭证"，单击"修改"，在"记账凭证-修改"对话框中对凭证进行修改，完成后单击"保存"，如图 4-3-14 所示。

图 4-3-14 修改凭证

注意：凭证修改与凭证查询的界面十分相似，所以要注意标题栏，在查询界面下是不能进行凭证修改操作的。

➤ **巩固训练 4-16**

在东莞华泽塑料有限公司的账套里录入以下记账凭证：

1）修改 2015 年 12 月银收 1#记账凭证，所收货款为客户"长江实业"，误录为"力源贸易"。

2）修改 2015 年 12 月银付 1#记账凭证，金额应为 1 000 元，误录为 10 000。

3）删除 2015 年 12 月转 1#记账凭证。

📧 **知识拓展**

1）修改已审核而未记账的凭证：经过审核人员审核，并已签章而未记账的凭证，如果存在错误需要修改，应该由审核人员首先在审核模块中取消对该凭证的审核标志，使凭证恢复到未审核状态，然后由制单人员对凭证进行修改。

2）修改已经记账的凭证：会计软件应当提供不可逆的记账功能，确保对同类已记账凭证的连续编号，不得提供对已记账凭证的删除和插入功能，不得提供对已记账凭证日期、金额、会计科目和操作人员的修改功能。

3）修改他人制作的凭证：如果需要修改他人制作的凭证，在账务处理模块参数设置中需要勾选允许修改他人凭证的选项，修改后凭证的制单人将显示为修改凭证的操作人员。如果参数设置中选择不允许修改他人凭证，该功能将不能被执行（本考试软件没有此设置，但一般常用会计电算化软件适用此设置规定）。

4. 凭证审核和出纳签字

（1）凭证审核功能

审核凭证是指审核人员按照国家统一会计准则制度规定，对完成制单的记账凭证的正确性、合规合法性等进行检查核对，审核记账凭证的内容、金额是否与原始凭证相符，记账凭证的编制是否符合规定，所附单据是否真实、完整等。

（2）凭证审核的操作控制

1）审核人员和制单人员不能是同一人。

2）审核凭证只能由具有审核权限的人员进行。

3）已经通过审核的凭证不能被修改或者删除，如果要修改或删除，需要审核人员取消审核签字后，才能进行。

4）审核未通过的凭证必须进行修改，并通过审核后方可被记账。

【例 4-21】审核 2016 年 1 月全部凭证。

操作步骤：以会计主管马红光的身份登录"广州启明电子科技有限公司"账套，单击"总账"→"凭证复核"，打开"凭证列表-复核"窗口，选中一条凭证记录，双击打开"记账凭证"对话框，进行检查，通过审核即单击凭证界面中右边的"复核"，完成后单击"确定"保存退出，如图 4-3-15 所示。

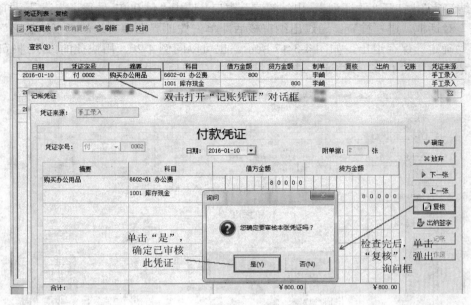

图 4-3-15　审核凭证

　　也有快捷的操作方法，即打开"凭证列表-复核"窗口，选中需要审核的凭证，无需打开"记账凭证"对话框，直接单击界面上方菜单栏中的"凭证复核"，在弹出的询问框里单击"确定"即表示审核通过，系统会在审核人处进行签章，如图 4-3-16 所示。再依相同方法进行其他凭证的审核。

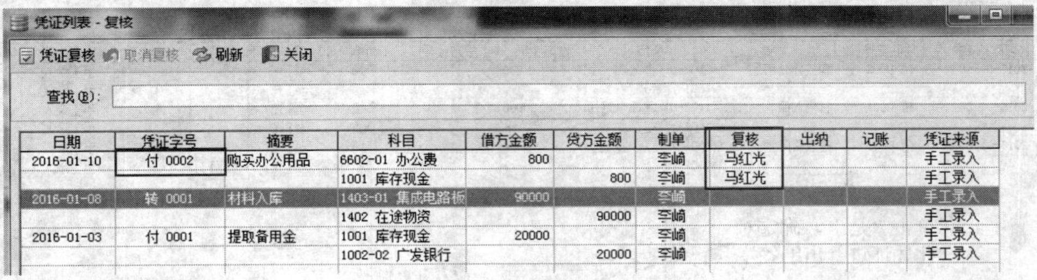

图 4-3-16　"审核签章"检查

　　注意：如果记账凭证已经过审核，则单击"取消复核"后会消除原审核签章。而且"取消审核"只能由原审核人自己操作进行。在"审核凭证"窗口中只能对记账凭证进行查看、审核，但不能修改其中的项目。

　　（3）出纳签字

　　出纳签字是指出纳对有现金或银行存款等收付业务的凭证进行签字检查的过程。因此，在专用记账的类型中，只有收款、付款凭证才需要出纳签字，转账凭证不需要。而在通用记账凭证中，只有发生现金或银行款项收付的记账凭证时才需要出纳签字。

　　【例 4-22】对 2016 年 1 月的付款凭证进行出纳签字。

　　操作步骤：以出纳张丽的身份登录"广州启明电子科技有限公司"账套，单击"总账"

→"出纳签字"，打开"凭证列表-出纳签字"窗口，选中"付0001号凭证"记录，打开"记账凭证"对话框，进行检查，通过出纳审核后即单击凭证界面中右边的"出纳签字"，完成后单击"确定"保存退出，如图4-3-17所示。也可以同例4-20，用快捷的方法进行出纳签字，再依法对"付0002号凭证"进行出纳签字。完成后如图4-3-18所示。

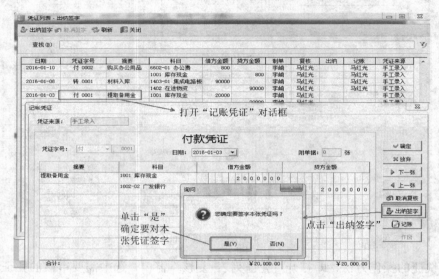

图4-3-17　出纳签字方法1

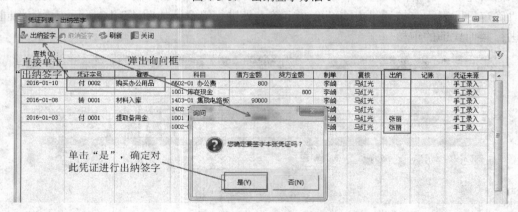

图4-3-18　出纳签字方法2

注意：如果记账凭证已经进行"出纳签字"，则单击"取消签字"后会消除原签字签章。而且"取消签字"只能由原出纳签字人自己操作进行。

例题精讲

【重点例题·判断题】发现已经审核通过或者记账的记账凭证有错误的，应当采用红字凭证冲销法或者补充凭证法进行更正，红字可用负号"－"表示。　　　　　（　　　）

【答案与解析】√。发现已经审核或记账的凭证有错时，不能直接进行修改，应当用红字凭证冲销法或补充凭证法进行更正。

✎ **【重点例题·判断题】**对经常性业务，可以定义凭证的模式，以便以后直接调用。在调用中，除日期外，不需要再输入其他信息。 （ ）

　　【答案与解析】×。一般财务软件提供了可随时将某凭证保存为模式凭证和调入模式凭证的功能，以便在录入凭证时，根据需要随时调入模式凭证作为输入凭证时的基本界面，然后根据具体业务进行少量修改，如修改发生额，可以减轻凭证录入的工作量。

➢ **巩固训练 4-17**

在东莞华泽塑料有限公司的账套里进行如下处理：

1）审核 2015 年 12 月所有的记账凭证。

2）2015 年 12 月银付 1# 记账凭证编制有错误，此凭证已经审核，请取消审核。

5. 凭证记账

　　凭证记账是指由具有记账权限的人员，通过记账功能发出指令，由计算机按照会计软件预先设计的记账程序自动进行合法性校验、科目汇总、登记账目等操作。经过记账的凭证以后将不再允许修改，只能采取补充凭证或红字冲销凭证的方式进行更正。因此，在过账前应该对记账凭证的内容仔细审核，系统只能检验记账凭证中的数据关系错误，而无法检查业务逻辑关系。

　　在会计核算软件中，凭证过账是一项十分简单的操作，用户可以在"总账管理"的"操作"菜单中选择"记账"选项来操作，也可以用凭证过账向导完成。

　　【例 4-23】对 2016 年 1 月的凭证进行记账处理。

　　操作步骤：以会计主管马红光的身份登录"广州启明电子科技有限公司"账套，单击"总账"→"记账"，打开"凭证列表-记账"窗口，选中一条凭证记录，打开"记账凭证"对话框，进行检查，单击凭证界面中右边的"记账"，弹出询问框，单击"是"保存退出，如图 4-3-19 所示。

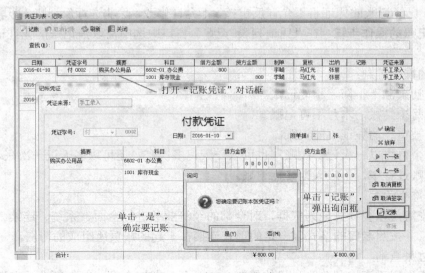

图 4-3-19　凭证记账方法 1

也可简化操作步骤，打开"凭证列表-记账"窗口，选中需要记账的凭证，单击界面上方工具栏中的"记账"，在弹出的询问框里单击"是"。系统会在记账人处进行签章，如图 4-3-20 和图 4-3-21 所示。再依相同方法进行其他凭证的记账。

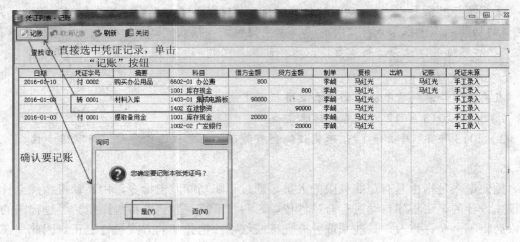

图 4-3-20　凭证记账方法 2

图 4-3-21　"凭证记账"检查

注意：已经记账的凭证将不允许反审核，不允许修改，除非进行反记账（即取消记账）。

取消记账的操作步骤：在"凭证列表-记账"窗口中选中需取消记账的凭证记录，单击"取消记账"。

记账的操作控制：

1）期初余额不平衡，不能记账。

2）上月未结账，本月不可记账。

3）未被审核的凭证不能记账。

4）一个月可以一天记一次账，也可以一天记多次账，还可以多天记一次账。

5）记账过程中，不应人为终止记账。

6. 账簿查询

会计账簿是以会计凭证为依据，对全部的经济业务进行全面、系统、连续、分类地记录和核算，并按照专门的格式以一定的形式连接在一起的账页所组成的簿籍。

（1）总账查询

总账查询用于查询各总账科目的年初余额、各月期初余额、发生额合计和期末余额。

总账查询可以根据需要设置查询条件，如会计科目代码、会计科目范围、会计科目级次、是否包含未记账凭证等。在总账查询窗口下，系统一般允许联查当前会计科目当前月份的明细账。

（2）明细账查询

明细账查询用于查询各账户的明细发生情况，用户可以设置多种查询条件查询明细账，包括会计科目范围、查询月份、会计科目代码、是否包括未记账凭证等。在明细账查询窗口下，系统一般允许联查所选明细事项的记账凭证及联查总账。

（3）余额表

余额表用于查询统计各级会计科目的期初余额、本期发生额、累计发生额和期末余额等。用户可以设置多种查询条件。利用余额表可以查询和输出总账科目、明细科目在某一时期内的期初余额、本期发生额、累计发生额和期末余额；可以查询和输出某会计科目范围在某一时期内的期初余额、本期发生额、累计发生额和期末余额；可以查询和输出包含未记账凭证在内的最新发生额及期初余额和期末余额。

（4）多栏账

多栏账即多栏式明细账，用户可以预先设计企业需要的多栏式明细账，然后按照明细科目保存为不同名称的多栏账。查询多栏账时，用户可以设置多种查询条件，包括多栏账名称、月份、是否包含未记账凭证等。

（5）日记账

日记账用于查询除现金日记账、银行日记账之外的其他日记账。用户可以查询输出某日所有会计科目（不包括现金、银行存款会计科目）的发生额及余额情况。用户可以设置多种查询条件，包括查询日期、会计科目级次、会计科目代码、币别、是否包含未记账凭证等。

（6）辅助账查询

辅助账查询一般包括客户往来、供应商往来、个人往来、部门核算、项目核算的辅助总账、辅助明细账查询。在会计科目设置时，如果某一会计科目设置多个辅助核算，则在输出时会提供多种辅助账簿信息。

本考试软件没有提供账簿查询的功能，在此不做操作方面的介绍。

例题精讲

【重点例题·多选题】在会计电算化条件下，下列各项中会计核算软件能够打印的有（　　）。

A．现金、银行存款日记账　　　　　B．会计报表

C．科目余额表和明细账　　　　　　D．记账凭证

【答案与解析】ABCD。会计核算软件提供了账表的查询和打印功能。

三、账务处理模块期末处理

账务处理模块的期末处理是指会计人员在每个会计期间的期末所要完成的特定业务，主要包括会计期末的转账、对账、结账等。

1. 自动转账

自动转账是指对期末那些摘要、借贷方会计科目固定不变，发生金额的来源或计算方法基本相同，相应凭证处理基本固定的会计业务，将其既定模式事先录入并保存到系统中，在需要的时候，让系统按照既定模式，根据对应会计期间的数据自动生成相应的记账凭证。自动转账的目的在于减少工作量，避免会计人员重复录入此类凭证，提高记账凭证录入的速度和准确度。

（1）自动转账的步骤

1）自动转账定义。自动转账定义是指对需要系统自动生成凭证的相关内容进行定义。在系统中事先进行自动转账定义，设置的内容一般包括编号、凭证类别、摘要、发生会计科目、辅助项目、发生方向、发生额计算公式等。

2）自动转账生成。自动转账生成是指在自动转账定义完成后，用户每月月末只需要执行转账生成功能，即可快速生成转账凭证，并被保存到未记账凭证中。

用户应该按期末结转的顺序来执行自动转账生成功能。此外，在自动转账生成前，应该将本会计期间的全部经济业务填制记账凭证，并将所有未记账凭证审核记账。

保存系统自动生成的转账凭证时，系统同样会对凭证进行校验，只有通过了系统校验的凭证才能进行保存。生成后的转账凭证将被保存到记账凭证文件中，制单人为执行自动转账生成的操作员。自动生成的转账凭证同样要进行后续的审核、记账。

（2）常用的自动转账功能

1）自定义转账。自定义转账包括自定义转账定义和自定义转账生成。自定义转账定义允许用户通过自动转账功能自定义凭证的所有内容，然后用户可以在此基础上执行转账生成。

2）期间损益结转。期间损益结转包括期间损益定义和期间损益生成，期间损益结转用于在一个会计期间结束时，将损益类科目的余额结转到本年利润科目中，从而及时反映企业利润的盈亏情况。

用户应该将所有未记账凭证审核记账后，再进行期间损益结转。在操作时需要设置凭证类别，一般凭证类别为转账凭证。执行此功能后，一般系统能够自动搜索和识别需要进行损益结转的所有科目（即损益类科目），并将它们的期末余额（即发生净额）转到本年利润科目中。

2. 对账

对账是指为保证账簿记录正确可靠，对账簿数据进行检查核对。对账主要包括总账和明细账、总账和辅助账、明细账和辅助账的核对。为了保证账证相符、账账相符，用户应该经常进行对账，至少一个月一次，一般可在月末结账前进行。只有对账正确，才能进行结账操作。

3. 月末结账

在全部处理完毕本期所有的会计业务之后，即可进行期末结账。系统的数据处理都是针对本期的，要进行下一期间的处理，需要将本期的账务全部进行结账处理，系统才能进入下一期间。

1）月末结账功能。结账主要包括计算和结转各账簿的本期发生额和期末余额，终止本期的账务处理工作，并将会计科目余额结转至下月作为月初余额。结账每个月只能进行一次。

2）月末结账操作的控制。结账工作必须在本月的核算工作都已完成，系统中数据状态正确的情况下才能进行。因此，结账工作执行时，系统会检查相关工作的完成情况，主要包括：

① 检查本月记账凭证是否已经全部记账，如有未记账凭证，则不能结账。

② 检查上月是否已经结账，如上月未结账，则本月不能结账。

③ 检查总账与明细账、总账与辅助账是否对账正确，如果对账不正确则不能结账。

④ 对会计科目余额进行试算平衡，如试算不平衡将不能结账。

⑤ 检查损益类账户是否已经结转到本年利润，如损益类科目还有余额，则不能结账。

⑥ 当其他各模块也已经启用，账务处理模块必须在其他各模块都结账后，才能结账。

结账只能由具有结账权限的人进行。在结账前，最好进行数据备份，一旦结账后发现业务处理有误，可以利用备份数据恢复到结账前的状态。

【例4-24】对2016年1月的账务进行结账处理。

操作步骤：以会计主管马红光的身份登录"广州启明电子科技有限公司"账套，单击"总账"→"期末结账"，打开"期末结账"对话框，选择期间为"2016.01"，单击"下一步"→"下一步"→"完成"，如图4-3-22~图4-3-24所示。结账完成后，查询期末结账情况，如图4-3-25所示。

图4-3-22 选择结账期间

图4-3-23 "结账报告"界面

图4-3-24 "执行结账"窗口

图4-3-25 "结账完成"界面

注意：已经结账的会计期间是不允许再录入凭证的，也不允许修改，除非进行反结账（即取消结账）。

取消结账的操作步骤： 在"总账管理-取消结账"窗口中选中需取消记账的会计期间，单击窗口下方的"下一步"来完成，如图 4-3-26 和图 4-3-27 所示。

图 4-3-26　选择取消结账的会计期间　　　　图 4-3-27　完成"取消结账"的界面

～ 第四节　报表管理模块的应用 ～

会计报表是综合反映企业在某一定时点的资产状况和一定时期内经营成果的书面文件，是会计核算过程中最后呈现的结果，也是会计核算过程的总结。

在日常操作中，除一些常用的报表（如资产负债表、利润表等）外，有时会制作许多无固定格式的管理性报表，以适应内部管理的需求。

一、报表数据来源

1. 手工录入

报表中有些数据需要手工录入，如资产负债表中"一年内到期的非流动资产"和"一年内到期的非流动负债"需要直接录入数据。

2. 来源于报表管理模块其他报表

会计报表中，某些数据可能取自某会计期间同一会计报表的数据，也可能取自某会计期间其他会计报表的数据。

3. 来源于系统内其他模块

会计报表数据也可以来源于系统内的其他模块，包括账务处理模块、固定资产管理模块等。

二、报表管理模块应用基本流程

本考试软件的报表管理系统功能相对简单，大概分为以下几个步骤：

（1）格式的设置

新建报表时需进行格式的设置，一般包括定义报表尺寸、定义报表行高列宽、画表格线等。

（2）公式定义

在报表中，由于各报表的数据间存在着密切的逻辑关系，所以报表中各数据的采集、运算需要使用不同的公式。报表中，主要有计算公式、审核公式和舍位平衡公式。本考试系统的报表公式定义与 Excel 电子表格的公式定义类似，只涉及加减之类的计算公式。

（3）数据生成

报表公式定义完成后生成的报表数据，可供查看。

（4）报表文件的保存

对于新建的报表文件，用户需要对其进行保存。

（5）报表文件的输出

会计报表输出是报表管理系统的重要功能之一。会计报表按输出方式的不同，通常分为屏幕查询输出、图形输出、磁盘输出、打印输出和网络传送等五种类型。

下面以具体的应用举例为读者进行解答：

1. 新建报表

【例 4-25】新建一个报表，具体要求如下：

1）合并 A1:D1 单元格，并设置该单元格行高为 50。

2）在 A1 单元格输入字样"管理费用明细表"，字体为黑体，大小为 15，加粗，水平居中。

3）将该文件以报表名"2016 年管理费用表"保存在 E 盘根目录下。

操作步骤：

1）单击"报表系统"→"文件"→"新建"，打开一个新的报表窗口（类似于 Excel 电子表格）。

2）选中 A1:D1 区域，单击工具栏的"合并"，如图 4-4-1 所示。

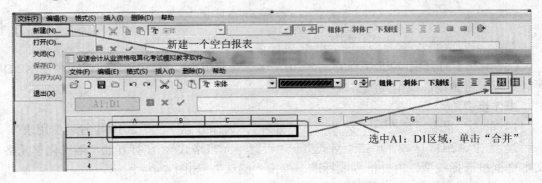

图 4-4-1 新建报表——合并单元格区域

3）选中 A1 单元格，双击该单元格，进入编辑状态，输入文字"管理费用明细表"，单击"格式"→"行高"，在打开的对话框中输入"50"；再依题目要求选择字体、大小及位置等（在工具栏里单击相关功能按钮完成），如图 4-4-2 所示。

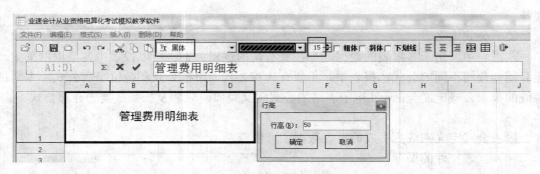

图 4-4-2　新建报表——单元格式

4）单击"文件"→"保存"，选择保存的位置为 E 盘，输入文件名"2016 年管理费用表"，单击"保存"，如图 4-4-3 所示。

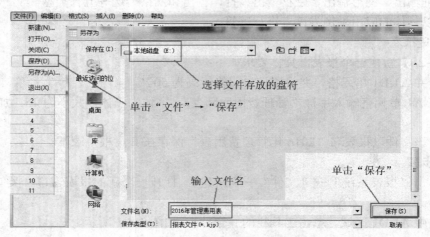

图 4-4-3　保存新建的报表

2. 定义报表格式

【例 4-26】打开例 4-25 中保存的"2016 年管理费用表"，对管理费用明细表中 A2:D8 区域进行表格画线，线型为细实线"—"。

操作步骤：

1）单击"报表系统"→"文件"→"打开"，选择 E 盘下的"2016 年管理费用表"。

2）选中 A2:D8 区域，单击"格式"→"设置单元格格式"，在打开的"格式化单元格"文本框框里选择线型、内外框划线标准，单击"确认"，如图 4-4-4 所示。

3）单击"文件"→"保存"，保存修改后的报表文件。

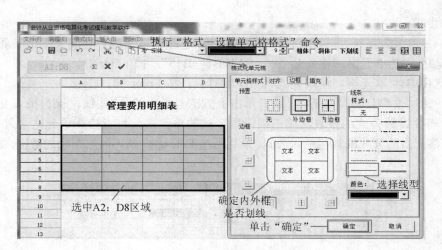

图 4-4-4 设置报表格式——表体边框

【例 4-27】 打开例 4-25 中保存的"2016 年管理费用表"，对管理费用明细表中 A2:D8 区域进行格式设置，行高 30，列宽 100。

操作步骤：

1）单击"报表系统"→"文件"→"打开"，选择 E 盘下的"2016 年管理费用表"。

2）选中 A2:D8 区域，单击"格式"→"行高"，在打开的"行高"对话框中输入"30"；单击"格式"→"列宽"，在打开的"列宽"对话框中输入"100"，如图 4-4-5 所示。

3）单击"文件"→"保存"，保存修改后的报表文件。

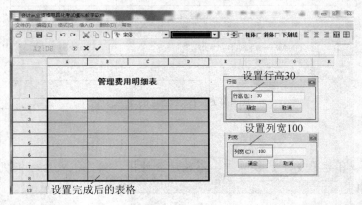

图 4-4-5 行列设置界面

3. 设置报表公式

报表取数公式是对报表数据的来源和计算方法的定义。会计核算软件一般都提供了引导函数录入的功能。在本会计电算化考试系统中，设置报表公式的操作方法与 Excel 电子表格的一般公式基本相同，只涉及简单的加减运算。

【例 4-28】 打开报表平台，设置报表公式。打开 E 盘根目录下的"利润表 1.srp"报表，判断并设置 B17、B19 单元格的计算公式，完成操作后将报表以原文件名进行保存。

操作步骤:

1) 单击"报表系统"→"文件"→"打开",选择 E 盘下的"利润表 1.srp"报表文件。

2) 选中 B17 单元格,输入公式"=B13+B14–B15",按 Enter 键。

3) 选中 B19 单元格,输入公式"=B17–B16",按 Enter 键。

4) 单击"文件"→"保存",或者单击上方工具栏中的 🖫 按钮,保存报表文件。

打开需要设置公式的报表,单击需设置公式的单元格,可直接在单元格录入公式,也可以在表格上方的公式编辑栏录入公式,录完后按 Enter 键,就可显示正确的数据,如图 4-4-6 所示。

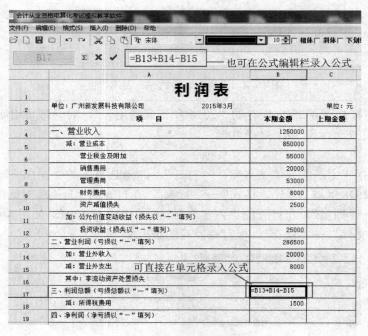

图 4-4-6 报表公式的录入

📝 例题精讲

🖉 **【重点例题·单选题】**下列各项中,不属于会计核算软件报表处理模块实现对外报表处理功能的是( )。

  A. 报表编制

  B. 报表打印

  C. 报表备份

  D. 报表分析

【答案与解析】C。报表处理功能中不包括报表备份。

🖉 **【重点例题·多选题】**下列各项中,属于会计电算化环境下报表编制工作特点的有( )。

  A. 不需结账就可编制当期报表

  B. 与手工环境相比,增加了复杂的初始工作

  C. 日常工作效率大幅提升

D. 报表的准确性得到完全保证

【答案与解析】ABC。报表的准确性并不能在会计电算化环境下得到完全保证，还有许多其他因素，如职业判断等。

【重点例题·判断题】会计核算软件报表处理模块能够完成企业对外会计报表的编制、生成、浏览、打印和分析功能，但不能完成企业对内会计报表的编制、生成、浏览、打印和分析功能。 　　　　　　　　　　　　　　　　　　　　　　　　　（　　）

【答案与解析】×。报表处理模块能让用户定义和生成各种对外和对内管理所需的会计报表。

【重点例题·多选题】会计报表文件的输入方式有〔　　　〕。

A. 图形输出　　　　　　　　　　　B. 查询输出

C. 打印输出　　　　　　　　　　　D. 磁盘输出

【答案与解析】ABCD。会计报表输出是报表管理系统的重要功能之一。会计报表按输出方式的不同，通常分为屏幕查询输出、图形输出、磁盘输出、打印输出和网络传送五种类型。

➤ 巩固训练 4-18

1）打开报表平台。将"成本明细表"的名称修改为"2016 年成本明细表"。

2）打开"自定义报表"中的"练习用表"，在 C14 定义一个"营业外支出"科目的利润表本期实际发生额取数公式。

3）打开报表平台。新建并保存报表文件，以"1 月份产品成本分析表.srp"为名保存在考生文件夹下。

4）新建一张空白报表并保存，报表名称为"费用明细表"。

5）将"管理费用明细表"的 B2:C2 区域设置为数值格式"#,##0.00;－#,##0.00;" "，并保存报表。

6）打开报表平台，设置报表格式并保存文件。打开"管理费用明细.srp"报表，设置 A1 单元格中的文字为"黑体"，16 号字，A1 单元格内容修改为"2014 年管理费用明细表"。

7）在"练习用表"的 A1:C1 区域中依次输入下列数据并保存报表：项目、年初数、期末数，并把 A1:C1 区域文本格式设置为靠左。

∽ 第五节　应收应付管理模块的基本操作 ∽

应收应付账款是企业在经济业务活动中因销售、采购、劳务等交易而发生的各种应收、应付、预收、预付、其他应收、其他应付等款项。在会计核算软件中，应收应付核算系统主要是对往来款项进行核算与管理，包括初始设置、日常往来业务核算、往来核销业务处理，以及生成与往来账款核算和管理有关的记账凭证。

一、应收管理模块的日常操作

应收管理模块完成销售单据处理、客户往来处理、票据处理及坏账处理后，生成相应的记账凭证并传递到账务处理模块，以便用户登记赊销往来信息及其相关账簿。

在本会计电算化考试软件中，应收管理模块的数据流程如图 4-5-1 所示。

图 4-5-1 应收管理模块的数据流程

1. 建立往来单位档案

应收模块主要用于核算因销售业务而发生的客户往来款项，因此需要先建立客户、职员等涉及应收往来业务的单位及个人档案，具体操作可参见本章第二节中关于设置客户往来单位和职员的内容。

其他关联设置如有增设，都可在图 4-5-1 中右边的快捷方式进入，然后进行修改。

2. 应收日常业务的处理

在本考试系统里，应收款项分为应收借项和应收贷项两种类型。

其中，应收借项就是应收单，是指因销售货物或提供劳务等发生的应收未收款项。因此，当发生应收账款增加（即借记"应收账款"）时，应填制"应收借项"单据。

与此对应，应收贷项就是收款单，是处理向客户收取商品赊销货款或预收货款的业务行为，可处理企业销售收款、销售预收款、销售退款等收款业务。当发生应收账款减少（即贷记"应收账款"）时，应填制"应收贷项"单据。当发生预收账款增多（即贷记"预收账款"）时，也应填制"应收贷项"单据。

【例 4-29】应收借项（应收单）举例：2016 年 1 月 5 日，销售部赵方杰向长江电子商贸集团销售智慧学习机 500 台，单价 400 元，增值税率 17%，货已发款未收。付款条件为"30D"，摘要为"销售产品"，由会计李崎填制应收单，会计主管马红光审核并生成相应的记账凭证。

操作步骤：

1）以会计李崎的身份登录系统，单击"应收"→"应收借项"，打开"应收单-应收借项"对话框按题目要求录入相关信息，单击"确定"，如图 4-5-2 所示。

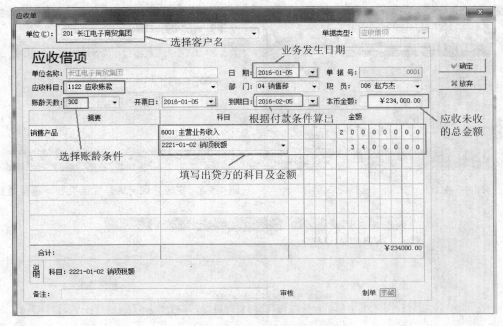

图 4-5-2　应收借项（应收单）的填写

2）更换操作员主管马红光，单击"应收"→"单据列表"，打开"应收单据列表"窗口，选中刚生成的应收借项单据 0001，单击"单据审核"，在弹出的询问框里单击"是"，单击"关闭"，如图 4-5-3 所示。

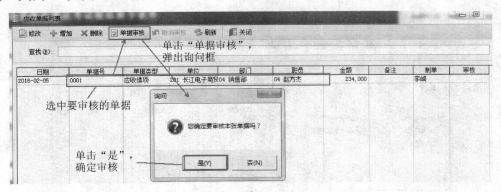

图 4-5-3　应收借项（应收单）的审核

3）单击"应收"→"应收凭证"，打开"应收凭证"对话框，选中刚生成的应收借项的单据 0001，单击"下一步"，选择凭证类型并填写凭证摘要，单击"下一步"→"完成"→"是"，完成并查看凭证，具体如图 4-5-4～图 4-5-7 所示。

图 4-5-4　生成凭证—选择应收单据

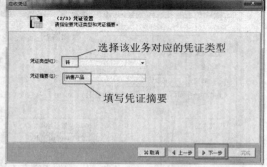
图 4-5-5　生成凭证—选择凭证类型、填写摘要

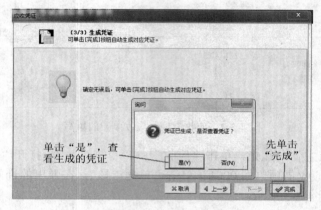

图 4-5-6　生成凭证—确认完成并查看凭证

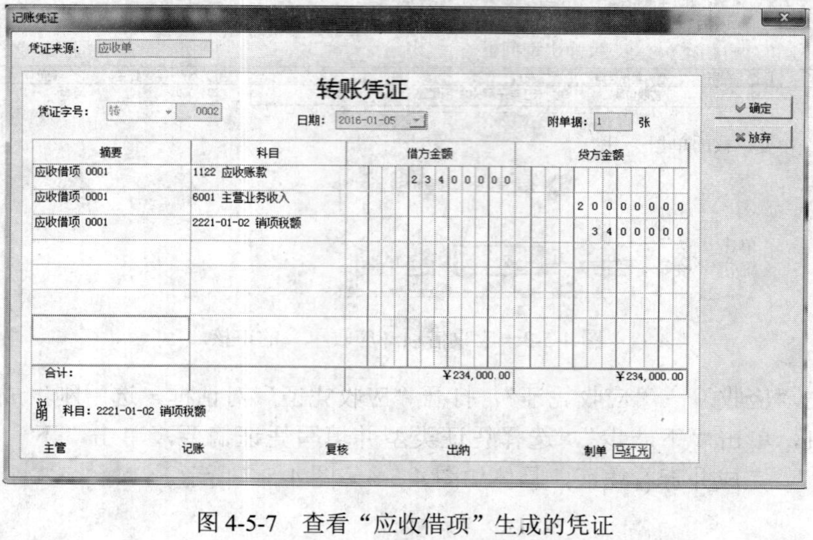

图 4-5-7　查看"应收借项"生成的凭证

注意: 应收借项单据表体内各分录金额之和必须等于表头的本位币金额, 否则单据不能保存。若应收科目设有部门、职员等辅助核算属性, 则必须输入部门及职员信息。

【例4-30】应收贷项（收款单）举例：2016年1月20日，销售部赵方杰收回深圳华润商场上月的货款 48 000 元，款已存工行。摘要为"收回货款"，由会计李崎填制收款单，会计主管马红光审核并生成相应的记账凭证。

操作步骤：

1）以会计李崎的身份登录系统，单击"应收"→"应收贷项"，打开"应收单-应收贷项"对话框，按题目要求录入相关信息，单击"确定"，如图4-5-8所示。

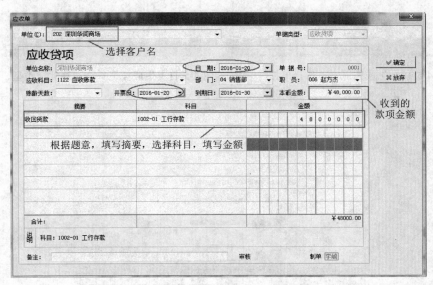

图 4-5-8　应收贷项（应收单）的填写

2）更换操作员主管马红光，单击"应收"→"单据列表"，打开"应收单据列表"窗口，选中刚生成的应收贷项单据 0001，单击"单据审核"，在弹出的询问框里单击"是"，单击"关闭"，如图4-5-9所示。

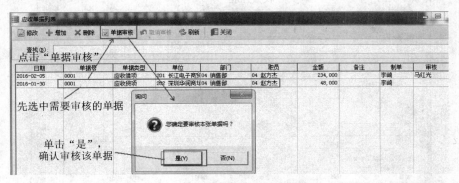

图 4-5-9　应收贷项（应收单）的审核

3）单击"应收"→"应收凭证"，打开"应收凭证"对话框，选中刚生成的应收贷项的单据 0001→点击"下一步"，选择"凭证类型"并填写凭证摘要，单击"下一步"→"完成"→"是"，完成并查看凭证。具体如图4-5-10～图4-5-13所示。

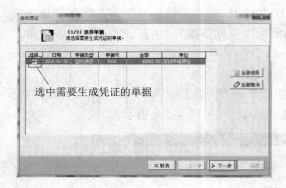

图 4-5-10　生成凭证——选择单据　　　　图 4-5-11　生成凭证——选择凭证类型、填写摘要

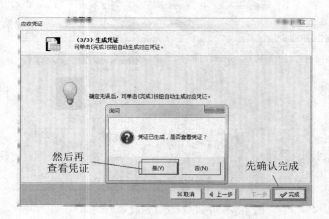

图 4-5-12　生成凭证——确认完成并查看凭证

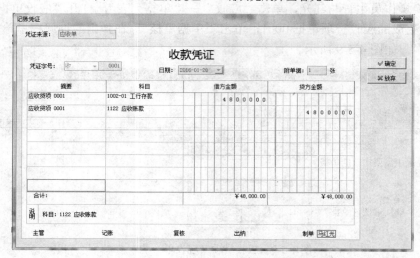

图 4-5-13　查看"应收贷项"生成的凭证

注意：

1）在应收管理模块里填制单据与审核单据的人员不能为同一人。

2）在应收管理模块生成的记账凭证，已经传递到账务处理模块（即总账管理系统），如果要查看或删除，应单击“总账”→“凭证管理”，打开“凭证列表”窗口，再去查看。如图 4-5-14 所示。

日期	凭证字号	摘要	科目	借方金额	贷方金额	制单	复核	出纳	记账	凭证来源
2016-01-20	收 0001	应收贷项 0001	1002-01 工行存款	48000		马红光				应收单
		应收贷项 0001	1122 应收账款		48000	马红光				应收单
2016-01-05	转 0002	应收借项 0001	1122 应收账款	234000		马红光				应收单
		应收借项 0001	6001 主营业务收入		200000	马红光				应收单
		应收借项 0001	2221-01-02 销项税额		34000	马红光				应收单
2016-01-10	付 0002	购买办公用品	6602-01 办公费	800		李崎	马红光	张丽	马红光	手工录入
			1001 库存现金		800	李崎	马红光	张丽	马红光	手工录入
2016-01-08	转 0001	材料入库	1403-01 集成电路板	90000		李崎	马红光		马红光	手工录入
			1402 在途物资		90000	李崎	马红光		马红光	手工录入
2016-01-03	付 0001	提取备用金	1001 库存现金	20000		李崎	马红光	张丽	马红光	手工录入
			1002-02 广发银行		20000	李崎	马红光	张丽	马红光	手工录入

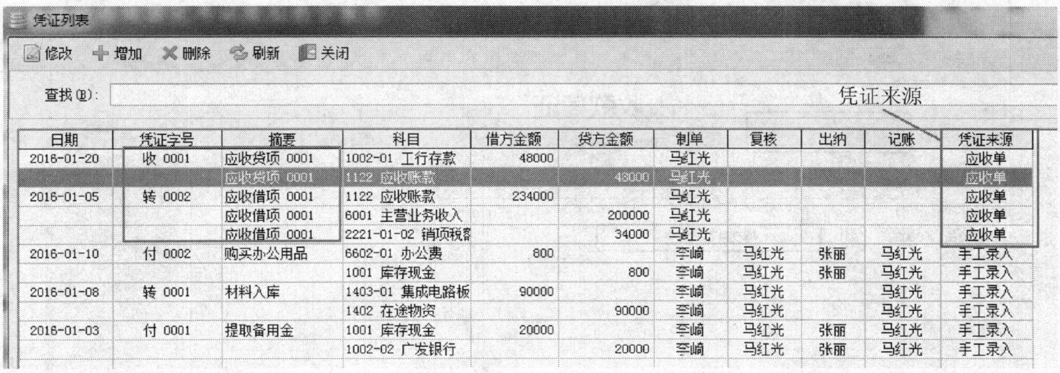

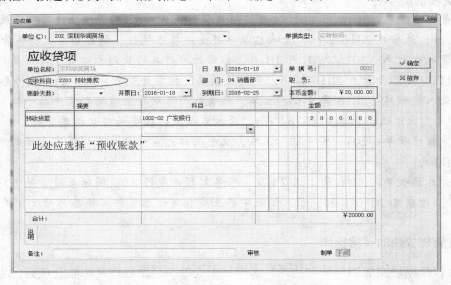

图 4-5-14　查看应收系统生成的凭证

【例 4-31】应收贷项（预收单）举例：2016 年 1 月 18 日，销售部预收深圳华润商场购货款 20 000 元。款已存广发银行。摘要为“预收货款”，由会计李崎填制收款单，会计主管马红光审核并生成相应的记账凭证。

操作步骤：

1）以会计李崎的身份登录系统，单击“应收”→“应收贷项”，打开“应收单-应收贷项”对话框，按题目要求录入相关信息，单击“确定”，如图 4-5-15 所示。

图 4-5-15　应收贷项（应收单）的填写

2）更换操作员主管马红光，单击“应收”→“单据列表”，打开“应收单据列表”窗口，选中刚生成的应收贷项单据 0002，单击“单据审核”，在弹出的询问框里单击“是”

→ "关闭"。

3）单击"应收"→"应收凭证"，选中刚生成的应收贷项的单据 0002，单击"下一步"，选择"凭证类型-收款凭证"，单击"下一步"→"是"，完成并查看凭证，如图 4-5-16 所示。

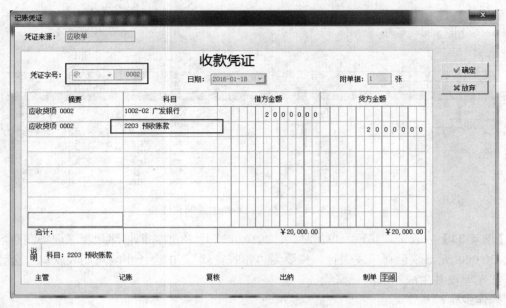

图 4-5-16　应收贷项（应收单）生成的凭证

> 巩固训练 4-19

1）录入应收单：2016 年 1 月 14 日，销售厦门 ABC 国际集团一批产品，货款 11 700 元，款未付。开票日 2016-1-14，录入应收单并生成转账凭证。摘要为应收销售货款。

2）录入收款单：2016 年 1 月 18 日，公司开户行工行收到长江电子商贸集团汇来的货款 150 000 元。开票日 2016-1-18，录入收款单。摘要为收回货款，操作员为会计。

3）录入应收单：2016 年 1 月 15 日，销售部向深圳华润商场销售产品一批，总货款 150 000 元，款未收。开票日 2016-1-15，录入应收单。摘要为应收销售货款。

4）审核应收单：2016 年 1 月 20 日，主管马红光审核应收深圳华润商场的单据，金额 150 000 元。

5）录入预收单：2016 年 1 月 24 日，销售部预收厦门 ABC 国际集团货款 10 000 元，款存工行。开票日 2016-1-24，录入预收单并生成相关记账凭证。摘要为预收货款。

二、应付管理模块的日常操作

应收管理模块完成销售单据处理、客户往来处理、票据处理及坏账处理后，生成相应的记账凭证并传递到账务处理模块，以便用户登记赊销往来信息及其相关账簿。

在本会计电算化考试软件中，应付管理模块的数据流程如图 4-5-17 所示。

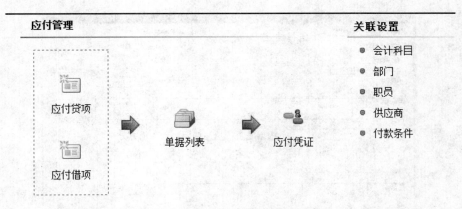

图 4-5-17　应付管理模块的数据流程

1. 建立往来单位档案

应付管理模块主要用于核算因采购业务而发生的供应商往来款项，因此需要先建立供应商、职员等涉及应付往来业务的单位及个人档案，具体操作请参见本章第二节中关于设置供应商往来单位和职员的讲解。

其他关联设置如有增设，也可从图 4-5-17 中右边的快捷方式进入，然后进行修改。

2. 应付日常业务的处理

在本会计电算化考试系统里，应收款项分为应付借项和应付贷项两种类型。应付系统与应收系统相比，款项是流出企业，所以其借项与贷项的对应关系与应收系统正好相反。

其中，应收贷项是应付单，是指因采购货物或接受劳务等发生的应付未付款项。因此，当发生应付账款增加（即贷记"应付账款"）时，应填制"应付贷项"单据。

而应付借项就是付款单，是处理向供应商赊购商品货款或预付货款的业务行为，可处理企业采购付款、采购预付款、采购退款等付款业务。当发生应付账款（即贷记"应付账款"）减少时，应填制"应付借项"单据。当发生预付账款增多（即借记"预付账款"）时，也应填制"应付借项"单据。

【例 4-32】应付贷项（应付单）举例：2016 年 1 月 9 日，采购部黎开发向东莞明华塑料厂采购学习机外壳 500 套，单价 40 元，增值税率 17%；款项尚未支收，货物已经发出但尚未收到。付款条件为"C0D 现金"，摘要为"采购材料"，由会计李崎填制应收单，会计主管马红光审核并生成相应的记账凭证。

操作步骤：

1) 以会计李崎的身份登录系统，单击"应付"→"应付贷项"，打开"应付单-应付贷项"对话框，按题目要求录入相关信息，单击"确定"，如图 4-5-18 所示。

2) 更换操作员主管马红光单击"应付"→"单据列表"，打开"应付单据列表"窗口，选中刚生成的应付贷项单据 0001，单击"单据审核"，在弹出的询问框里单击"是"按钮→"关闭"，如图 4-5-19 所示。

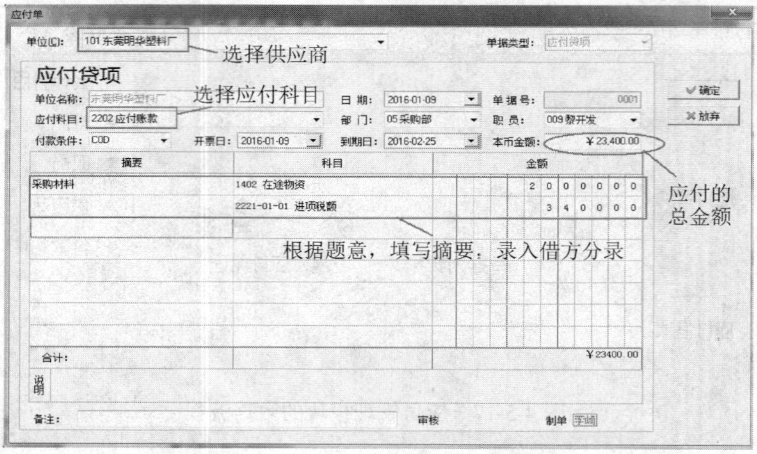

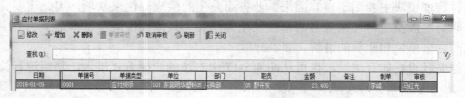

图 4-5-18 应付贷项（应付单）的填写

图 4-5-19 "应付贷项（应付单）"的审核

3）单击"应付"→"应付凭证"，选中刚生成的应付贷项的单据 0001，单击"下一步"，选择"凭证类型-转账凭证"，单击"下一步"→"是"，完成并查看凭证，具体如图 4-5-20 所示。

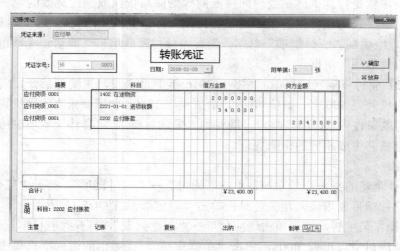

图 4-5-20 应付贷项（应付单）生成的凭证

【例 4-33】应付借项（付款单）举例：2016 年 1 月 25 日，公司向东莞明华塑料厂支付材料款 23 400 元，款项已由广发银行支付。经办人员为采购部黎开发，摘要为"支付货款"，由会计李崎填制收款单，会计主管马红光审核并生成相应的记账凭证。

操作步骤：

1）以会计李崎的身份登录系统，单击"应付"→"应付借项"，打开"应付单-应付借项"对话框，按题目要求录入相关信息，单击"确定"，如图 4-5-21 所示。

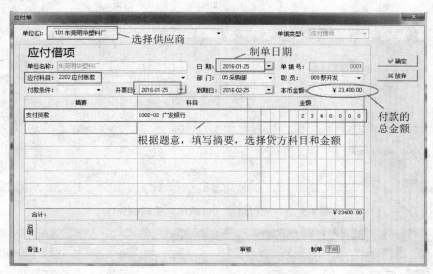

图 4-5-21　应付借项（付款单）的填写

2）更换操作员主管马红光，单击"应付"→"单据列表"，打开"应付单据列表"窗口，选中刚生成的应付借项单据 0001，单击"单据审核"，在弹出的询问框里单击"是"→"关闭"，如图 4-5-22 所示。

图 4-5-22　应付借项（付款单）的审核

3）单击"应付"→"应付凭证"，选中刚生成的应付借项的单据 0001，单击"下一步"，选择"凭证类型-付款凭证"，单击"下一步"→"是"，完成并查看凭证，具体如图 4-5-23 所示。

注意：

1）与应收系统相同，应付管理模块里填制单据与审核单据不能为同一人。

2）在应付管理模块生成的记账凭证，也已经传递到账务处理模块（即总账管理系统），如果要查看或删除，应单击"总账"→"凭证管理"，打开"凭证列表"窗口，再去查看。如图 4-5-24 所示。

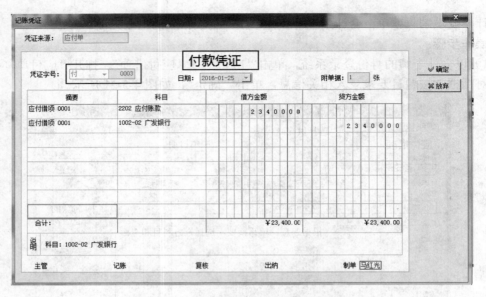

图 4-5-23　应付借项（付款单）生成的凭证

日期	凭证字号	摘要	科目	借方金额	贷方金额	制单	复核	出纳	记账	凭证来源
2016-01-25	付 0003	应付借项 0001	2202 应付账款	23400		马红光				应付单
		应付借项 0001	1002-02 广发银行		23400	马红光				应付单
2016-01-09	转 0003	应付贷项 0001	1402 在途物资	20000		马红光				应付单
		应付贷项 0001	2221-01-01 进项税	3400		马红光				应付单
		应付贷项 0001	2202 应付账款		23400	马红光				应付单
2016-01-18	收 0002	应收贷项 0002	1002-02 广发银行	20000		李崎				应收单
		应收贷项 0002	2203 预收账款		20000	李崎				应收单
2016-01-20	收 0001	应收贷项 0001	1002-01 工行存款	48000		马红光				应收单
		应收贷项 0001	1122 应收账款		48000	马红光				应收单
2016-01-05	转 0002	应收借项 0001	1122 应收账款	234000		马红光				应收单
		应收借项 0001	6001 主营业务收入		200000	马红光				应收单
		应收借项 0001	2221-01-02 销项税		34000	马红光				应收单
2016-01-10	付 0002	购买办公用品	6602-01 办公费	800		李崎	马红光	张丽	马红光	手工录入
			1001 库存现金		800	李崎	马红光	张丽	马红光	手工录入
2016-01-08	转 0001	材料入库	1403-01 集成电路板	90000		李崎	马红光		马红光	手工录入
			1402 在途物资		90000	李崎	马红光		马红光	手工录入
2016-01-03	付 0001	提取备用金	1001 库存现金	20000		李崎	马红光	张丽	马红光	手工录入
			1002-02 广发银行		20000	李崎	马红光	张丽	马红光	手工录入

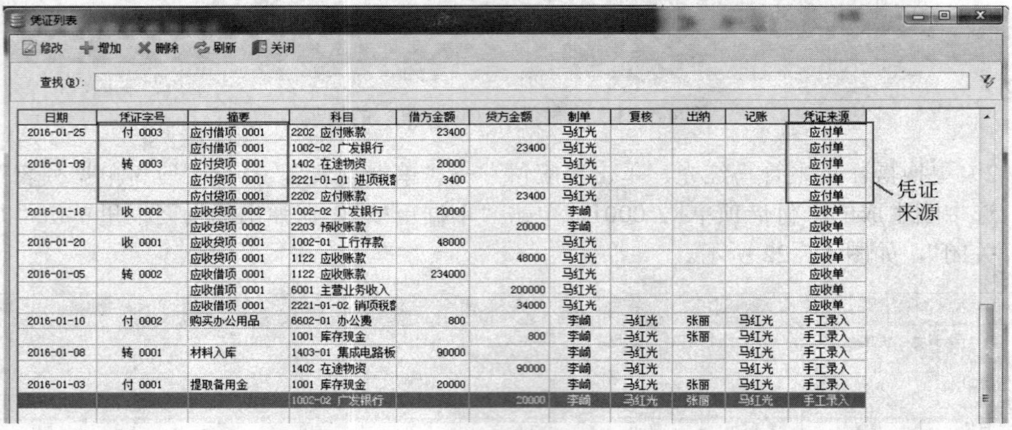

图 4-5-24　查看应付系统生成的凭证

【例 4-34】应付借项（预付单）举例：2016 年 1 月 28 日，采购部向西安迅达科技公司预付购货款 30 000 元。款项已由工行转付。摘要为“预付货款”，由会计李崎填制付款单，会计主管马红光审核并生成相应的记账凭证。

操作步骤：

1）以会计李崎的身份登录系统，单击“应付”→“应付借项”，打开“应付单-应付借项”对话框，按题目要求录入相关信息，单击“确定”，如图 4-5-25 所示。

2）更换操作员主管马红光，单击“应付”→“单据列表”，打开“应付单据列表”窗口，选中刚生成的应付借项单据 0002，单击“单据审核”，在弹出的询问框里单击“是”→“关闭”，如图 4-5-26 所示。

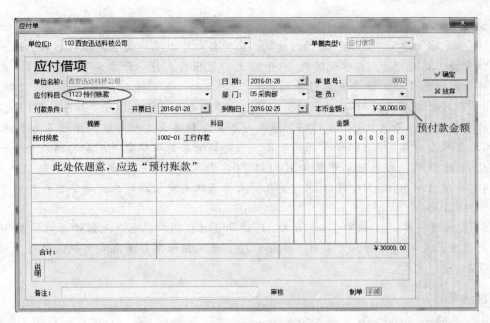

图 4-5-25　应付借项（预付单）的填写

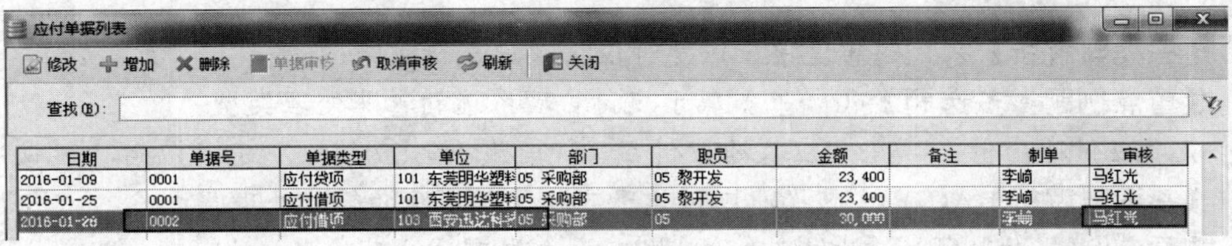

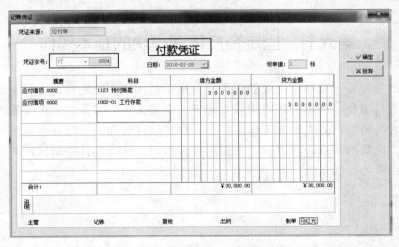

图 4-5-26　应付借项（预付单）的审核

3）单击"应付"→"应付凭证"，选中刚生成的应付借项 0002 的单据，单击"下一步"，选择"凭证类型-付款凭证"，单击"下一步"→"是"，完成并查看凭证，如图 4-5-27 所示。

图 4-5-27　应付借项（预付单）生成的凭证

➤ 巩固训练 4-20

1）录入应付单：2016 年 1 月 11 日，采购部向福州华科电子元器件公司采购一批电路板，货款 93 600 元，其中增值税 13 600 元，款项均未付。开票日 2016-1-11，录入应付单并生成转账凭证。摘要为应付货款。

2）录入付款单：2016 年 1 月 15 日，支付给西安迅达科技公司货款 90 000 元，款项以工行存款支付。开票日 2016-1-15，录入付款单。摘要为支付货款，操作员为会计。

3）录入应付单：2016 年 1 月 18 日，采购部向东莞明华塑料厂采购塑料外壳一批，总货款 80 000 元，款未付。开票日 2016-1-18，录入应付单。摘要为应付货款。

4）审核应收单：2016 年 1 月 20 日，主管马红光审核应付东莞明华塑料厂的单据，金额 80 000 元。

5）录入预付单：2016 年 1 月 26 日，采购部预付福州华科电子元器件公司货款 50 000 元，款项由广发银行支付。开票日 2016-1-26，录入预付单并生成相关记账凭证。摘要为预付货款。

例题精讲

✎ **【重点例题·判断题】** 在往来业务核销中，一张销售发票可以对应多张付款单据进行核销。　　　　　　　　　　　　　　　　　　　　　　　（　　）

【答案与解析】 ×。销售发票应该是对应收款单进行核销。

✎ **【重点例题·多选题】** （　　　　）属于应付管理系统的转账处理类型。

A. 应付冲应付　　　B. 应收冲应付　　　C. 预付冲应付　　　D. 应付冲应收

【答案与解析】 ACD。　应收冲应付属于应收管理系统的转账处理类型。

✎ **【重点例题·判断题】** 应收账款的单据查询主要是对往来总账、往来明细账、往来余额表的查询，以及总账、明细账、单据之间的联查。　　　　　　　　　　（　　）

【答案与解析】 ×。单据查询主要是对销售发票和收款单等单据的查询。以上所说的是账表查询。

∾ 第六节　固定资产管理模块的基本操作 ∾

固定资产管理是一项非常重要的工作，若疏于对固定资产的管理，将会造成固定资产账实不符、账目混乱，严重的还将导致固定资产的流失；若对固定资产实施严格、细致的管理，又将大大增加财务人员的工作量。会计核算软件的固定资产管理系统可以完成对固定资产准确、高效的管理，可以快速地运用各种折旧方法准确计提折旧，并自动生成记账凭证，传递到账务处理系统。

一、初始设置

1. 固定资产类别设置

固定资产类别是根据管理和核算的需要给固定资产所做的分类，可参照国家标准分类，结合企业自身的特点和管理要求进行固定资产类别设置。

【例4-35】新增固定资产类别如表4-6-1所示。

表4-6-1　固定资产类别信息

固定资产类别编码	21	常用折旧方法	平均年限法
固定资产类别名称	工程设备	预计使用年限	5
折旧类别	正常计提折旧	预计净残值率	3
年折旧率	19.4		

操作步骤： 以会计李崎的身份登录系统，单击"固定资产"→"固定资产类别"，打开"固定资产类别"窗口，单击"增加"，打开"新增固定资产类别"对话框，填入题目里的相关信息，单击"确定"，关闭"固定资产类别"窗口。

打开"新增固定资产类别"对话框，进行固定资产类别新增设置，如图 4-6-1 所示。在"固定资产类别编码"文本框中录入固定资产类别编码，在"固定资产类别名称"文本框中录入固定资产类别名称，根据实际需要设置其他参数，完成后单击"确定"即可保存固定资产类别。

图4-6-1　固定资产类别——新增

注意： 本考试系统的固定资产管理模块已经设置了九种常用的固定资产类型，但只有编码和名称，没有其他具体信息。用户如果想增补其他详细设置，可在"固定资产类别"窗口里选中相关固定资产类别记录，再单击菜单栏里的"修改"，进入"修改固定资产类别"对话框进行修改即可。

➢ **巩固训练4-21**

设置下列固定资产类别，具体信息如表4-6-2所示。

表4-6-2　修改固定资产类别信息

固定资产类别分项	信　息		
类别编码	2	3	4
类别名称	专用设备	交通运输设备	电气设备
使用年限/年	8	10	5
折旧类别	正常计提折旧	正常计提折旧	正常计提折旧

续表

固定资产类别分项	信 息		
预设折旧方法	平均年限法	平均年限法	工作量法
预计净残值率	5	5	
净残值率/%	11.88	9.5	

2. 使用部门设置

部门设置在本章第二节中已有介绍，不再赘述。

> 巩固训练 4-22

设置固定资产使用部门，具体信息如表 4-6-3 所示。

表 4-6-3　固定资产使用部门信息

代　码	名　称
011	总务部
012	仓储管理部

3. 固定资产变动方式设置

企业固定资产变动方式包括增加和减少两种情况，其固定资产的确认和计量方法也不同。记录和汇总固定资产具体增减方式的数据也是为了满足企业加强固定资产管理的需要。

固定资产增加的方式主要有直接购买、投资者投入、捐赠、盘盈、在建工程转入、融资租入等。固定资产减少的方式主要有出售、盘亏、投资转出、捐赠转出、报废、毁损、融资租出等。

本考试系统里已经设置了一些常用的固定资产变动方式，但只有编码和名称等基本信息，其"对应科目"和"凭证类型"没有设置，用户可根据需要进行设置与修改。操作方式与固定资产类别的修改类似。

【例 4-36】新增固定资产变动方式，如表 4-6-4 所示。

表 4-6-4　新增固定资产类别信息

变动方式编码	17	对应科目	1606 固定资产清理
变动方式名称	对外捐赠	凭证类型	转账凭证
变动类型	减少	凭证摘要	对外捐赠固定资产

操作步骤： 以会计李崎的身份登录系统，单击"固定资产"→"固定资产变动方式"，打开"固定资产变动方式"窗口，单击"增加"，打开"新增固定资产变动方式"对话框，填入题目里的相关信息，单击"确定"，关闭"固定资产变动方式"窗口。

打开"新增固定资产变动方式"对话框，进行固定资产变动方式新增设置，如图 4-6-2 所示。在"变动方式编码"文本框中录入固定资产方式编码，在"变动方式名称"文本框中录入固定资产变动方式名称，根据实际需要设置其他参数，完成后单击"确定"即可保存固定资产变动方式。

图 4-6-2　固定资产变动方式——新增

> ➤ 巩固训练 4-23

补充设置下列固定资产变动方式的信息，如表 4-6-5 所示。

表 4-6-5　修改固定资产变动方式信息

固定资产变动方式分项	信　息		
变动方式编码	01	02	12
变动方式名称	购入	投资转入	报废
对应科目	银行存款	实收资本	固定资产清理
凭证类型	付款凭证	转账凭证	转账凭证
凭证摘要	购入固定资产	接受固定资产投资	固定资产报废

4. 固定资产期初

在初始使用固定资产模块时，应该录入当期期初（即为上期期末）的固定资产数据，作为后续固定资产核算和管理的起始基础。固定资产卡片记录每项固定资产的详细信息，一般包括固定资产编号、名称、类别、规格型号、使用部门、增加方式、使用状况、预计使用年限、残值率、折旧方法、开始使用日期、原值、累计折旧等。

【例 4-37】录入固定资产期初资料，具体如表 4-6-6 所示。

表 4-6-6　固定资产期初具体资料

固定资产	项目名称	项目值	项目值	项目值
基础资料	资产类别	房屋及构筑物	交通运输设备	专用设备
	资产编号/卡片编号	001	002	003
	资产名称	办公楼	奥迪轿车	生产线
	入账日期	2016 年 1 月 1 日	2016 年 1 月 1 日	2016 年 1 月 1 日
	使用状况	使用中	使用中	使用中
	增加方式	投资转入	购入	购入
	折旧科目	管理费用	销售费用	制造费用
	使用部门	行政部	销售部	生产部

续表

固定资产	项目名称	项 目 值	项 目 值	项 目 值
折旧资料	原值（单币别）币别	人民币	人民币	人民币
	本币金额	1 200 000.00	240 000.00	500 000.00
	累计折旧	180 000.00	57 000.00	275 000.00
	开始使用日期	2013 年 1 月 1 日	2014 年 1 月 1 日	2013 年 3 月 1 日
	已提折旧期间数	36	24	34
	预计净残值	30 000.00	12 000.00	5 000.00
	折旧方法	平均年限法	平均年限法	平均年限法
	预计使用年限/年	20	8	5
	折算因数	按原值和预计使用期间计提折旧	按原值和预计使用期间计提折旧	按原值和预计使用期间计提折旧

操作步骤：以会计李崎的身份登录系统，单击"固定资产"→"固定资产期初"打开"固定资产期初"窗口，单击"固定资产增加"按钮，打开"固定资产增加"的对话框，按题目要求录入基础资料和折旧资料，单击"确定"。

打开"固定资产增加"的对话框，将表 4-6-6 中的"固定资产：办公楼"的具体资料录入系统中，设置结果如图 4-6-3 和图 4-6-4 所示。

图 4-6-3　固定资产期初增加——基础资料设置

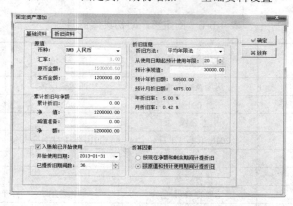

图 4-6-4　固定资产期初增加——折旧资料设置

　　录入完成后，单击"确定"，关闭"固定资产增加"对话框。新增的办公楼固定资产卡片资料将出现在"固定资产期初"窗口中，如图 4-6-5 所示。另外两个固定资产的期初资料依相同方法录入。

图 4-6-5　固定资产期初资料

　　注意：如果是将建账以前的固定资产数据录入系统中，以保持历史数据的连续性，如同账务处理系统中的科目初始余额的录入，这个过程就是固定资产期初资料的录入，也称为固定资产原始卡片的录入。此项操作的路径与新增固定资产不同，是通过"固定资产——固定资产期初"的功能选项完成的。

例题精讲

　　【重点例题·判断题】会计核算软件固定资产模块主要完成登记固定资产增减变动情况、根据折旧方法计算固定资产折旧两个功能。　　　　　　　　　　　（　　　）

　　【答案与解析】√。固定资产模块主要完成两个功能：一是固定资产增减变动情况的登记；二是根据各种折旧计算方法计算固定资产折旧。固定资产模块还包括固定资产卡片的定义、计提折旧计算和折旧入账。

　　➤ **巩固训练 4-24**

　　初始化阶段进行固定资产期初录入，具体资料分别如表 4-6-7 和表 4-6-8 所示。

表 4-6-7　固定资产期初资料 1

资产类别：交通工具	原值（单币别）币别：人民币
资产编码：JT-1	原币金额：168 000
资产名称：别克商务车	预计净残值：5 040
入账日期：2016 年 1 月 25 日	开始使用日期：2013 年 1 月 25 日
使用状况：正常使用	预计使用期间数：8 年
变动方式：购入	已使用期间数：47
使用部门：销售部	累计折旧：57 000
折旧费用分配科目：销售费用	折旧方法：平均年限法（基于入账原值和入账预计使用期间）

表 4-6-8　固定资产期初资料 2

资产类别：机器设备	原值（单币别）币别：人民币
资产编码：JT-2	原币金额：600 000
资产名称：数控机床	预计净残值：18 000
入账日期：2016 年 1 月 20 日	开始使用日期：2012 年 1 月 31 日
使用状况：正常使用	预计使用年限：5 年
变动方式：购入	已使用期间数：47
使用部门：生产部	累计折旧：47 000
折旧费用分配科目：制造费用	折旧方法：平均年限法（基于入账原值和入账预计使用期间）

二、固定资产日常业务处理

固定资产的日常业务包括对固定资产日常发生的各种业务进行管理和核算，具体包括固定资产的增加、固定资产的减少、固定资产的其他变动（如价值变动和折旧方法的变动等）、计提折旧、生成凭证等。

1. 固定资产增加

固定资产增加是指企业在会计核算的当期购进或通过其他方式增加固定资产，应为增加的固定资产建立一张固定资产卡片，录入增加的固定资产的相关信息、数据。

【例 4-38】2016 年 1 月 17 日，公司购入办公设备一台，具体资料如表 4-6-9 所示，请进行固定资产新增的处理。

表 4-6-9　固定资产新增资料

资产类别：办公设备	原值（单币别）币别：人民币
卡片编号：008	原币金额：8 500
资产编号：JQ-1	购进累计折旧：0.00
资产名称：佳能复印机	开始使用日期：2016 年 1 月 17 日
使用状况：使用中	预计使用年限：5 年
变动方式：购入	已使用期间数：0
使用部门：财务部	预计净残值：130.00
折旧费用分配科目：管理费用	折旧方法：平均年限法

操作步骤：

1）以会计李崎的身份登录系统，单击"固定资产"→"固定资产增加"，打开"固定资产增加"对话框，按题目要求录入基础资料和折旧资料，单击"确定"。

此操作与固定资产期初的增加界面是一样的，所不同的是在基础资料录入的窗口里，增加的日期在此可以设置。设置结果如图 4-6-6 和图 4-6-7 所示。

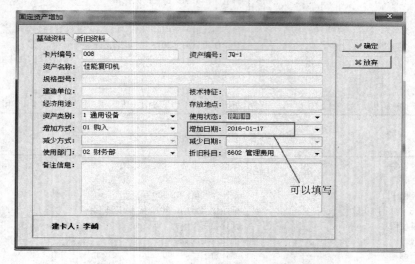

图 4-6-6　固定资产增加——基础资料设置

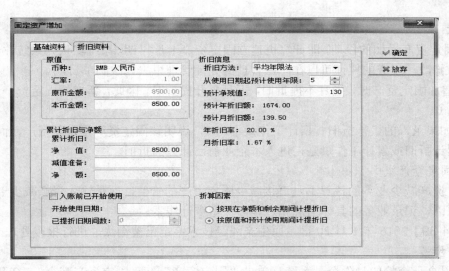

图 4-6-7　固定资产增加——折旧资料设置

2）单击"固定资产"→"固定资产凭证"，选中"佳能复印机"资料记录，单击"下一步"，选择凭证类型为"付款凭证"，单击"完成"并查看生成的凭证，修改凭证的日期，如图 4-6-8～图 4-6-10 所示。

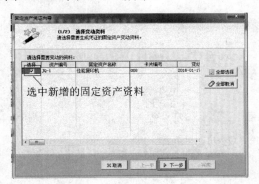

图 4-6-8　生成固定资产凭证——选择新增的卡片

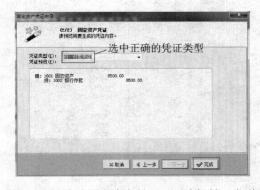

图 4-6-9　生成固定资产凭证——选择凭证类型

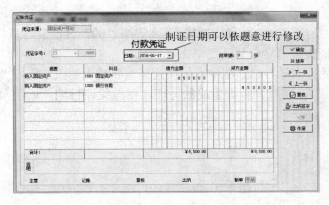

图 4-6-10　生成固定资产凭证——查看凭证

注意：

1）固定资产增加的日期，即计算机建立固定资产卡片日期，系统默认为系统注册日期，用户可以修改。生成的凭证可以在总账管理的凭证管理里去修改制单日期。

2）增加固定资产时，当月不提折旧，下月再开提折旧。因此，新增的固定资产卡片里，折旧额为 0。

3）如果录入的累计折旧、累计工作量不为 0，说明该固定资产不是新资产，而是旧资产，其累计折旧或累计工作量是在进入本企业前已计提的折旧。

2. 固定资产减少

固定资产减少业务的核算不是直接减少固定资产的价值，而是输入资产减少卡片，说明减少原因，记录业务的具体信息和过程，保留审计线索。

【例 4-39】2016 年 1 月 20 日，原生产线经技术鉴定已被淘汰，进行报废处理。

操作步骤：

1）以会计李崎的身份登录系统，单击"固定资产"→"固定资产减少"，打开"固定资产减少"对话框，选择要减少的固定资产，按题目要求选择减少方式和减少日期，单击"确定"。此操作与固定资产增加类似，所不同的是在"固定资产减少"对话框里，先选中要减少的资产编号"003 生产线"，再选择减少的方式"12 报废"，减少日期"2016-1-20"，单击"确定"。设置结果如图 4-6-11 所示。

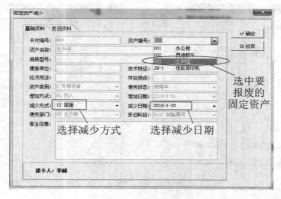

图 4-6-11　固定资产减少

2）单击"固定资产"→"固定资产凭证"，选中"003 佳能复印机"资料记录，单击"下一步"，选择凭证类型"转账凭证"单击"完成"。

在"固定资产凭证向导"对话框中，依次选择需要减少的固定资产"003 生产线"，和凭证类型"转账凭证"，完成并查看生成的凭证，修改凭证日期，如图 4-6-12～图 4-6-14 所示。

图 4-6-12　生成固定资产凭证——选择减少的卡片　　图 4-6-13　生成固定资产凭证——选择凭证类型

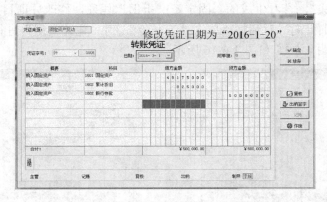

图 4-6-14　生成固定资产凭证——查看凭证

3. 固定资产其他变动

固定资产其他变动是指除卡片增加和减少之外的其他变动业务，具体包括部门、类别、原值、自定义项目等所有卡片项目的变动。固定资产变动的操作界面与固定资产卡片录入操作界面相似，不再赘述。

> **巩固训练 4-25**

1）固定资产新增：

卡片编号/资产编号：2002	资产名称：轿车 B	资产类别：交通运输设备
使用状态：使用中	增加方式：购入	增加日期：2013-1-30
原值：250000	累计折旧：50000	使用部门：销售部
折旧科目：6601 销售费	折旧方法：平均年限法	预计使用年限：10 年

2）将固定资产卡片中编号为"JQ-1"的固定资产卡片使用部门从"财务部"变更为"采购部"，其他信息保持不变。

4. 计提折旧

固定资产管理模块提供自动计提折旧的功能。初次录入固定资产原始卡片时，应将固定资产的原值、使用年限、残值（率）以及折旧计提方法等相关信息录入系统。在期末，系统利用自动计提折旧功能，对各项固定资产按照定义的折旧方法计提折旧，并将当期的折旧额自动累积到每项资产的累计折旧项目中，并减少固定资产账面价值。然后，系统将计提的折旧金额依据每项固定资产的用途归属到对应的成本、费用项目中，生成折旧分配表，并以此为依据，制作相应的记账凭证，并传递给账务处理模块。系统还可以提供折旧清单，显示所有应计提折旧的资产已计提折旧的信息。

本会计电算化考试系统可以根据录入的固定资产卡片资料，自动完成固定资产计提折旧工作，生成计提折旧记账凭证，传递到账务处理模块。

【例 4-40】 2016 年 1 月 30 日，计提当月固定资产折旧。

操作步骤： 单击"固定资产"→"计提折旧"，打开"计提折旧"的向导对话框，默认"累计折旧"科目，单击"下一步"，选择凭证类型"转账凭证"，单击"下一步"，折旧凭证预览，单击"完成"，查看生成的"固定资产折旧"凭证，修改凭证日期。

打开"计提折旧"向导对话框，单击"下一步"，对"凭证类型"进行设置，保持累计折旧科目不变，如图 4-6-15 和图 4-6-16 所示。

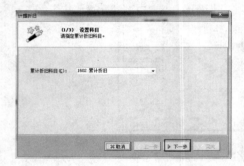 

图 4-6-15　计提折旧向导　　　　　　图 4-6-16　计提折旧向导——选择"转账凭证"

单击"下一步"，计提本期折旧费用，预览生成的折旧凭证内容，如图 4-6-17 所示。

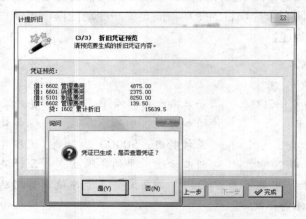

图 4-6-17　计提折旧向导——折旧凭证预览

单击"是"，确认查看凭证，系统完成计提折旧以后，将生成的凭证显示出来，如图 4-6-18 所示。

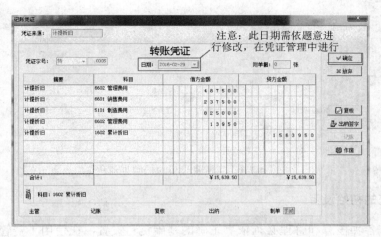

图 4-6-18 查看生成的折旧凭证

在总账模块的"凭证管理"查找生成的折旧凭证，修改凭证日期为"2016 年 1 月 30 日"。最终查询凭证记录如图 4-6-19 所示。

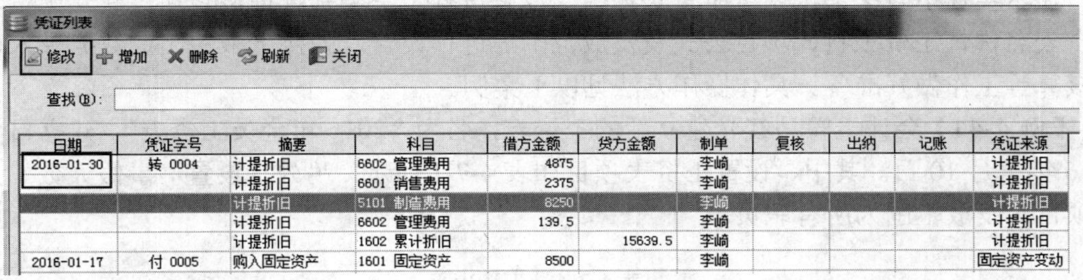

日期	凭证字号	摘要	科目	借方金额	贷方金额	制单	复核	出纳	记账	凭证来源
2016-01-30	转 0004	计提折旧	6602 管理费用	4875		李崎				计提折旧
		计提折旧	6601 销售费用	2375		李崎				计提折旧
		计提折旧	5101 制造费用	8250		李崎				计提折旧
		计提折旧	6602 管理费用	139.5		李崎				计提折旧
		计提折旧	1602 累计折旧		15639.5	李崎				计提折旧
2016-01-17	付 0005	购入固定资产	1601 固定资产	8500		李崎				固定资产变动

图 4-6-19 修改日期后的折旧凭证

注意：

1）固定资产折旧凭证的日期，系统默认为系统注册日期，用户可以修改。生成的凭证可以在总账管理的凭证管理中修改制单日期。

2）本期增加的固定资产不提折旧，本期减少的固定资产本期照提折旧；当期已经计提折旧需重新计提折旧时必须删除之前已经生成的折旧凭证，方可再计提折旧。

第七节 工资管理模块的基本操作

工资是企业职工薪酬的组成部分，是以货币形式支付给职工个人的一种劳务报酬，每个企事业单位在工资管理工作中都会涉及工资的计算、分配、汇总和发放等内容。会计核算软件中工资管理系统的主要任务是正确计算职工工资，对职工工资进行管理、编制工资相关报表，并按一定的分配原则进行工资费用的计提与分配。

本会计电算化考试软件的工资管理模块的数据流程如图 4-7-1 所示。

图 4-7-1　工资管理模块的数据流程

一、工资系统的初始设置

工资系统各种核算和管理必须依靠正确的基础资料设置，在使用工资管理模块前，需要先进行初始设置，需要设置的内容有工资类别、部门、职员、工资项目、工资计算公式等。

1. 新建工资表

在本会计电算化考试系统工资管理中，没有进行工资类别管理，它通过新建工资表将工资表名称、工资项目、项目公式及发放范围等进行设置，为接下来的工资数据录入、工资核算等工作做好准备。具体操作方法见以下案例。

【例 4-41】会计主管马红光建立新的工资表，名为"2016 年全员工资表"，建立日期为 2016 年 1 月 10 日。其中，设置工资表项目如表 4-7-1 所示。另外，设置"事假天数"为清零项目，发放范围为所有职员。

表 4-7-1　工资项目

工资项目名称	类型	长度	小数
基本工资	数字	12	2
岗位津贴	数字	12	2
奖　金	数字	12	2
事假天数	数字	4	1
事假扣款	数字	12	2
应发合计	数字	12	2
实发合计	数字	12	2

操作步骤：以会计主管马红光的身份登录系统，单击"工资"→"新建工资表"，打开"新增工资表"向导对话框，填写工资表名称和建立日期等相关内容，单击"下一步"→"下一步"，按题目要求指定本工资表的发放项目，单击"下一步"，选定清零售项目，单击"下一步"，选择发放范围，单击"下一步"，设置计算公式（题目没有要求就不设置），单击"下一步"，选择工龄计算方法（题目没有说明，就默认初始选项），单击"完成"。

打开"新建工资表"向导对话框，依次录入工作表名称"2016 年全员工资表"，选定建立日期"2016-1-10"，在数据来源窗口不做任何修改，单击"下一步"，如图 4-7-2 和图 4-7-3 所示。

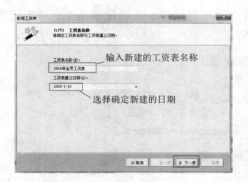

图 4-7-2 新建工资表——名称、日期

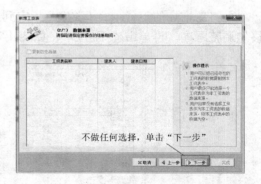

图 4-7-3 新建工资表——数据来源

然后，在指定发放项目的向导对话框，按照题意从可选择的工资项目栏逐一选择工资项目"基本工资、岗位津贴、事假天数、应发合计、实发合计"到右边的工资项目栏，如图 4-7-4 所示。

对于没有的工资项目"奖金"，单击"指定发放项目"向导对话框的"新增"，在打开的"新增工资项目"对话框里录入相应的项目资料，再单击"确定"，如图 4-7-5 所示。

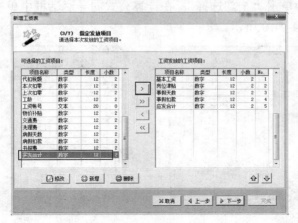

图 4-7-4 新建工资表——指定工资项目

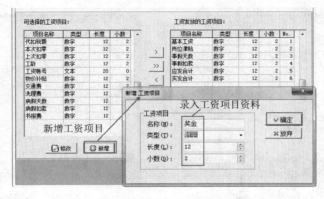

图 4-7-5 新建工资表——新增工资项目

再将新增加的工资项目"奖金"指定到工资表的项目栏里，并通过单击"上移"或"下移"调整顺序，再单击"下一步"，如图 4-7-6 所示。

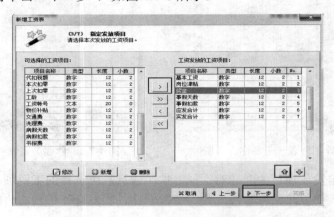

图 4-7-6　新建工资表——调整工资项目顺序

在"清零项目"向导对话框中选中"事假天数"项目，单击"下一步"，然后在"发放范围"向导对话框中单击"全部选择"，在计算公式向导对话框中单击"下一步"，最后保存，如图 4-7-7～图 4-7-10 所示。

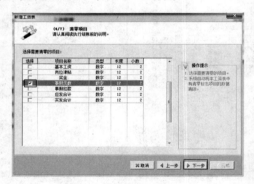

图 4-7-7　选择清零项目

图 4-7-8　选择发放范围

图 4-7-9　计算公式对话框

图 4-7-10　完成新建工资表

注意：

1）工资表名称不许重复，工资表建立时间不能为已结账期间。

2）如果选择了数据来源，系统默认本次发放范围与数据来源表相同；如果未选择数据来源，系统默认本次发放范围为所有职员。

3）系统最多只能选择一个工资表作为本工资表的数据来源，系统默认最近一次工作表为新增工资表的数据来源，使用时可按需要对其修改。

4）系统提供了三种数据类型：数字型、文本型和日期型，文本型的数据可为任意字符，如数字、文字、字母等，不能计算。

5）已使用过的工资项目不能删除。

2. 设置工资表的计算公式

【例 4-42】承接例 4-40，会计主管马红光为"2016 年全员工资表"设置的计算公式如表 4-7-2 所示。

表 4-7-2 计算公式

工资项目名称	计算公式
应发合计	基本工资+岗位津贴+奖金
事假扣款	事假天数×100
实发合计	应发合计-事假扣款

操作步骤：以会计主管马红光的身份登录系统，单击"工资"→"工资录入"，打开"工资表数据录入"窗口，选中"2016 年全员工资表"记录，单击"计算公式"，打开"修改'2016 年全员工资表'计算公式"对话框，增加并设置"事假扣款""应发合计""实发合计"工资项目，单击"确定"。

在"工资表数据录入"窗口中单击"计算公式"，打开"修改'2016 年全员工资表'计算公式"对话框。单击"新增公式"，则相关录入窗口被激活，在"计算项目"文本框中选入"应发合计"。单击激活"计算公式"文本框，双击可用项目组中的"基本工资"，单击"＋"号，双击"岗位津贴"，单击"＋"号，双击"奖金"。设置后的公式为应发合计＝基本工资＋岗位津贴＋奖金，如图 4-7-11 所示。

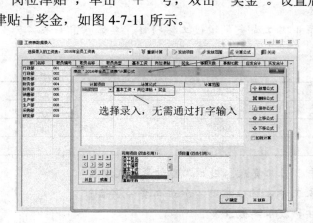

图 4-7-11 设置工资计算公式

依上述方法录入工资项目"事假扣款""实发合计"的计算公式，完成后如图 4-7-12 所示。

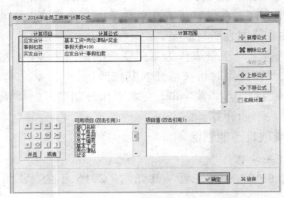

图 4-7-12　工资计算公式设置完毕

注意：

1）"清零"是指每次工资录入时系统会自动清除原来数据，如"事假天数""奖金"等每个月数据都发生变化的项目，用户可根据实际情况重新录入新的内容。

2）由公式生成的数据，如"应发合计""实发合计""事假扣款"等不需清零。

3）本次工资表设置完成后，再次修改该工资表时，清零项目将不允许修改，即在工资表修改时系统不再显示清零项目页标签。

➢ 巩固训练 4-26

1）新建工资表。

工资表名称： 2015 年 1 月工资表；

工资表建立日期： 2015 年 1 月 20 日；

指定发放项目： 基本工资、岗位津贴、事假扣款、应发合计、实发合计；

清零项目： 事假扣款；

发放范围： 全选。

2）为"2015 年 1 月工资表"增设工资项目，具体信息如表 4-7-3 所示。

表 4-7-3　工资项目信息

项目名称	数据类型	数据长度	小数位数
加班工资	货币	15	2
病假扣款	货币	15	2
病假天数	实数	12	2

3）为"2015 年 1 月工资表"进行工资计算公式定义：

应发合计 = 基本工资 + 岗位津贴 + 加班工资 + 奖金；

扣款合计 = 事假扣款 + 病假扣款；

实发合计 = 应发合计 − 扣款合计。

例题精讲

【重点例题・判断题】在工资核算模块中要实现所得税的自动计算，工资项目设置中必须有"应税所得"项目。 （ ）

【答案与解析】√。要实现所得税的自动计算，必须有"应税所得"项目，然后定义好征税级次、分级税率和免征额等。

二、工资业务处理

1. 工资录入

（1）录入工资基础数据

第一次使用工资管理模块时必须将所有人员的基本工资数据录入计算机。由于工资数据具有来源分散等特点，因此工资管理模块一般提供以下数据输入方式：

1）单个记录录入。选定某一特定员工，输入或修改其工资数据。

2）成组数据录入。先将工资项目分组，然后按组输入。

3）按条件成批替换。对符合条件的某些工资项，统一替换为一个相同的数据。

4）公式计算。适用于有确定取数关系的数据项。

5）从外部直接导入数据。通过数据接口将工资数据从车间、人事、后勤等外部系统导入工资管理模块。

【例4-43】在"2016年全员工资表"中，录入以下人员的工资基础数据，如表4-7-4所示。

表4-7-4 工资初始数据

部 门	职员编号	职员姓名	基本工资	岗位津贴
行政部	001	彭磊	5 000	2 000
行政部	002	徐红柳	3 500	1 000
财务部	003	张丽	3 000	500
财务部	004	马红光	4 000	1 500
财务部	005	李崎	3 500	1 000
销售部	006	赵方杰	3 000	1 000
生产部	007	王飞	2 500	500
生产部	008	张万年	2 500	500
采购部	009	黎开发	3 000	800
研发部	010	Peter	4 000	1 000

操作步骤：单击"工资"→"工资录入"，打开"工资表数据录入"窗口，选中"2016年全员工资表"记录，在职工记录"001 彭磊"的"基本工资""岗位津贴"项目栏里依次录入"5 000""2 000"，再依次录入其他职员的工资数据，关闭该窗口。

在"工资表数据录入"窗口中选中职员"彭磊"的记录，双击激活对应的"基本工资"项目栏，录入"5 000"，然后双击激活"岗位津贴"项目栏，录入"2 000"。再依同样方法录入其他职员的工资基础数据。全部完成后如图 4-7-13 所示。

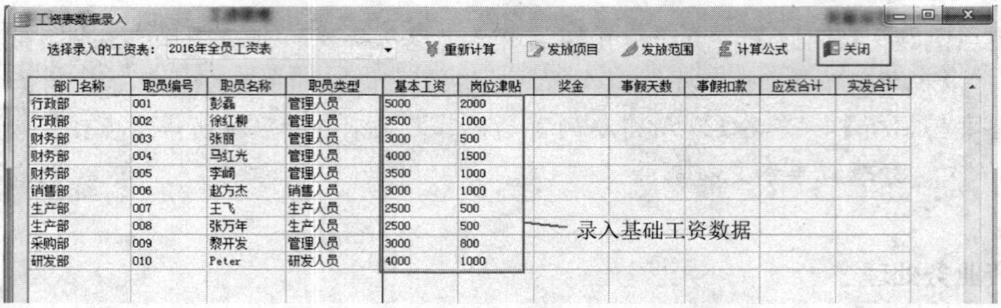

图 4-7-13 "工资表数据录入"窗口

（2）工资变动数据录入

工资变动是指对工资可变项目的具体数额进行修改，以及对个人的工资数据进行修改、增删。工资变动数据录入是指输入某个期间内工资项目中相对变动的数据，如奖金、请假天数等。

【例 4-44】在"2016 年全员工资表"中，录入以下人员的工资变动数据，如表 4-7-5 所示。

表 4-7-5 工资变动数据

部 门	职员编号	职员姓名	奖 金	事假天数
行政部	001	彭磊	500	
行政部	002	徐红柳	300	3
财务部	003	张丽	300	
财务部	004	马红光	500	
财务部	005	李崎	400	
销售部	006	赵方杰	1000	
生产部	007	王飞	300	1
生产部	008	张万年	300	
采购部	009	黎开发	300	2
研发部	010	Peter	1 000	

操作步骤：

1）单击"工资"→"工资录入"，打开"工资表数据录入"窗口，选中"2016 年全员工资表"记录，在职工记录"001 彭磊"的"奖金"项目栏里录入"500"，再依次录入其他职员的工资数据，关闭该窗口。

2）单击"重新计算"，"事假扣款""应发合计""实发合计"项目栏将根据公式自动算出填入数据。

在"工资表数据录入"窗口中选中职员"彭磊"的记录，双击激活对应的"奖金"项目栏。再依同样方法录入其他职员的工资基础数据。全部录入完成后，再单击此窗口上方的"重新计算"，系统将按设置好的计算公式自动算出另三个工资项目的数据，如图 4-7-14 所示。

图 4-7-14 工资表变动数据录入

例题精讲

【例题·单选题】 下列关于工资数据录入的表述中，不正确的是（ ）。

A. 所有工资项目都可录入

B. 可以筛选需要录入的人员和项目

C. 录入工资数据前，必须设定好工资项目

D. 不是每个项目都需要每月重新输入

【答案与解析】 A。有些工资项目的项目属性是"固定项目"，不需要每月重新录入。

➤ 巩固训练 4-27

1）工资录入：2015 年 1 月工资表，录入以下职员的初始工资项目，如表 4-7-6 所示。

表 4-7-6 "2015 年 1 月工资表"基础工资信息

部 门	职 员	基本工资	岗位津贴
行政部	彭磊	3 500	500
行政部	徐红柳	3 000	300
财务部	马红光	3 200	400
财务部	李崎	3 200	200
销售部	赵方杰	2 500	300
生产部	王飞	2 000	100
生产部	张万年	2 000	100

2）变动工资录入：2015 年 1 月工资表，录入以下职员的变动工资数据，如表 4-7-7 所示，并完成全部工资表的公式计算。

表 4-7-7 "2015 年 1 月工资表"变动工资信息

部 门	职 员	事假扣款	病假天数	加班工资
行政部	彭磊		2	200
行政部	徐红柳	150		
财务部	马红光			100
财务部	李崎	100	1	
销售部	赵方杰			200
生产部	王飞	50	3	300
生产部	张万年			250

2. 工资费用分配

工资管理系统可以对工资费用的分配进行定义，按照人员类别及所属部门归结工资费用，每月分配工资费用时系统会自动生成机制凭证并传输到账务处理模块。

【例4-45】对"2016年全员工资表"（该工资表为2016年1月设置）的工资信息按下表4-7-8进行工资分摊的设置，并以"应发合计"为标准生成工资凭证。

表4-7-8　工资分配设置

职员类型	借方科目	贷方科目
管理人员	管理费用——工资	应付职工薪酬
生产人员	生产成本	应付职工薪酬
销售人员	销售费用	应付职工薪酬
研发人员	研发支出	应付职工薪酬

操作步骤：单击"工资"→"工资凭证"，选择设置会计期间为"2016年1月"，单击"下一步"，进入"计算公式"界面，选中"2016年全员工资表.应发合计"为工资计提公式，进入"设置科目"界面，按题目要求设置好科目，单击"下一步"，完成并查询生成的工资凭证。

打开"工资凭证向导"向导对话框后，首先选择会计期间"2016年1月"，才会显示出"2016年全员工资表"，选中该表记录后单击"下一步"，再指定工资计提的公式"2016年全员工资表.应发合计"，如图4-7-15和图4-7-16所示。

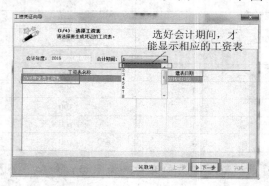

图4-7-15　选择工资表

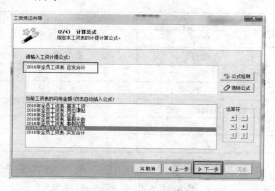

图4-7-16　指定工资计提公式

单击"下一步"后，进一步指定凭证所需的借方科目，如图4-7-17所示。注意，每一个职员类型对应的借方科目均要设置，不能空白。因此，"0001 无职员类型"需要删除。

单击"下一步"后，进入"凭证预览"界面，此时要注意选择凭证类型为"转账凭证"，单击"完成"，弹出询问框，单击"是"，如图4-7-18所示。

最后，查看生成的工资分摊凭证，如图4-7-19所示，此时凭证已经自动传递到总账系统。但该凭证的日期默认是计算机的系统日期，因此还要到总账管理模块里修改此凭证的日期为"2016-1-30"。

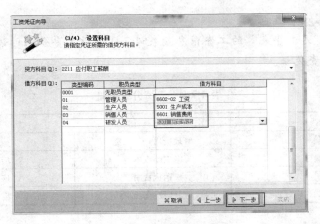

图 4-7-17　设置工资凭证的科目

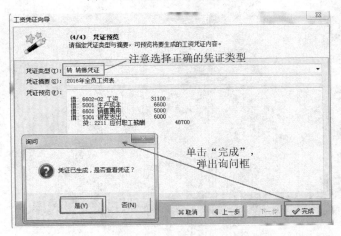

图 4-7-18　设置工资凭证的科目

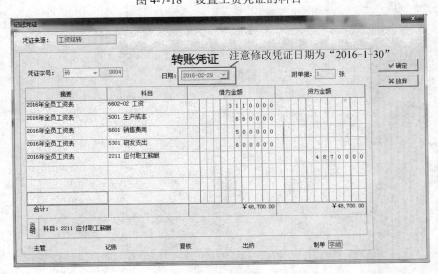

图 4-7-19　生成的工资分摊凭证

➤ 巩固训练 4-28

将"2015 年 1 月工资表"的工资信息按表 4-7-9 进行工资分摊的设置，并以"应发合计"为标准生成工资凭证。

表 4-7-9　工资分配设置

职员类型	借方科目	贷方科目
管理人员	管理费用——工资	应付职工薪酬
生产人员	生产成本	应付职工薪酬
销售人员	销售费用	应付职工薪酬
研发人员	研发支出	应付职工薪酬

第五章

>>> Excel 在会计中的应用

本 章 导 读

　　本章是 2014 年 4 月新大纲的新增内容，旨在考核考生对常用办公软件 Excel 的实际掌握程度。本章内容包括电子表格软件的概述、数据的输入与编辑、公式与函数的应用、数据清单及其管理分析等内容。

　　本章的考试多为选择和判断题，亦可能有操作题。考生不仅要熟练掌握 Excel 的基本操作，也要对 Excel 中的公式、函数、数据管理及图表处理都有所掌握。考生应加强练习，在练习中促进理解与记忆。

⌇ 第一节　电子表格软件概述 ⌇

一、常用的电子表格软件

电子表格，又称电子数据表，是指由特定软件制作而成的，用于模拟纸上计算的由横竖线条交叉组成的表格。

Windows 操作系统下常用的电子表格软件主要有微软的 Excel、金山 WPS 电子表格等；Mac 操作系统下则有苹果的 Numbers，该软件同时可用于 iPad 等手持设备。此外，还有专业电子表格软件如 Lotus Notes、第三方电子表格软件如 Formula One 等。

微软的 Excel 软件（以下简称 Excel）是美国微软公司研制的办公自动化软件 Office 的重要组成部分，目前已经广泛应用于会计、统计、金融、财经、管理等众多领域。考虑到其操作简单直观、应用范围广泛、用户众多且与其他电子表格软件具有很好的兼容性，未特别说明时，本章主要介绍 Excel 的操作方法，以当前最新的版本 2013 版举例，如图 5-1-1 所示。

图 5-1-1　Excel 2013 标志

二、电子表格软件的主要功能

电子表格软件的主要功能：①建立工作簿；②管理数据；③实现数据网上共享；④制作图表；⑤开发应用系统。

1. 建立工作簿

Excel 启动后，即可按照要求建立一个空白的工作簿文件，每个工作簿中含有一张或多张空白的表格。这些在屏幕上显示出来的默认由灰色横竖线条交叉组成的表格被称为工作表，又称"电子表格"。工作簿如同活页夹，工作表如同其中的一张张活页纸，且各张工作表之间的内容相对独立。工作表是 Excel 存储和处理数据的最重要的部分。每张工作表由若干行和列组成，行和列交叉形成单元格。单元格是工作表的最小组成单位，单个数据的输入和修改都在单元格中进行，每个单元格最多可容纳 32 000 个字符。

在 Excel 2003 中，每个工作簿默认含有 3 张工作表，每张工作表由 65 536 行和 256 列组成；在 Excel 2013 中，每个工作簿默认含有 1 张工作表，该工作表由 1 048 576 行和 16 384列组成，如图 5-1-2 所示。默认的工作表不够用时，可以根据需要予以适当添加。每个工作簿含有工作表的张数受计算机内存的限制。

2. 管理数据

用户通过 Excel 不仅可以直接在工作表的相关单元格中输入、存储数据，编制销量统计表、科目汇总表、试算平衡表、资产负债表、利润表及大多数数据处理业务所需的表格，而且可以利用计算机，自动、快速地对工作表中的数据进行检索、排序、筛选、分类、汇总等操作，还可以运用运算公式和内置函数，对数据进行复杂的运算和分析。

3. 实现数据网上共享

通过 Excel，用户可以创建超级链接，获取局域网或互联网上的共享数据，也可将自己的工作簿设置成共享文件，保存在共享网站，让世界上任何位置的互联网用户共享工作簿文件。

图 5-1-2　每个工作簿默认含有 1 张工作表

4．制作图表

Excel 提供了散点图、柱形图、饼图、条形图、面积图、折线图、气泡图、三维图等 14 类 100 多种基本图表，如图 5-1-3 所示。Excel 不仅能够利用图表向导方便、灵活地制作图表，而且可以很容易地根据同一组数据制作成不同类型的图表，以便直观地展示数据之间的复杂关系；不仅能够任意编辑图表中的标题、坐标轴、网络线、图例、数据标志、背景等各种对象，而且可以在图表中添加文字、图形、图像和声音等，使精心设计的图表更具说服力。

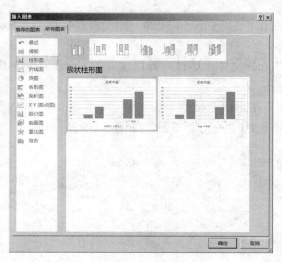

图 5-1-3　基本图表

5．开发应用系统

Excel 自带 VBA 宏语言，用户可以根据这些宏语言，自行编写和开发一些满足自身管理需要的应用系统，有效运用和扩大 Excel 的功能。

三、Excel 的启动与退出

1. Excel 的启动

通常可以采用下列方法启动 Excel 软件。

1）单击"开始"菜单中的 Excel 2013 快捷命令，如图 5-1-4 所示。

图 5-1-4　通过"开始"菜单启动 Excel 2013

通过"开始"菜单可启动 Excel 2013，同时建立一个新的文档。该文档在 Excel 中被默认为工作簿。启动 Excel 后建立的第一个空白工作簿的缺省名和扩展名，在 Excel 2013 中分别为"工作簿 1"和".x1sx"，（在 Excel 2003 中分别默认为"Book1"和".xls"）但也可以另存为其他名字。

2）单击桌面或任务栏中 Excel 的图标。这种方法的前提是桌面或任务栏中已经创建 Excel 快捷方式。

3）通过"运行"对话框启动 Excel 软件。相关操作完成后，Excel 启动，同时建立一个新的空白工作簿。

4）打开已建立的 Excel 文件。通过打开已建立的 Excel 文件来启动 Excel。

2. Excel 软件的退出

通常可以采用下列方法退出 Excel。

1）单击标题栏最右边的"关闭"按钮。如图 5-1-5 所示。

图 5-1-5　退出 Excel

2）单击"关闭窗口"或"关闭所有窗口"命令。右击任务栏中的 Excel 图标，打开菜单选项，单击"关闭窗口"可退出 Excel 文件。文件被关闭后，Excel 软件也随之退出。

3）按快捷键"Alt＋F4"。

以上三种方法操作时，如果退出前有编辑的内容未被保存，将出现提示是否保存的对话框，如图 5-1-6 所示。

图 5-1-6　是否保存对话框

注意事项

以上操作方法均指的是当前只有一个工作簿的情形，如果当前有多个工作簿文件在运行，以上操作方法执行的结果将是当前操作的文件被关闭，其他处于打开状态的 Excel 文件仍在运行，Excel 软件并未退出。只有在这些文件均被关闭后，Excel 软件才能退出。

四、Excel 的用户界面

Excel 启动后，通常会建立一个新的空白工作簿或者打开一个现有的工作簿，该工作簿是用户操作 Excel 软件的重要平台，被称为默认的用户界面。

Excel 软件的默认用户界面因版本不同而有所区别。其中，Excel 2003 及以下版本的默认用户界面基本相同，由标题栏、菜单栏、工具栏、编辑区、工作表区、状态栏和任务窗格等要素组成；Excel 2007 及以上版本的默认用户界面基本相同，主要由功能区、编辑区、工作表区和状态栏等要素组成，如图 5-1-7 所示。

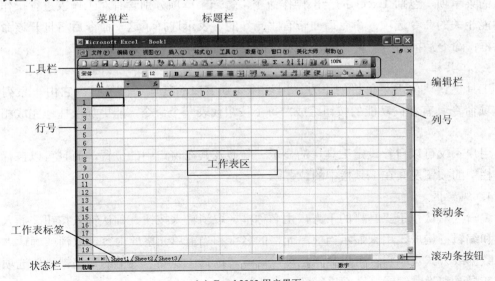

（a）Excel 2003 用户界面

图 5-1-7　Excel 用户界面

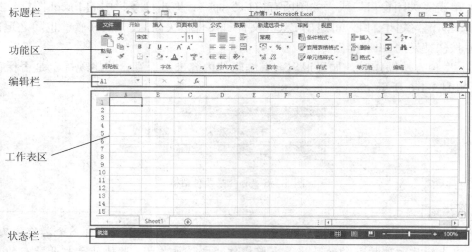

（b）Excel 2013 用户界面

图 5-1-7　Excel 用户界面（续）

1. 标题栏

标题栏位于窗口的最上方，依次列示 Excel 软件的图标、文档的标题和控制 Excel 窗口的按钮。

2. 菜单栏

Excel 2003 的菜单栏默认位于标题栏的下方，但可移动到窗口的其他适当位置，包含"文件"、"编辑"、"视图"、"插入"、"格式"、"工具"、"数据"、"窗口"和"帮助"等 9 个默认的菜单项，包括 Excel 的全部操作命令，每一菜单项分别含有对工作表进行操作的一组功能相关的命令选项。命令后面带有"…"的，表示选择了这一命令后将打开该命令的对话框；命令后面带有"▶"的，表示该命令后面带有一个子菜单。

3. 工具栏

工具栏默认位于菜单栏的下方，但可移动到窗口的其他适当位置。它由一系列与菜单选项命令具有相同功能的按钮组成。每个按钮代表一个命令，能更加快捷地完成相应的操作。

用户不仅可以自行设定工具栏的显示、隐藏及其在窗口中的位置，而且可以自行设定工具栏中的按钮及其在工具栏中的位置。

4. 编辑区

编辑区默认位于工具栏的下方，由名称框、取消输入按钮、确认输入按钮、插入函数按钮和编辑栏构成，用来显示当前单元格的名字和当前单元格的内容、取消或确认本次输入的数据或公式。编辑区可以显示也可以隐藏。选择"视图"菜单的"编辑栏"选项，就可以在显示和隐藏编辑区之间进行切换。

5. 工作表区

工作表区默认位于编辑区的下方，是 Excel 文件用于存储和处理数据的专门区域，由工作表、工作表标签、标签滚动按钮、滚动条和滚动条按钮、列和列号、行和行号、全选按钮、单元格等要素组成。

6. 状态栏

状态栏默认位于窗口底部，可以显示各种状态信息，如单元格模式、功能键的开关状态等。

7. 任务窗格

任务窗格默认位于 Excel 窗口的右边，但可移动到窗口的其他适当位置，用于集中放置最常用的功能和快捷方式，具体包括"开始工作"、"帮助"、"搜索结果"、"剪贴画"、"信息检索"、"剪贴板"、"新建工作簿"、"模板帮助"、"共享工作区"、"文档更新"和"XML源"等 11 个任务窗格。

8. 功能区

功能区是由一系列在功能上具有较强相关性的组和命令所形成的区域，各功能区的主要功能由相应的选项卡标签予以标识，用户可以根据需要，快速找到和调用包含当前所需命令的功能区。

Excel 2013 默认的选项卡标签有"开始"、"插入"、"页面布局"、"公式"、"数据"、"审阅"、"视图"、"开发工具"，排列在标题栏的下方。此外，用户还可以通过"自定义功能区"自定义选项卡。单击任一选项卡标签，其下方将出现一个以平铺方式展开的"带形功能区"，它由若干个功能相关的组和命令所组成。

功能区的优势主要在于，它将通常需要使用菜单、工具栏、任务窗格和其他用户界面组件才能显示的任务或入口点集中在一起，便于在同一位置查找和调用功能相关的命令。

五、Excel 文件的管理

Excel 文件的管理主要包括新建、保存、关闭、打开、保密、备份、修改与删除等工作。

1. Excel 文件的新建与保存

（1）Excel 文件的新建

单击"开始"菜单中的 Excel 快捷命令、双击桌面或任务栏中 Excel 的快捷方式或者通过"运行"对话框等方式启动 Excel 软件的，系统将自动建立一个新的空白工作簿，或者提供一系列模板以供选择。选择其中的空白工作簿模板后，将打开新的空白工作簿，并在标题栏中显示默认的文件名。

以打开已创建的 Excel 文件方式启动 Excel 软件的，可通过以下方法之一建立一个新的空白工作簿：①按快捷键"Ctrl＋N"；②单击"文件"→"新建"，选择其中的空白工作簿模板，如图 5-1-8 所示；③单击工具栏中的"新建"按钮。

图 5-1-8　新建文件

（2）Excel 文件的保存

为了继续使用新建的 Excel 文件，应当以合适的名称和类型将 Excel 文件保存在适当的位置。Excel 文件在编辑修改完毕或退出 Excel 软件之前，均应进行保存。保存 Excel 文件的常用方法包括以下四种。

1）通过"F12"键进行保存。

2）通过按快捷键"Ctrl＋S"进行保存。对于之前已经保存过的文件，按快捷键"Ctrl＋S"后，将直接保存最近一次的修改，不再弹出"另存为"对话框。

3）通过单击常用工具栏（适用于 Excel 2003）或快速访问工具栏（适用于 Excel 2013）中的"保存"或"另存为"按钮进行保存。

4）通过"文件"菜单（或 Excel 2003"工具栏"菜单）中的"保存"或"另存为"命令进行保存，如图 5-1-9 所示。

图 5-1-9　保存文件

为了避免 Excel 软件意外中止而丢失大量尚未保存的信息，系统通常会默认保存自动恢复信息的时间间隔，这一时间间隔还可以自定义。

2．Excel 文件的关闭与打开

（1）Excel 文件的关闭

退出 Excel 前必须关闭打开的文件，除了可以采用前述三种退出 Excel 的方法来关闭处于打开状态的文件外，还可采用以下方法来关闭处于打开状态的 Excel 文件。

1）单击"工具栏"中的"关闭"按钮。Excel 2013 中没有"工具栏"菜单，可单击快速访问工具栏中的"关闭"按钮关闭当前打开的文件，如图 5-1-10 所示。

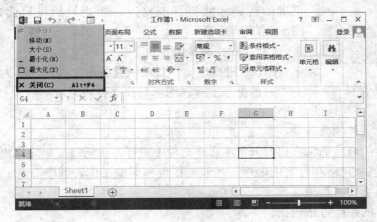

图 5-1-10 关闭文件

2）单击"文件"→"关闭"。

3）按快捷键"Ctrl＋F4"。

上述三种方法关闭的均是当前文件，其他处于打开状态的 Excel 文件仍处于打开状态，Excel 软件仍在运行，并可通过按快捷键"Ctrl＋N"等方式创建新工作簿。

（2）Excel 文件的打开

打开 Excel 文件的方法主要有以下五种。

1）通过双击 Excel 文件打开。

2）通过快捷菜单中"打开"命令打开。

3）通过"文件"菜单中的快捷键"打开"命令打开，如图 5-1-11 所示。

图 5-1-11 打开文件

4）通过常用工具栏（适用于 Excel 2003）或快速访问工具栏（适用于 Excel 2013）中的"打开"按钮打开。

5）通过按快捷键"Ctrl＋O"打开。

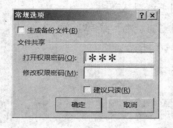

图 5-1-12　输入密码

3. Excel 文件的保密与备份

（1）Excel 文件的保密

对于设置了打开或修改权限密码的 Excel 文件，只有输入正确的密码才能打开或修改。否则只能以只读方式打开，如图 5-1-12 所示。

（2）Excel 文件的备份

Excel 根据原文件自动创建备份文件的名称为原文件名后加上"的备份"字样，图标与原文件不同。

4. Excel 文件的修改与删除

（1）Excel 文件的修改

Excel 文件的修改通常在已打开的 Excel 文件中进行，包括修改单元格内容、增删单元格和行列、调整单元格和行列的顺序、增删工作表和调整工作表顺序等。

（2）Excel 文件的删除

Excel 文件的删除方法包括：

1）选中要删除的 Excel 文件，按"Delete"进行删除。

2）右击要删除的 Excel 文件，单击"删除"。

❧ 第二节　数据的输入与编辑 ❧

一、数据的输入

1. 数据的手工输入

Excel 中，数据的输入和修改都在当前单元格或者对应的编辑栏中进行。Excel 文件打开后，所有单元格均默认处于就绪状态，等待数据的输入。

Excel 允许向单元格中输入各种类型的数据：文字、数字、日期、时间、公式和函数。输入进单元格的这些数据称为单元格的内容。输入操作总是在当前单元格内进行，所以首先应该选择单元格，然后输入数据。数据在单元格编辑行同时显示。对于编辑含有少量数字和文字内容的单元格，最简单的方法是选中该单元格直接输入数据。但是编辑输入含有长内容或复杂公式的单元格时，最好先单击单元格，然后再单击编辑栏，在编辑栏中进行编辑输入。

如果选中的单元格内已有数据，则该数据显示在编辑栏中。若输入新数据，则原数据将被覆盖。

数据输入结束，以按回车键或用鼠标激活其他单元格确认。单元格内的数据经确认后才能按规定的格式将结果显示在单元格内。

（1）在单个单元格中录入数据

选定目标单元格，录入所需的数字或文本。

1）输入数字。

数值包括 0 到 9 组成的数字和特殊字符：+ - ( ) , / $ % . E e 中的任意字符。

数值在单元格内靠右对齐。

对于数值的书写格式，Excel 规定：

① 单元格中以默认的通用数字格式可显示的最大数字为 99 999 999 999，如果超出此范围，则自动在单元格中改为以科学计数法显示。

② 当单元格中显示一串#号时，表示此格的列宽不够显示此数字。可调整列宽，以正确显示此数。

③ 正数的前面不必带"+"号，Excel 会自动把加号去掉。

④ 负数的"-"号必须有，用圆括号括起来的数也代表负数。例如"-123"和"（123）"都表示"-123"。

⑤ 输入真分数时应在前面用 0 和一个空格引导，如"0 1/2"表示二分之一，以便与日期相区别。在单元格中显示"1/2"，在编辑栏中显示"0.5"。

⑥ 输入真分数时应在前面用 0 和一个空格引导，如"0 1/2"表示二分之一，以便与日期相区别。在单元格中显示"1/2"，在编辑栏中显示"0.5"。

⑦ 公式中出现的数值，不能用圆括号来表示负数，不能用千分号"，"分割千分位，不能在数字前用货币符号"$"。

2）输入文本。

Excel 中的文本通常是指字符或者是数字和字符的组合。任何输入到单元格内的字符集只要不被系统解释成数值、公式、日期、时间、逻辑值，则 Excel 一律将其视为文本。

默认方式下，文本在单元格内靠左对齐。一个单元格内最多可以存放 32 000 个字符。

如果输入的文本全部由数字组成，比如邮政编码、电话号码等，为了避免被 Excel 误认为是数值型数据，则在输入时先输入英文单引号"'"，再输入数字，以区别数值型数据和数字组成的文本型数据。例如输入数字文本"110"，应输入：'110，确认后单元格中显示"110"，靠左对齐。

3）输入日期和时间。

一般情况下，日期的年、月、日之间用"/"或"-"分隔，输入年/月/日或年-月-日。在编辑栏中总是以年-月-日形式显示，在单元格中的默认显示格式为：年-月-日。

如输入"10/1"，确认后单元格显示"10 月 1 日"，编辑栏显示"2000-10-1"；输入"2000/10/1"，确认后单元格显示"2000-10-1"，编辑栏显示"2000-10-1"

时间的时、分、秒之间用冒号分隔，如 8:30:45。

若用十二小时制键入时间，要在时间后面留一空格并键入 A 或 P（大小写均可），表示上午或下午。例如，键入"3:30P"，单元格内将显示为："3:30PM"，编辑栏内则显示"15:30:00"。

若在同一单元格中键入日期和时间，应在其间用空格分隔。

日期、时间在单元格内靠右对齐。

如果输入的形式不对，或者日期、时间超过了范围，则所输入的内容被判断为文字型数据，向左靠齐。

4）单元格数据的超长处理。

对于单元格中的文本，当字符长度超过单元格宽度时，Excel 允许该文本覆盖右边相邻的空单元格完整显示；如果右边相邻的单元格中有内容，就只能在自身的单元格宽度内显示部分内容，没有被显示的内容仍然与被显示的内容一起属于该单元格，在编辑栏中看到的是该单元格中的完整内容。

若要使全部内容在原宽度内全部显示出来，可以选择单元格格式中的自动换行功能。

例题精讲

【重点例题·单选题】输入完全由数字组成的文本字符时，应在前面加（　　）。

A. 直接输入　　　　　B. 双引号　　　　　C. 单引号　　　　　D. 加句号

【答案与解析】C。单引号的作用是使数值变为字符。

【例 5-1】建立金达公司工资表，并输入如图 5-2-1 所示文字内容。

图 5-2-1　金达公司工资表文本输入

操作步骤：

① 新建一个工作簿，保存并命名为"金达公司工资表.xlsx"。

② 选中工作表 Sheet1 的 A1:H1 单元格区域，单击"开始"→"对齐方式"→"合并

后居中"。然后输入文本"金达公司工资表"，字体"华文新魏"，字号"24"，如图 5-2-2 所示。

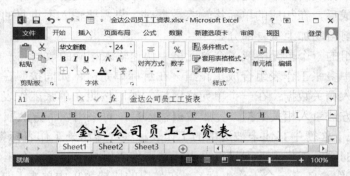

图 5-2-2　字体设置

③ 在 A2:H2 单元格区域分别输入"编号"、"姓名"、"性别"、"部门"、"职称"、"基本工资"、"奖金"、"应发工资"。

④ 在 B3:E15 单元格区域依次输入如图 5-2-3 所示文字内容，完成操作。

➤ 巩固训练 5-1

在例 5-1 的"金达公司工资表"中输入数字，完成结果如图 5-2-3 所示。

编号	姓名	性别	部门	职称	基本工资	奖金	应发工资
0001	石俊玲	女	财务部	会计师	3000	400	3400
0002	刘海云	女	财务部	会计师	2500	1300	3800
0003	黄东	男	培训部	技师	4000	400	4400
0004	刘文	女	培训部	工程师	2500	1500	4000
0005	江涛	男	培训部	工程师	2500	500	3000
0006	陈春生	男	销售部	高工	4800	900	5700
0007	冯文辉	男	销售部	技师	4000	1100	5100
0008	刘瑜	女	销售部	工程师	2500	1700	4200
0009	陈石	男	销售部	工程师	2500	1900	4400
0010	曲晓东	男	研发部	工程师	2500	2100	4600
0011	赵丹	女	研发部	工程师	2500	700	3200
0012	王海涛	男	研发部	高工	4800	1000	5800
0013	王佐	男	研发部	高工	4800	1200	6000

图 5-2-3　金达公司工资表数据输入

（2）在单张工作表的多个单元格中快速输入完全相同的数据

选定单元格区域，在当前活动单元格或者对应的编辑栏中输入所需的数字或文本，按

"Ctrl+Enter"确认录入的内容。

（3）在单张工作表的多个单元格中快速输入部分相同的数据

相关设置完成后，在相应的单元格输入数据时，只需要输入不重复的数字部分，系统会在输入的数字前自动加上重复部分。

（4）在工作组的一个单元格或多个单元格中快速输入相同的数据

可将工作簿中多张工作表组合成工作组。在目标单元格，如同按照在单个单元格中输入数据的方法录入相关数据；在一个单元格区域，如同按照在单张工作表的多个单元格中输入相同数据的方法录入相关数据。完成数据输入后，可采用以下方法取消工作组：

① 单击所在工作簿中其他未被选中的工作表标签（即组外工作表标签），如果该工作组包含工作簿中的所有工作表，则只需单击活动工作表以外的任意一个工作表标签。

② 右击该工作簿任意一个工作表标签，在弹出的快捷菜单中单击【取消成组工作表】。

2. 单元格数据的快速填充

（1）相同数据的填充

某单元格的内容需要复制到其他单元格时，通常可单击该单元格右下角的填充柄，鼠标箭头随之变为黑十字形，按住鼠标左键向上下左右的任一方向拖动，然后松开鼠标左键，该单元格的内容即被填充到相关单元格，如图 5-2-4 所示。

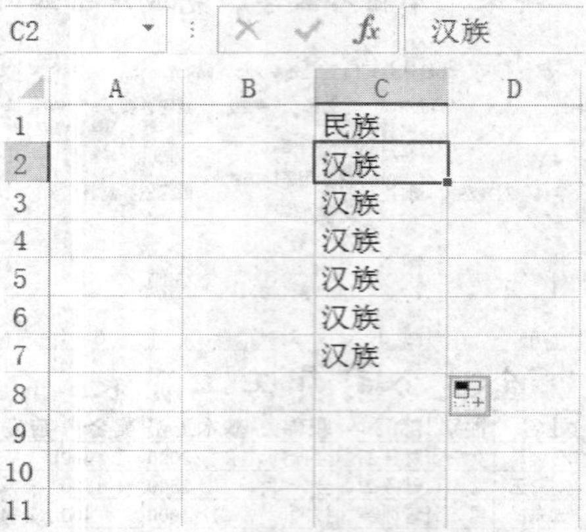

图 5-2-4　相同数据的填充

（2）序列的填充

序列是指按照某种规律排列的一列数据，如等差数列、等比数列等。使用填充柄可自动根据已填入的数据填充序列的其他数据。

1）在需要输入序列的第一个单元格中输入序列第一个数或文本内容，紧接第二个单元格输入序列第二个数或文本内容。

2）选中上述两个单元格，单击第二个单元格右下角的填充柄，按住鼠标左键拖动，在适当的位置释放鼠标，拖过的单元格将会自动进行填充。

【例 5-2】利用填充功能生成偶数序列，如图 5-2-5 所示。

图 5-2-5 序列填充

（3）填充序列类型的指定

利用自动填充功能填充序列后，可以指定序列类型，如填充日期值时，可以指定按月填充、按年填充或者按日填充等。

拖动填充柄并释放鼠标时，鼠标箭头附近出现"自动填充选项"按钮，单击该按钮打开下拉菜单以选择填充序列的类型。

➢ 巩固训练 5-2

利用自动填充功能生成12个月，如图 5-2-6 所示。

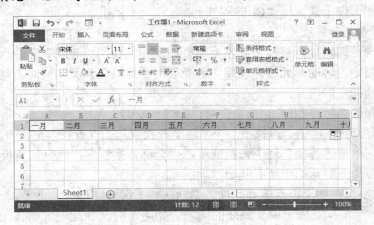

图 5-2-6 自动填充生成月份

3. 导入其他数据库的数据

Excel 可以获取 SQLServer、Access 等数据库的数据，实现与小型数据库管理系统的交互。

二、数据的编辑

1. 数据的复制和剪切

（1）数据的复制和粘贴

Excel 中，可以使用"粘贴"命令粘贴复制的内容，还可以使用"选择性粘贴"命令有选择地粘贴剪贴板中的数值、格式、公式、批注等内容，如图 5-2-7 所示。

数据的复制和粘贴可使用快捷键"Ctrl＋C"和"Ctrl＋V"。

图 5-2-7　选择性粘贴

（2）数据的剪切与粘贴

数据的剪切与复制不同。数据复制后，原单元格中的数据仍然存在，目标单元格中同时还增加原单元格中的数据；数据剪切后，原单元格中数据不复存在，只在目标单元格中增加原单元格中的数据。

数据的剪切可使用快捷键"Ctrl＋X"。

2. 数据的查找和替换

查找和替换是编辑处理过程中经常要执行的操作。使用"查找"命令可以在工作表中迅速找到含有指定内容的单元格。使用"替换"命令可以在查找的同时自动进行替换，即用新的内容替换搜索的内容。

（1）查找和替换特定数据

如果只需要查找，单击"查找下一个"逐个查找或单击"查找全部"一次性全文查找。如果需要替换，单击"替换"逐个替换或单击"全部替换"一次性全部替换。

在"查找"命令对话框中还有几个选项：

① 区分大小写：如果没有选择此项，则默认为不区分字母的大小写。

② 区分全/半角：对应于中文系统的选项，如果没有选择此项，则认为全角和半角的字母、字符是一样的。

③ 单元格匹配：查找指定的字符串为全部内容的单元格，忽视指定的字符串为局部内容的单元格。

（2）选择包含公式的单元格

单击"编辑"→"查找和选择"→"公式"，选择工作簿中所有包含公式的单元格。

（3）替换格式

进行相应格式设置后，单击"确定"，打开"查找与替换"对话框，单击"全部替换"即完成对内容和格式的批量替换，如图 5-2-8 所示。

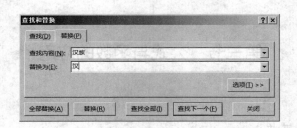

图 5-2-8　替换

三、数据的保护

1. 保护工作簿

Excel 可以为重要的工作簿设置保护，限制进行相应的操作。

（1）限制编辑权限

工作簿被保护后所有的操作都不可进行。如果要撤销保护工作簿，按设置保护工作簿的路径单击"保护工作簿"，输入正确的密码后可撤销保护。

结构：勾选此复选框后，禁止在当前工作簿中插入、删除、移动、复制、隐藏或取消隐藏工作表，禁止重新命名工作表。

窗口：勾选此复选框后，当前工作簿的窗口按钮不再显示，禁止新建、放大、缩小、移动或分拆工作簿窗口，"全部重排"命令也对此工作簿不再有效。

（2）设置工作簿打开权限密码

设置密码完成后，当再次打开工作簿时，需要输入正确的密码才能打开。

2. 保护工作表

在 Excel 2013 中，可以对工作表进行编辑权限设定，限制他人对工作表的编辑权限，如插入行、插入列等。取消权限保护需输入正确的密码。

如果要撤销保护工作表，按设置保护工作簿的路径单击"保护工作表"，正确输入取消工作表保护时使用的密码后可撤销保护。

3. 锁定单元格

在工作表保护状态下，锁定单元格的内容不能被修改，而非锁定单元格的内容可更改。在工作表非保护状态下，锁定单元格和非锁定单元格在操作上没有区别。因此，使用"锁定单元格"功能必须启用保护工作表功能。

右击选中的单元格，选择"设置单元格格式"命令，选择"保护"选项卡，可设置"锁定"或"非锁定"状态，如图 5-2-9 所示。

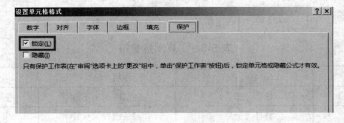

图 5-2-9　锁定单元格

第三节　公式与函数的应用

一、公式的应用

1. 公式的概念及其构成

公式是指由等号、运算体和运算符在单元格中按特定顺序连接而成的运算表达式。运算体是指能够运算的数据或者数据所在单元格的地址名称、函数等；运算符是使 Excel 自动执行特定运算的符号。Excel 中，运算符主要有四种类型：算术运算符、比较运算符、文本运算符和引用运算符。例如：A5=A2*8，这里 A2 和 8 是运算体，而*是运算符。

Excel 中，公式总是以等号（"="）开始，以运算体结束，相邻的两个运算体之间必须使用能够正确表达二者运算关系的运算符进行连接。公式的完整表达式按以下方式依次构成：等号、第一个运算体、第一个运算符、第二个运算体，依此类推，直至最后一个运算体，如图 5-3-1 所示。

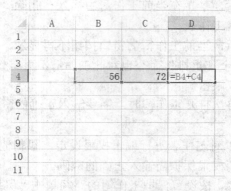

图 5-3-1　公式的构成

2. 运算符

运算符是用于指明对公式中元素做计算的类型的符号，如加法、减法或乘法。Excel 中的运算符四种类型：算术运算符、比较运算符、文本运算符和引用运算符，它们的功能与组成如下所述。

（1）算术运算符

用于完成基本的数学运算，如加法、减法和乘法，连接数字和产生数字结果等。各算术运算与用途如表 5-3-1 所示。

表 5-3-1　算术运算符

运 算 符	名 称	用 途	示 例
＋	加号（正号）	加法或表示正数	3＋3 或＋3
－	减号（负号）	减法或表示负数	4－2 或－2

续表

运　算　符	名　　称	用　途	示　例
*	星号	乘法	5*6
/	斜杠	除法	3/3
%	百分号	百分比	20%
^	脱字符	乘方	3^2＝3*3

（2）比较运算符

用于比较两个值，结果将是一个逻辑值，即不是 TRUE（真）就是 FALSE（假）。与其他的计算机程序语言查类似，这类运算符还用于按条件做下一步运算。各算术运算符名称与用途如表 5-3-2 所示。

表 5-3-2　比较运算符

运　算　符	名　　称	用　途	示　例
=	等号	等于	A1＝B1
>	大于号	大于	A1＞B1
<	小于号	小于	A1＜B1
>=	大于等于号	大于或等于	A1＞＝B1
<=	小于等于号	小于或等于	A1＜＝B1
<>	不等于号	不等于	A1＜＞B1

（3）文本运算符

文本运算符实际上是一个文字串联符（&），用于加入或连接一个或更多字符串来产生一大段文本，如"North" & "wind"，结果将是 North wind。

（4）引用运算符

引用表 5-3-3 的运算符可以将单元格区域合并起来进行计算。

表 5-3-3　引用运算符

运算符	名称	用　途	示　例
:	冒号	区域运算符，表示从某单元格到某单元格的整个区域	A2:C13
,	逗号	联合运算符，表示某几个单元格进行联合运算	Sum(B2:B6,D5:D10)
（空格）	空格	交叉运算符，生成对两个引用共同的单元格的引用	Sum(B7:D7 C6:C8)，在本示例中，单元格 C7 同时隶属于两个区域

3. 公式的创建与修改

（1）公式的创建

Excel 中，创建公式的方式包括手动输入和移动点击输入。手动输入公式时如有小圆括号，应注意其位置是否适当，以及左括号是否与右括号相匹配。

当输入的公式中含有其他单元格的数值时，为了避免重复输入费时甚至出错，还可以通过单击拟输入数值所在的单元格（即引用单元格的数值）来创建公式。

单击输入数值所在的单元格后，单元格将处于"数据点模式"。

（2）公式的编辑和修改

公式编辑和修改的方法有以下三种。

1）双击公式所在的单元格，直接在单元格内修改内容。

2）选中公式所在的单元格，按【F2】后直接在单元格内更改内容。

3）选中公式所在的单元格后单击公式编辑栏，在公式编辑栏中作相应更改。

注意事项

在编辑公式时，不能随便移动方向键或者单击公式所在单元格以外的单元格，否则单元格内光标移动之前的位置将自动输入所移至的单元格。

4. 公式的运算次序

如果公式中使用了多个运算符，Excel 将按表 5-3-4 所列的顺序进行运算。如果公式中包含了相同优先级的运算符，如同时包含了乘法和除法运算符，则将从左到右进行计算。为了改变运算优先顺序，应将公式中需要最先计算的部分使用一对左右小圆括号括起来，但不能使用中括号。公式中左右小圆括号的对数超过一对时，Excel 将自动按照从内向外的顺序进行计算。

表 5-3-4 运算的顺序

运 算 符	用 途
：（冒号）（空格），（逗号）	引用运算符
（空格）	引用运算符
，（逗号）	引用运算符
−（负号）	−1
%（百分号）	百分比
^（乘方）	3^2
*和/	乘法和除法
＋和−	加法和减法
&	字符串连接符
＝ ＜ ＞ ＜＝ ＞＝ ＜＞	比较运算符

需要说明的是：①括号内的公式先计算；②乘方优于乘除；③同级运算从左到右顺序运算。

若要改变运算顺序，应将公式中需要最先计算的部分使用一对"( )"括起来，但不能使用"[ ]"。公式中的"( )"的对数超过一对时，Excel 将自动按照从内向外的顺序进行计算。

5. 公式运算结果的显示

Excel 根据公式自动进行智能运算的结果默认显示在该公式所在的单元格里，编辑栏则相应显示公式表达式的完整内容。该单元格处于编辑状态时，单元格也将显示等号"＝"及其运算体和运算符，与所对应编辑栏显示的内容相一致。

（1）查看公式中某步骤的运算结果

单元格中默认显示的运算结果是根据完整的公式进行运算的结果，但可通过下述方法查看公式中某步骤的运算结果。

1）选中公式所在的单元格，双击或按"F2"进入编辑状态。

2）选中公式中需要查看其运算结果的运算体和运算符，按"F9"后，被选中的内容将转化为运算结果，该运算结果同时处于被选中状态。

在运算结果处于被选中状态下，如果按下确认键或者移动光标，公式中参与运算的运算体和运算符将不显示，取而代之的是运算结果。如果单击其他单元格，公式所在单元格将由编辑状态切换成数据状态，公式所在单元格里同时显示被选中单元格的地址或内容。

3）按"Esc"或者快捷键"Ctrl＋Z"（或单击"撤销"按钮），运算结果将恢复为公式表达式的原来内容。

（2）公式默认显示方式的改变

为了检查公式整体或者其中某一组成部分的表述是否正确，可以通过下述方法使单元格默认显示完整的公式表达式，实现公式表达式与运算结果之间的便捷切换。

1）在单元格显示运行结果时，选中单元格，按"Ctrl＋`"组合键或者单击"显示公式"（适用于 Excel 2013），可切换为显示公式内容。

2）在单元格显示公式内容时，选中单元格，按"Ctrl＋`"组合键或者单击"显示公式"（适用于 Excel 2013），或者单击"公式审核模式"（适用于 Excel 2003），可切换为显示运行结果。

（3）将公式运算结果转换为数值

采用复制粘贴的方法将公式复制后，进行选择性粘贴，但只粘贴数值。

例题精讲

【重点例题·单选题】如果要将两个字符单元格的内容连接在一个单元格中，用（　　）符号进行。

A. &　　　　　　　　B. ＋　　　　　　　　C. $　　　　　　　　D. －

【答案与解析】A。&为字符连接符。

【重点例题·单选题】关系运算符＜＞的运算结果是（　　）数据类型。

A. 数值　　　　　　　B. 字符　　　　　　　C. 逻辑　　　　　　　D. 日期

【答案与解析】C。关系运算符的运算结果是一个逻辑值，即不是 TRUE（真）就是 FALSE（假）。

【例 5-3】金达公司第一季度计算机销售情况如图 5-3-2 所示，请使用公式计算科普牌计算机的季度销售总量、月平均销售量和季度销售总额。

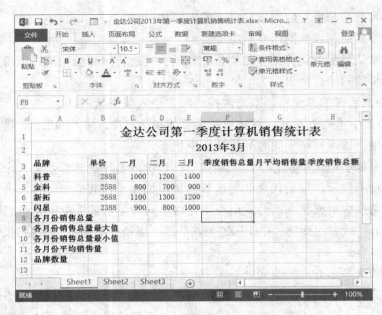

图 5-3-2　金达公司第一季度计算机销售统计表

操作步骤:

① 单击单元格 F4，输入季度销售总量公式 "=C4+D4+E4"，如图 5-3-3 所示。

② 按 "Enter" 或 ✓ 按钮，完成该公式的输入。这时，单元格 F4 中出现数字 "3600"，而编辑栏则出现计算公式 "=C4+D4+E4"。

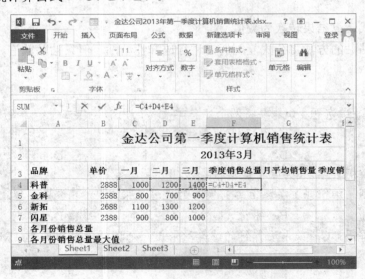

图 5-3-3　在单元格中输入公式

③ 用同样的方法，单击单元格 G4，输入月平均销售量公式 "=(C4+D4+E4)/3" 或 "=F4/3" 按 "Enter" 或 ✓ 按钮，完成公式的输入。

④ 单击单元格 H4，输入季度销售总额公式"=B4*(C4+D4+E4)"或"=B4*F4"。按"Enter"键或 ✓ 按钮，完成该公式的输入。最后结果如图 5-3-4 所示。

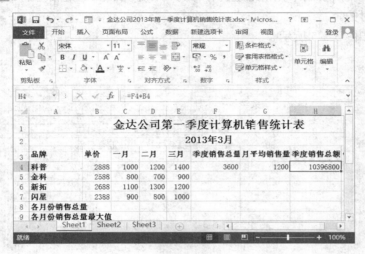

图 5-3-4　最后结果

➤ 巩固训练 5-3

请用复制公式计算以上销售统计表中各个品牌计算机的季度销售总量、月平均销售量和季度销售总额。

二、单元格的引用

单元格引用是指在不同单元格之间建立链接，以引用来自其他单元格的数据。引用的作用在于标识工作表上的单元格或单元格区域，并指明公式中所使用的数据的位置。

通过引用，可以在公式中使用工作表不同部分的数据，或者在多个公式中使用同一单元格的数值，常用的单元格引用分为相对引用、绝对引用和混合引用三种。此外还可以引用同一工作簿不同工作表的单元格、不同工作簿的单元格、甚至其他应用程序中的数据。

1. 引用的类型

（1）相对引用

如果公式使用的是相对引用，公式记忆的是源数据所在单元格与引用源数据的单元格的相对位置，当复制使用了相对引用的公式到别的单元格式，被粘贴公式中的引用将自动更新，数据源将指向与当前公式所在单元格位置相对应的单元格。在相对引用中，所引用的单元格地址的列坐标和行坐标前面没有任何标示符号。Excel 默认使用的单元格引用是相对引用。

（2）绝对引用

如果公式使用的是绝对引用，公式记忆的是源数据所在单元格在工作表中的绝对位置，当复制使用了绝对引用的公式到别的单元格式，被粘贴公式中的引用不会更新，数据源仍然指向原来的单元格。在绝对引用中，所引用的单元格地址的列坐标和行坐标前面分别加入标示符号"$"。如果要使复制公式时数据源的位置不发生改变，应当使用绝对引用。

（3）混合引用

混合引用是指所引用单元格地址的行标与列标中只有一个是相对的，可以发生变动，而另一个是绝对的。

三种引用如图 5-3-5 所示。

	A	B	C	D	E
1	学号	语文	数学	合计	
2	1	86	93	=SUM(B2:C2)	相对引用
3	2	76	88	=SUM($B$3:$C$3)	绝对引用
4	3	56	72	=SUM(B$4:C$4)	混合引用
5					
6					
7					

图 5-3-5　三种引用

✍ **例题精讲**

🖋 **【重点例题·单选题】**在 G2 单元格中输入公式"=E2*F2"，在 G3、G4 单元格自动填充得到"=E3*F3"、"=E4*F4"等。该引用为（　　）。

A. 混合引用　　　　B. 绝对引用　　　C. 相对引用　　　D. 嵌套引用

【答案与解析】C。公式中没有"$"符号，则为相对引用，行号、列号前都有"$"则为绝对引用，其他情况为混合引用。

🖋 **【重点例题·判断题】**Excel 单元格引用中，单元格地址不会随位移的方向与大小而改变的称为相对引用。（　　）

【答案与解析】×。单元格地址不会随位移的方向与大小而改变的称为绝对引用。

2. 输入单元格引用

在公式中可以直接输入单元格的地址引用单元格，也可以使用鼠标或键盘的方向键选择单元格。单元格地址输入后，通常使用以下两种方法来改变引用的类型。

1）在单元格地址的列标和行标前直接输入"$"符号。

2）输入完单元格地址后，重复按"F4"选择合适的引用类型。

3. 跨工作表单元格引用

跨工作表单元格引用是指引用同一工作簿里其他工作表中的单元格，又称三维引用，需要按照以下格式进行跨表引用：工作表名!数据源所在单元格地址。例如：Sheet2!C9，表示在当前工作表的当前单元格中用 Sheet2 工作表 C9 单元格内容。

4. 跨工作簿单元格引用

跨工作簿单元格引用是指引用其他工作簿中的单元格，又称外部引用，需要按照以下格式进行跨工作簿引用：[工作簿名]工作表名!数据源所在单元格地址。例如：[工资报表]1月!A10，表示在当前工作表的当前单元格中引用"工资报表"工作簿中"1月"工作表下 A10 单元格内容。

三、函数的应用

在 Excel 中，利用函数可以快速执行有关计算。

函数的基本格式：函数名（参数序列）。参数序列是用于限定函数运算的各个参数，这些参数除中文外都必须使用英文半角字符。函数只能出现在公式中。

1. 常用函数

（1）统计函数

Excel 中常用的统计函数如表 5-3-5 所示。

表 5-3-5　Excel 中常用统计函数

函 数 符	函数表达式	函数用途	举 例
MAX	MAX(number1,number2,…)	用于返回数值参数中的最大值，忽略参数中的逻辑值和文本	MAX(1,4,8,3)=8
MIN	MIN(number1,number2,…)	用于返回数值参数中的最小值，忽略参数中的逻辑值和文本	MIN(43,21,67,99)=21
SUM	SUM(number1,number2,…)	用于计算单元格区域中所有数值的和	SUM(22,34,61)=117
SUMIF	SUMIF(range,criteria,sum_range)	用于对满足条件的单元格求和	SUMIF(B3:B34, ">6")=436
AVERAGE	AVERAGE(number1,number2,…)	用于返回参数的算术平均值	AVERAGE(3,4,5)=4
AVERAGEIF	AVERAGEIF(range,criteria,average_range)	用于返回某个区域内满足给定条件的所有单元格的算术平均值	AVERAGEIF(A2:A5,">10",B2:B5) =66
COUNT	COUNT(value1,value2,…)	用于计算包含数字的单元格及参数列表中数字的个数	COUNT(10,20,30, "AB")=3
COUNTIF	COUNTIF(range,criteria)	用于对区域中满足单个指定条件的单元格进行计数	COUNTIF(E2:E6,"<6")=2

例题精讲

【重点例题·单选题】 当函数中使用多个参数对，参数之间用（　　）隔开。

A. 句号　　　　　B. 分号　　　　　C. 逗号　　　　　D. 空格

【答案与解析】 C。规定用逗号分隔参数。

【重点例题·单选题】 求和函数的名称是（　　）。

A: COUNT　　　　B. MAX　　　　C. IF　　　　D. SUM

【答案与解析】 D。SUM 是求和函数，AVERAGE 是求平均函数，MAX 是求最大值函数，MIN 是求最小值函数。常用函数要记清。

【例 5-4】 使用函数统计图 5-3-6 中各月份的销售总量、各月份销售总量最大值、各月份销售总量最小值、各月份平均销售量和品牌的个数。

图 5-3-6　销售统计表

操作步骤:

① 单击单元格 C8,在单元格中输入公式"=SUM(C4,C5,C6,C7)"或"=SUM(C4:C7)"。

② 向右自动填充公式至 H8,即可得出各月份的销售总量。

③ 单击单元格 C9,单击工具栏右上角的公式下拉按钮,在弹出的菜单里单击"最大值",如图 5-3-7 所示。

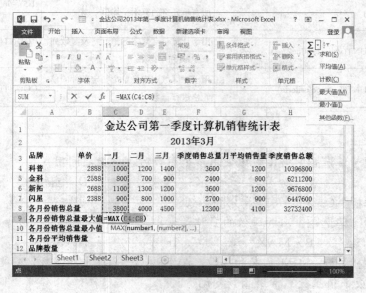

图 5-3-7　插入函数

④ 把在 C9 单元格快速生成的函数公式"=MAX(C4:C8)"改为"=MAX(C8:E8)",按回车键完成函数的粘贴,如图 5-3-8 所示,即可得出各月份销售总量最大值 4 500。

图 5-3-8　修改函数参数

⑤ 在公式下拉菜单中单击"最小值"并把单元格 C10 的公式改为"=MIN(C8:E8)"，按回车键完成函数的粘贴，即可得出各月份销售总量最小值 3800。

⑥ 选择求平均值，并把单元格 C11 的公式改为"=AVERAGE(C8:E8)"，按回车键完成函数的粘贴，即可得出各月份销售总量平均值 4100。

⑦ 选择计数，并把单元格 C12 的公式改为"=COUNT(B4:B7)"，按回车键完成函数的粘贴，即可得出品牌数量 4，如图 5-3-9 所示。

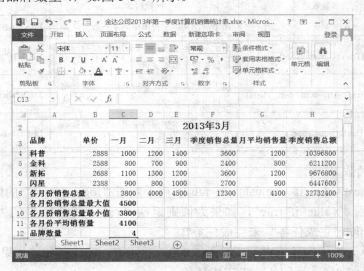

图 5-3-9　案例操作结果

➤ **巩固训练 5-4**

求出语文成绩的总分、平均分、最高分、最低分，如图 5-3-10 所示。

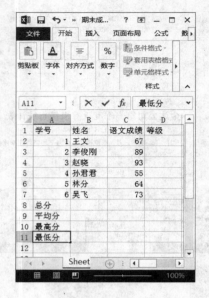

图 5-3-10 函数训练题

（2）文本函数

Excel 中常用的文本函数如表 5-3-6 所示。

表 5-3-6 Excel 常用文本函数

函数符	函数表达式	函数用途	举 例
LEN	LEN(text)	用于返回文本字符串中的字符数	LEN("ABCD")＝4
RIGHT	RIGHT(text，num_chars)	用于从文本字符串中最后一个字符开始返回指定个数的字符	RIGHT("abcde",2)＝de
MID	MID(text，start_num，num_chars)	用于返回文本字符串中从指定位置开始的指定数目的字符	MID("abcdef",3,2)＝cd
LEFT	LEFT(text，num_chars)	用于返回文本字符串中第一个字符开始至指定个数的字符	LEFT("abcdef",3)＝abc

（3）逻辑函数 IF

IF(logical_test,value_if_true,value_if_false) 用于判断"logica1_test"的内容是否为真，如果为真则返回"value_if_true"，如果为假则返回"value_if_false"的内容。例如：

=IF(A1>=3000,"完成任务","未完成任务")

如果 A1 单元格中的数值大于或等于 3 000，返回值：完成任务。如果 A1 单元格中的数值大于或等于 3 000，返回值：未完成任务。

【例 5-5】使用 IF 函数对各品牌销售情况评级。如果季度销售总量大于等于 3 000，评为"优秀"；如果季度销售总量小于 3 000 大于等于 2 500，评为"良好"；如果季度销售总量小于 2 500，评为"一般"。

操作步骤：如果季度销售总量大于等于 3 000，评为"优秀"；否则，剩下的品牌如果季度销售总量大于等于 2 500，评为"良好"，否则评为"一般"。

① 单击单元格 I4，在单元格中输入公式"=IF(F4>=3000,"优秀",IF(F4>=2500,"良好","一般"))"。

② 采用自动填充方法向下填充公式至 I7，即可得出各月份的销售评级情况，如图 5-3-11 所示。

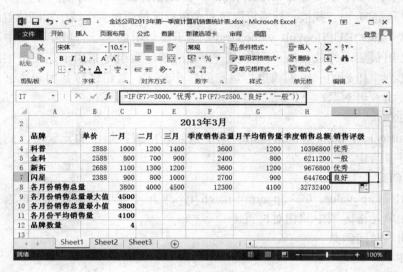

图 5-3-11　销售评级情况

> 巩固训练 5-5

利用 IF 函数对学生成绩进行评级：小于 60 分为"不及格"，大于等于 90 分为"优秀"，其他分数为"及格"，如图 5-3-12 所示。

图 5-3-12　IF 函数训练题

（4）查找与引用函数

1）LOOKUP。

LOOKUP 函数用于返回向量（单行区域或单列区域）或数组中的数值。它具有两种语法形式：向量形式和数组形式。

向量形式：LOOKUP(lookup_value, lookup_vector,result_vector) 用于在单行区域或单列区域（称为"向量"）中查找值，然后返回第二个单行区域或单列区域中相同位置的值。

数组形式：LOOKUP(lookup_value,array) 用于在数组的第一行或第一列中查找指定的值，并返回数组最后一行或最后一列内同一位置的值。数组是指用于建立可生成多个结果或可对在行和列中排列的一组参数进行运算的单个公式。数组区域共用一个公式；数组常量是用作参数的一组常量。

2）INDEX。

INDEX(array,row_num,column_num) 用于返回表格或数组中的元素值，此元素由行号和列号的索引值给定。

3）MATCH。

MATCH(lookup_value, lookup_array,match_type) 用于在单元格区域中搜索指定项，然后返回该项在单元格区域中的相对位置。

（5）日期与时间函数

1）YEAR。

YEAR(serial_number) 用于返回某日期对应的年份。

2）MONTH。

MONTH(serial_number) 用于返回某日期对应的月份，介于 1 到 12 之间。

3）DAY。

DAY(serial_number) 用于返回某日期对应的天数，介于 1 到 31 之间。

4）NOW。

NOW( )用于返回当前的日期和时间。

2. 基本财务函数

（1）SLN

SLN(cost,salvage,life) 用于返回某项资产以直线法计提的每一期的折旧值。

cost 是必需参数，指固定资产原值。salvage 是必需参数，指固定资产的残值。life 是必需参数，指固定资产的折旧期数。

（2）DDB

DDB(cost,salvage,life,period,factor) 用于使用双倍余额递减法或其他指定的方法，计算一项固定资产在给定期间内的折旧值。

cost 是必需参数，指固定资产原值。salvage 是必需参数，指固定资产的残值。life 是必需参数，指固定资产的折旧期数。period 是必需参数，指需要计算折旧值的期间，必须使用与 life 相同的单位。factor 是可选参数，指余额递减速率，如果 factor 被省略，则默认为 2，即使用双倍余额递减法。

（3）SYD

SYD(cost,salvage,life,per) 用于返回某项资产按年数总和折旧法计算的在第 "per" 期的折旧值。

cost 是必需参数，指固定资产原值。salvage 是必需参数，指固定资产的残值。life 是必需参数，指固定资产的折旧期数。per 是必需参数，指第几期，其单位必须与 life 相同。

第四节　数据清单及其管理分析

一、数据清单的构建

1. 数据清单的概念

Excel 中，数据库是通过数据清单或列表来实现的。数据清单是一种包含一行列标题和多行数据且每行同列数据的类型和格式完全相同的 Excel 工作表。数据清单中的列对应数据库中的字段，列标志对应数据库中的字段名称，每一行对应数据库中的一条记录。

2. 构建数据清单的要求

为了使 Excel 自动将数据清单当作数据库，构建数据清单的要求主要有以下四个方面。

1）列标志应位于数据清单的第一行，用以查找和组织数据、创建报告。

2）同一列中各行数据项的类型和格式应当完全相同。

3）避免在数据清单中间放置空白的行或列，但需将数据清单和其他数据隔开时，应在其之间留出至少一个空白的行或列。

4）尽量在一张工作表上建立一个数据清单。

二、记录单的使用

1. 记录单的概念

记录单又称数据记录单，是快速添加、查找、修改或删除数据清单中相关记录的对话框。

2. 通过记录单处理数据清单的记录

（1）通过记录单处理记录的优点

界面直观，操作简单，减少数据处理时行列位置的切换，避免输入错误，适用于大型数据清单中记录的核对、添加、查找、修改或删除。

（2）打开 "记录单" 对话框

打开 "记录单" 对话框的方法：输入数据清单的列标志后，选中数据清单的任意一个单元格，单击 "数据" → "记录单"。

尽管 Excel 2013 的数据功能区中没有 "记录单" 命令，但可通过单击以自定义方式添入快速访问工具栏中的 "记录单" 按钮来打开，如图 5-4-1 所示。"记录单" 对话框打开后，只能通过 "记录单" 对话框来输入、查询、核对、修改或者删除数据清单中的相关数据，但无法直接在工作表的数据清单中进行相应的操作。

（3）在"记录单"对话框中输入新记录

在数据输入过程中，如果发现某个文本框中的数据输入有误，可将光标移入该文本框，直接进行修改。如果发现多个文本框中的数据输入有误，不便逐一修改，可通过单击"还原"按钮放弃本次确认前的所有输入，光标将自动移入第一个空白文本框，等待数据输入，如图 5-4-2 所示。

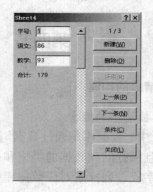

图 5-4-1　快速访问记录单　　　　　　　　图 5-4-2　"记录单"对话框

（4）利用"记录单"对话框查找特定单元格

通过查询，符合条件的记录将分别出现在对话框相应列后的文本框中，"记录状态"显示区相应显示记录的次序数及数据清单中记录的总条数。这种方法尤其适合于具有多个查询条件的查询中，只要在对话框多个列名后的文本框内同时输入相应的查询条件即可。

（5）利用"记录单"对话框核对或修改特定记录

查找到待核对或修改的记录后，在对话框相应列后文本框中逐一核对或修改。在确认修改前，"还原"按钮处于激活状态，可通过单击"还原"按钮放弃本次确认前的所有修改。

（6）利用"记录单"对话框删除特定记录

记录删除后无法通过单击"还原"按钮来撤销。

三、数据的管理与分析

在数据清单下，可以执行排序、筛选、分类汇总、插入图表和数据透视表等数据管理和分析功能。

1. 数据的排序

数据的排序是指在数据清单中，针对某些列的数据，通过"数据"菜单或功能区中的排序命令来重新组织行的顺序。

（1）快速排序

使用快速排序的操作步骤：

1）在数据清单中选定需要排序的各行记录。

2）执行工具栏或功能区中的排序命令。

注意事项

　　如果数据清单由单列组成，即使不执行第一步，只要选定该数据清单的任意单元格，直接执行第二步，系统都会自动排序。如果数据清单由多列组成，应避免不执行第一步而直接执行第二步的操作，否则数据清单中光标所在列的各行数据虽然会被自动排序，但每一个记录在其他各列的数据并未随之相应调整，记录将会出现错行的错误。

【例 5-6】对《金达公司员工工资表》数据清单的内容按关键字"性别"进行升序排序。

操作步骤：

① 选定关键字"性别"所在单元格。

② 单击工具栏"排序和筛选"中的升序按钮，完成排序，如图 5-4-3 所示。

图 5-4-3　利用工具栏按钮排序后的数据清单

➢ **巩固训练 5-6**

对《期末成绩》数据清单的内容按关键字"姓名"进行升序排序，如图 5-4-4 所示。

图 5-4-4　排序训练题

（2）自定义排序

使用自定义排序的操作步骤：

1）在"数据"菜单或功能区中打开"排序"对话框。

2）在"排序"对话框中选定排序的条件、依据和次序。

【例 5-7】对《金达公司员工工资表》数据清单的内容先按主要关键字"基本工资"从高到低排序，再按"奖金"从高到低排序。

操作步骤：

① 选定数据清单中任何一个单元格，单击"数据"→"排序"，打开"排序"对话框，如图 5-4-5 所示。

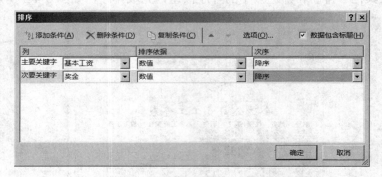

图 5-4-5 利用"排序"对话框进行排序

② 单击"主要关键字"下拉列表框，选择"基本工资"，选择"降序"；单击"添加条件"，添加"次要关键字"，选择"奖金"，选择"降序"。单击"确定"完成操作。

➤ 巩固训练 5-7

对《期末成绩》数据清单的内容先按主要关键字"语文成绩"从高到低排序，再按"姓名"降序排序。

2. 数据的筛选

数据的筛选是指利用"数据"菜单中的"筛选"命令对数据清单中的指定数据进行查找和其他工作。

筛选后的数据清单仅显示那些包含了某一特定值或符合一组条件的行，暂时隐藏其他行。通过筛选工作表中的信息，用户可以快速查找数值。用户不但可以利用筛选功能控制需要显示的内容，而且还能够控制需要排除的内容。

（1）快速筛选

使用快速筛选的操作步骤：

1）在数据清单中选定任意单元格或需要筛选的列。

2）执行"数据"菜单或功能区中的"筛选"命令，第一行的列标识单元格右下角出现下拉图标。

3）单击适当列的第一行，在弹出的下拉列表中取消勾选"全选"，勾选筛选条件，单击"确定"可筛选出满足条件的记录。

【例 5-8】在《金达公司员工工资表》中筛选男员工的记录。

操作步骤：

① 选定数据清单中任何一个单元格，单击"数据"→"筛选"。此时，数据清单中每个字段名旁边出现了下拉按钮。

② 选择"性别"列标题，单击下拉按钮，取消勾选"女"，只勾选"男"，按回车键。如图 5-4-6 所示。这时，数据清单中只显示男员工的记录。

图 5-4-6 快速筛选

> **巩固训练 5-8**
>
> 在《金达公司员工工资表》中筛选出基本工资高于 3 000 元的男员工记录。

（2）高级筛选

使用高级筛选的操作步骤：

1）编辑条件区域。

2）打开"高级筛选"对话框。

3）选定或输入"列表区域"和"条件区域"，单击"确定"。

【例 5-9】在《金达公司员工工资表》中筛选出基本工资高于 3 000 元且业绩奖金高于 1 000 元的员工记录（以\$A\$17 单元格为起始点），并把记录复制到新的单元格区域（以\$A\$20 为起始点）中。

操作步骤：

① 定义筛选条件。在数据表的下方选择相邻单元格\$A\$17:\$B\$18 作为条件区域；根据条件输入筛选条件，如图 5-4-7 所示。

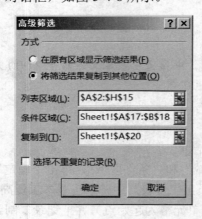

图 5-4-7　定义条件区域

② 执行高级筛选。选定数据清单中任何一个单元格，单击"数据"→"筛选"→"高级筛选"，打开"高级筛选"对话框，如图 5-4-8 所示。

图 5-4-8　高级筛选对话框

③ 在"方式"中选择筛选结果的显示位置。根据案例要求，这里要选中"将筛选结果复制到其他位置"，这时，"复制到"栏就激活了。

④ 在"数据区域"中选择整个数据清单（包括标题行），可以单击右侧的折叠按钮，

在数据表中选定数据区域或直接输入“$A$2:$H$15”；用同样的方法在“条件区域”指定条件区域“$A$18:$B$19”；用同样的方法在“复制到”指定筛选结果的单元格区域的起始位置“$A$20”。

⑤ 单击“确定”，筛选的记录如图 5-4-9 所示。

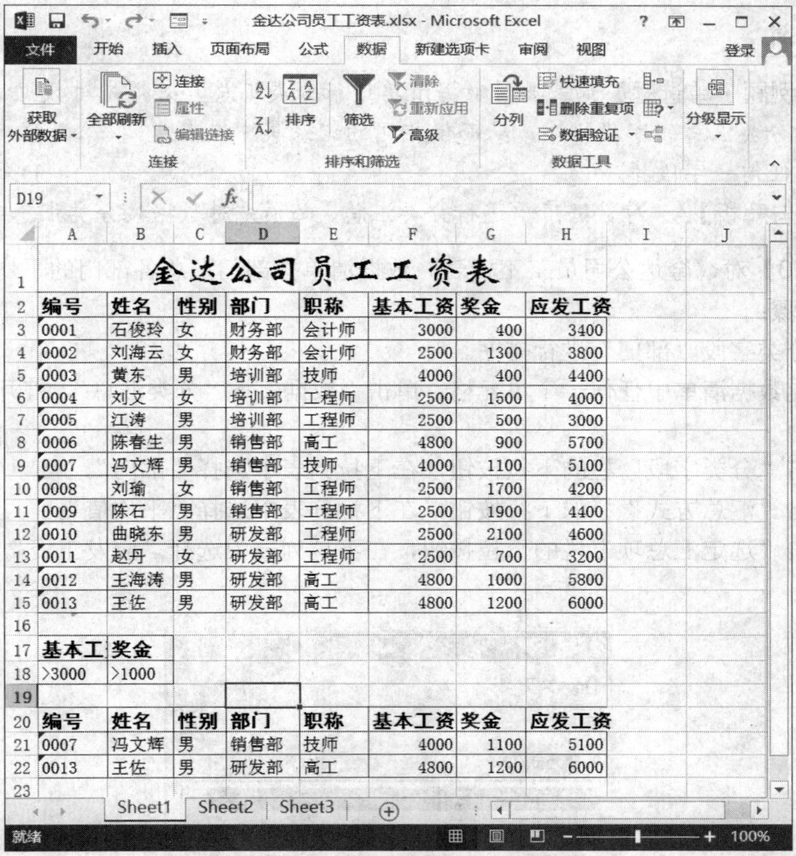

	A	B	C	D	E	F	G	H
1	金达公司员工工资表							
2	编号	姓名	性别	部门	职称	基本工资	奖金	应发工资
3	0001	石俊玲	女	财务部	会计师	3000	400	3400
4	0002	刘海云	女	财务部	会计师	2500	1300	3800
5	0003	黄东	男	培训部	技师	4000	400	4400
6	0004	刘文	女	培训部	工程师	2500	1500	4000
7	0005	江涛	男	培训部	工程师	2500	500	3000
8	0006	陈春生	男	销售部	高工	4800	900	5700
9	0007	冯文辉	男	销售部	技师	4000	1100	5100
10	0008	刘瑜	女	销售部	工程师	2500	1700	4200
11	0009	陈石	男	销售部	工程师	2500	1900	4400
12	0010	曲晓东	男	研发部	工程师	2500	2100	4600
13	0011	赵丹	女	研发部	工程师	2500	700	3200
14	0012	王海涛	男	研发部	高工	4800	1000	5800
15	0013	王佐	男	研发部	高工	4800	1200	6000
16								
17	基本工	奖金						
18	>3000	>1000						
19								
20	编号	姓名	性别	部门	职称	基本工资	奖金	应发工资
21	0007	冯文辉	男	销售部	技师	4000	1100	5100
22	0013	王佐	男	研发部	高工	4800	1200	6000
23								

图 5-4-9　高级筛选结果

➢ **巩固训练 5-9**

请筛选出应发工资高于 5 000 元的男员工的记录，条件区域为 J2:K3，目标区域为以 J4 为开始的单元格区域。

（3）清除筛选

对经过筛选后的数据清单进行第二次筛选时，之前的筛选将被清除。

3. 数据的分类汇总

数据的分类汇总是指在数据清单中按照不同类别对数据进行汇总统计。分类汇总采用分级显示的方式显示数据，可以收缩或展开工作表的行数据或列数据，实现各种汇总统计。

（1）创建分类汇总

需设置的"汇总方式"和"选定汇总项"，数据清单将以选定的"汇总方式"按照"分类字段"分类统计，将统计结果记录到选定的"选定汇总项"列下，同时可以通过单击级别序号实现分级查看汇总结果。

例题精讲

【重点例题·单选题】如果要对数据清单进行分类汇总，必须先对数据（   ）。
A. 按分类汇总的字段排序，从而使相同的记录集中在一起
B. 自动筛选
C. 按任何一字段排序
D. 格式化

【答案与解析】A。对数据清单进行分类汇总，必须先对数据按分类汇总的字段排序。

【例5-10】对《金达公司员工工资表》数据清单按部门汇总各部门的平均应发工资。

操作步骤：

① 按分类字段"部门"进行排序。

② 选定数据清单中任何一个单元格，单击"数据"→"分类汇总"，打开"分类汇总"对话框。

③ 单击"分类字段"栏的下拉按钮，在下拉列表中选择"部门"。

④ 单击"汇总方式"栏的下拉按钮，在下拉列表中选择"平均值"。

⑤ 单击"选定汇总项"栏的下拉按钮，在下拉列表中选择"应发工资"，如图 5-4-10 所示。

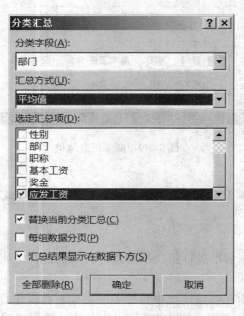

图 5-4-10 设置分类汇总对话框

⑥ 单击"确定"按钮完成操作，结果如图 5-4-11 所示。

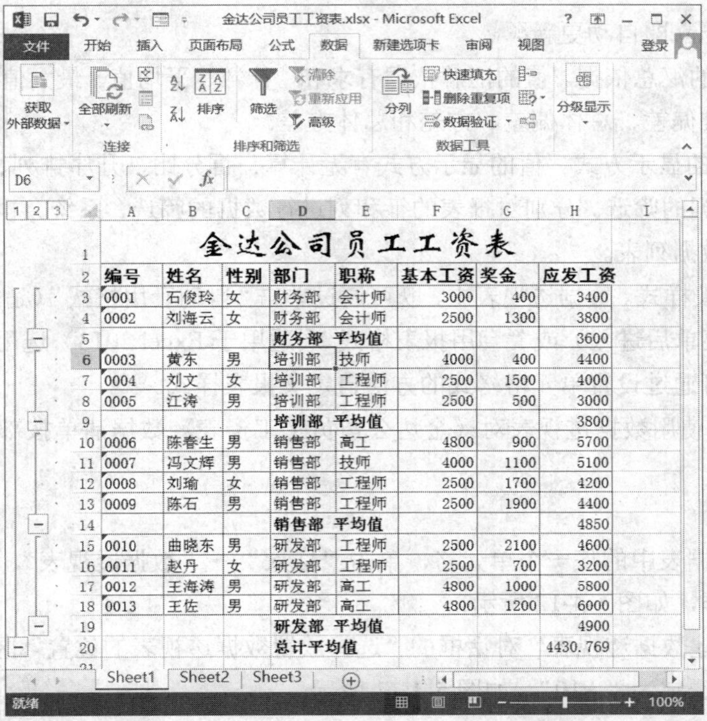

金达公司员工工资表

编号	姓名	性别	部门	职称	基本工资	奖金	应发工资
0001	石俊玲	女	财务部	会计师	3000	400	3400
0002	刘海云	女	财务部	会计师	2500	1300	3800
			财务部 平均值				3600
0003	黄东	男	培训部	技师	4000	400	4400
0004	刘文	女	培训部	工程师	2500	1500	4000
0005	江涛	男	培训部	工程师	2500	500	3000
			培训部 平均值				3800
0006	陈春生	男	销售部	高工	4800	900	5700
0007	冯文辉	男	销售部	技师	4000	1100	5100
0008	刘瑜	女	销售部	工程师	2500	1700	4200
0009	陈石	男	销售部	工程师	2500	1900	4400
			销售部 平均值				4850
0010	曲晓东	男	研发部	工程师	2500	2100	4600
0011	赵丹	女	研发部	工程师	2500	700	3200
0012	王海涛	男	研发部	高工	4800	1000	5800
0013	王佐	男	研发部	高工	4800	1200	6000
			研发部 平均值				4900
			总计平均值				4430.769

图 5-4-11　分类汇总结果

➢ **巩固训练 5-10**

对《金达公司员工工资表》数据清单，按部门汇总各部门的基本工资的最大值，奖金的最小值。

（2）清除分类汇总

打开“分类汇总”对话框后，单击“全部删除”即可取消分类汇总。

4. 数据透视表的插入

数据透视表是根据特定数据源生成的，可以动态改变其版面布局的交互式汇总表格。数据透视表不仅能够按照改变后的版面布局自动重新计算数据，而且能够根据更改后的原始数据或数据源来刷新计算结果。

（1）数据透视表的创建

单击“数据”→“数据透视表和数据透视图”，接着按“数据透视表和数据透视图向导”的提示进行相关操作，即可创建数据透视表。

数据透视表的布局框架由页字段、行字段、列字段和数据项等要素构成，可以通过需要选择不同的页字段、行字段、列字段，设计出不同结构的数据透视表。

（2）数据透视表的设置

1）重新设计版面布局。在数据透视表布局框架中选定已拖入的字段、数据项，将其拖出，将“数据透视表字段列表”中的字段和数据项重新拖至数据透视表框架中的适当位置，报表的版面布局立即自动更新。

2）设置值的汇总依据。值的汇总依据有求和、计数、平均值、最大值、最小值、乘积、数值计数、标准偏差、总体偏差、方差和总体方差。

3）设置值的显示方式。值的显示方式有无计算、百分比、升序排列、降序排列等。

4）进行数据的筛选。分别对报表的行和列进行数据的筛选，系统会根据条件自行筛选出符合条件的数据列表。

5）设定报表样式。数据透视表中，既可通过单击"自动套用格式"（适用于 Excel 2003，单击"格式"菜单后进入）或"套用报表格式"（适用于 Excel 2013）选用系统自带的各种报表样式，也可通过设置单元格格式的方法自定义报表样式。

【例 5-11】使用数据透视表对《金达公司员工工资表》数据清单按部门汇总各部门的平均应发工资。

操作步骤：

① 单击数据表中的任一个单元格，单击"插入" → "数据透视表"，打开"创建数据透视表"对话框，如图 5-4-12 所示。

② 在"创建数据透视表"对话框的"选择放置数据透视表的位置"区域，选择"现有工作表"，位置选定为"A19"，如图 5-4-13 所示。

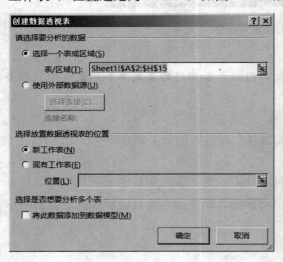

图 5-4-12 "创建数据透视表"对话框

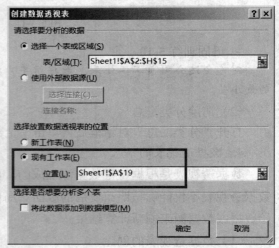

图 5-4-13 设置"选择放置数据透视表的位置"

③ 单击"确定"，在单元格 A19 位置会出现数据透视表 1 的初始布局内容，同时在右侧会出现"数据透视表字段"对话框，上半部分可以选择要添加到报表中的字段，下半部分则可以把上半部分的字段拖动到对应的位置，如"筛选器"、"列"、"行"以及"值"，如图 5-4-14 所示。

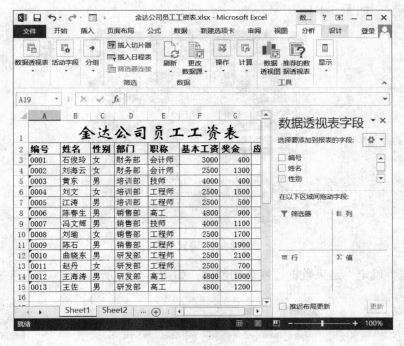

图 5-4-14　"数据透视表字段"对话框

④ 因为第一行要显示各部门的名称，数据要汇总"应发工资"，所以用鼠标拖动"部门"字段到"行"，拖动"应发工资"字段到"值"，如图 5-4-15 所示。

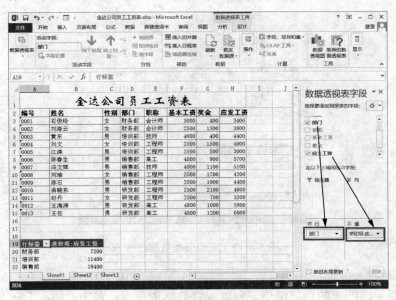

图 5-4-15　设置数据透视表字段

⑤ 双击单元格 B19"求和项：应发工资"，打开"值字段设置"对话框，选择值汇总

方式"平均值",如图 5-4-16 所示。

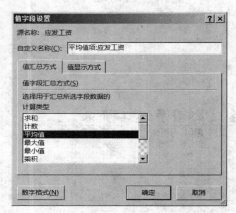

图 5-4-16　设置值字段

⑥ 单击"确定"结束数据透视表的创建,如图 5-4-17 所示。

图 5-4-17　完成创建数据透视表

5. 图表的插入

框选需要生成图表的数据清单、列表或者数据透视表,单击"插入"→"图表",按照相关步骤操作可完成图表的插入。

图表不仅可以根据需要分别输入标题和各轴所代表的数据含义,而且可以适当调整大小及其位置。

例题精讲

【**重点例题·判断题**】对 Excel 工作表中的数据可以建立图表，图表一定存放在同一张工作表中。　　　　　　　　　　　　　　　　　　　　　　　　　　　　（　　）

【**答案与解析**】×。图表和数据可以存放在不同的工作表中。

【**重点例题·操作题**】创建一个题为"金达公司 2013 年计算机销售统计表"的图表，如图 5-4-18 所示。

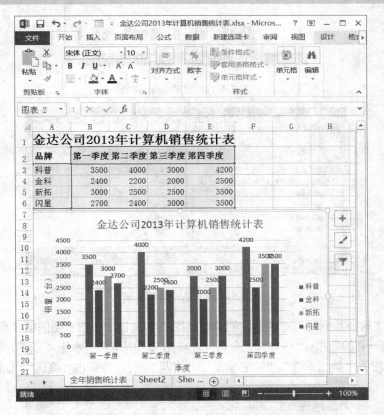

图 5-4-18　金达公司 2013 年计算机销售统计表

操作步骤：

① 选定数据清单中任何一个单元格，单击"插入"→"柱形图"→"二维柱形图"→"簇状柱形图"，如图 5-4-19 所示。

② 生成图表后，单击"设计"→"选择数据"。在弹出的"选择数据源"对话框中，系统一般会推算出数据区域，并用虚线框在工作表中显示出来。单击折叠按钮可以重新选取数据区域 A2:E6，如图 5-4-20 所示。

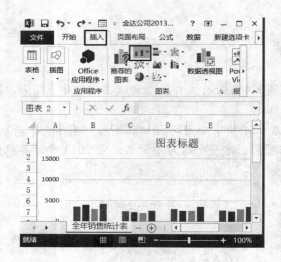

图 5-4-19　选择图表类型

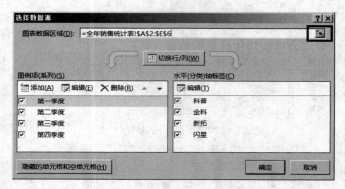

图 5-4-20　选择数据区域

③ 单击"选择数据源"对话框中的【切换行/列】按钮，使得"图例项（系列）"框内显示数据清单中第一列的数据："科普"、"金科"、"新拓"、"闪星"，"水平（分类）轴标签"框内则显示"第一季度"、"第二季度"、"第三季度"、"第四季度"，并单击"确认"，如图 5-4-21 所示。

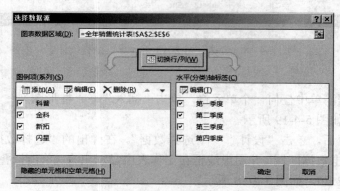

图 5-4-21　切换行/列

④ 单击"添加图表元素"→"图表标题"→"图表上方"，在图表内把图表标题改为
"金达公司 2013 年计算机销售统计表"，如图 5-4-22 所示。

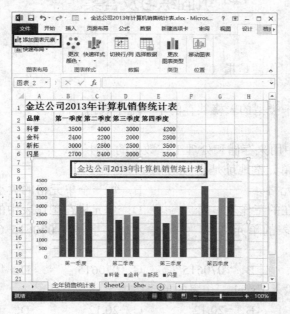

图 5-4-22　设置图表标题

⑤ 单击"添加图表元素"，可以设置"坐标轴标题"、"数据标签"、"图例"等选项。
最终的图表如图 5-4-18 所示。

➢ 巩固训练 5-11
在建好的图表中删除"金科"和"闪星"两个系列，如图 5-4-23 所示。

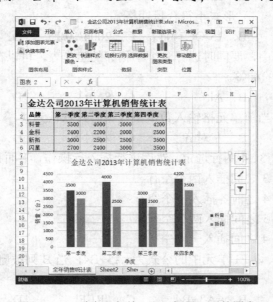

图 5-4-23　删除"金科"和"闪星"后的图表

巩固练习及答案

一、单选题

1. 在 Excel 中，工作簿是指（　　）。
   A. 操作系统
   B. 不能有若干类型的表格共存的单一电子表格
   C. 图表
   D. 在 Excel 中用来存储和处理工作数据的文件

2. 在 Excel 中，单元格地址是指（　　）。
   A. 每一个单元格　　　　　　　　B. 每一个单元格的大小
   C. 单元格所在的工作表　　　　　D. 单元格在工作表中的位置

3. 在 Excel 工作表的单元格中，如想输入数字字符串 070615（例如学号），则应输入（　　）。
   A. 00070615　　B. "070615"　　C. 070615　　D. '070615

4. （　　）不能输入 Excel 工作表的单元格中。
   A. "20,12"　　B. =20,12　　C. 20,12　　D. =Sheet21A1+12

5. 使用坐标 $D$1 引用工作表 D 列第 1 行的单元格，这称为对单元格坐标的（　　）。
   A. 绝对引用　　B. 相对引用　　C. 混合引用　　D. 交叉引用

6. 在某工作表的某一单元格中输入＝LEFT(RIGHT("ABCDE123"，6)，3)后回车，该单元格的显示结果为（　　）。
   A. ABC　　B. ABCDEF　　C. CDE　　D. CDE123

7. 在 Excel 中，（　　）形式不符合日期格式。
   A. "10/15/04"　　B. 15-OCT-04　　C. 2004/10/15　　D. 10-15-04

8. 在 Excel 工作簿中，要同时选择多个不相邻的工作表，可以在按住（　　）键的同时依次单击各个工作表的标签。
   A. Tab　　B. Alt　　C. Shift　　D. Ctrl

9. 在 Excel 中，给当前单元格输入数值型数据时，默认为（　　）。
   A. 居中　　B. 左对齐　　C. 右对齐　　D. 随机

10. 在 Excel 中，将 3、4 两行选定，然后进行插入行操作，下面正确的表述是（　　）。
    A. 在行号 2 和 3 之间插入两个空行
    B. 在行号 3 和 4 之前各插入一个空行
    C. 在行号 4 和 5 之间插入两个空行
    D. 在行号 3 和 4 之间插入一个空行

11. 在 Excel 表中，设 F1 单元中的公式为=A3+B4，当 B 列被删除时，F1 单元的公式将调整为（　　）。
    A. =A3+C4　　B. =A3+B4　　C. #REF!　　D. A3+A4

12．在 Excel 中，数据表的列标题作为数据库的（　　　）。

　　A．字段　　　　　B．记录　　　　　C．标题行　　　　　D．字段名

二、判断题

1．在 Excel 中，数组里的单元格不能被删除。　　　　　　　　　　　　　（　　）

2．在 Excel 中，链接和嵌入的主要不同是数据存储的地方不同。　　　　（　　）

3．使用 Excel 和其他 Office 应用程序，可以与其他人共享文件，以共同进行数据处理。

　　　　　　　　　　　　　　　　　　　　　　　　　　　　　　　　　　（　　）

4．Excel 只能编制表格，但不能实现计算功能。　　　　　　　　　　　　（　　）

5．Excel 中的清除操作是将单元格的内容删除，包括其所在的地址。　　（　　）

6．在 Excel 中，同一工作簿内的不同工作表，可以有相同的名称。　　　（　　）

7．在 Excel 中，用鼠标单击某单元格，则该单元格变为活动单元格。　　（　　）

8．在 Excel 中，用填充柄方式输入 1、2、3、4、5 等序列值的操作步骤如下：在序列的第一个单元格输入序列的第一个值：1，然后单击该单元格，再将鼠标指针指向填充柄（右下角的位置），则鼠标指针变为十字叉线，纵向横向填充柄即可。　　　　　　　（　　）

9．在 Excel 中，在分类汇总之前，首先要对分类字段排序。　　　　　　（　　）

10．在 Excel 中，所谓"筛选"是在原始数据清单上，将满足一定条件或一级条件的数据挑选出来。形成一个新的数据清单，称之为新数据集。　　　　　　　　　　（　　）

11．在 Excel 中，以行为单位，按照字段要求和类型的要求输入的内容称为数据。

　　　　　　　　　　　　　　　　　　　　　　　　　　　　　　　　　　（　　）

12．在 Excel 中，同一工作表中的数据才能进行合并计算。　　　　　　　（　　）

13．一旦撤销了工作簿的共享状态，将中断所有其他用户与共享工作簿的联系、关闭冲突日志并清除已保存的冲突日志。　　　　　　　　　　　　　　　　　　（　　）

14．对于有密码保护共享的共享工作簿，在撤销保护的同时将撤销工作簿的共享状态。

　　　　　　　　　　　　　　　　　　　　　　　　　　　　　　　　　　（　　）

15．每个单元格中的内容可以有正文色彩、背景色彩、图样、图样颜色四种。

　　　　　　　　　　　　　　　　　　　　　　　　　　　　　　　　　　（　　）

16．只能从任务栏上启动 Excel 系统。　　　　　　　　　　　　　　　　　（　　）

17．只能单击"文件"菜单下"退出"命令才可以退出 Excel 系统。　　　　（　　）

18．Excel 工作表中允许存储图表和图形。　　　　　　　　　　　　　　　（　　）

19．Excel 中只能根据数据进行排序。　　　　　　　　　　　　　　　　　（　　）

20．Excel 对常用的数字格式，事先已经设定并进行了分类，其中包括数值、日期、分数等多种类型。　　　　　　　　　　　　　　　　　　　　　　　　　　　　（　　）

21．Excel 工作表中，B2 表示 B 列与第 2 行交叉点所属的单元格。　　　（　　）

22．Excel 工作表中，删除功能与清除功能的作用是相同的。　　　　　　（　　）

23．在 Excel 操作窗口中，活动工作表标签为灰色显示。　　　　　　　　（　　）

24．Excel 中新建的工作簿里都只能有三张工作表。　　　　　　　　　　　（　　）

25．对 Excel 工作表中的数据可以建立图表，图表一定存放在同一张工作表中。

　　　　　　　　　　　　　　　　　　　　　　　　　　　　　　　　　　（　　）

26．Excel 中单元格中可输入公式，但单元格真正存储的是其计算结果。　（　　）

27. Excel 单元格引用中，单元格地址不会随位移的方向与大小而改变的称为相对引用。
（　　）
28. Excel 中分类汇总后的数据清单不能再恢复原工作表的记录。　　（　　）
29. 在 Excel 表格中，单元格的数据填充不一定在相邻的单元格中进行。（　　）
30. 在单元格中输入数字时前面加上单引号，则该数字作为文本数据。（　　）
31. 第一次保存工作簿时，Excel 窗口中会出现"另存为"对话框。　（　　）
32. Excel 可以把正在编辑的工作簿保存为文本文件。　　　　　　（　　）

巩固练习答案

一、单选题

1. D　　2. D　　3. D　　4. B　　5. A　　6. C
7. A　　8. D　　9. C　　10. B　　11. C　　12. D

二、判断题

1. ×　2. √　3. √　4. ×　5. ×　6. ×　7. √　8. ×
9. √　10. √　11. √　12. ×　13. √　14. ×　15. √　16. ×
17. ×　18. √　19. ×　20. √　21. √　22. ×　23. ×　24. ×
25. ×　26. ×　27. ×　28. ×　29. √　30. √　31. √　32. √

>>> 附　　录

附录 1　考试实操题操作注意事项

1）2015 年开始，考试用的会计电算化软件界面，与目前教学中常用的会计电算化软件有所不同，但万变不离其宗，不要着急慌乱，细心审题，准确找出对应的功能菜单进行操作。

2）考试时一定要检查初始进入界面下端的状态栏信息："操作员"、"注册日期"、"账套名称"是否与题目一致，如果一致则直接做题，否则，需要重新打开对应账套再操作答题。

3）报表模块的题目，与 Excel 的操作相似，公式设置方面也相似。

4）注意考场老师提示的操作注意事项。（曾经要求：做完最后一题，在交卷前必须单击上一题。）

附录 2　2015 年会计电算化上机操作考试界面介绍

2014 年 10 月 1 日各地开始启用新大纲、新的考试题库，其中变化最大的就是初级会计电算化的上机操作部分。原来考试可以选择用友或金蝶的软件，现在统一改为财政部委托开发的考试软件，目的在于考查学生对会计电算化各模块功能的理解、认识和灵活运用能力。

一、考试软件界面

考试软件界面如附图 2-1 所示。

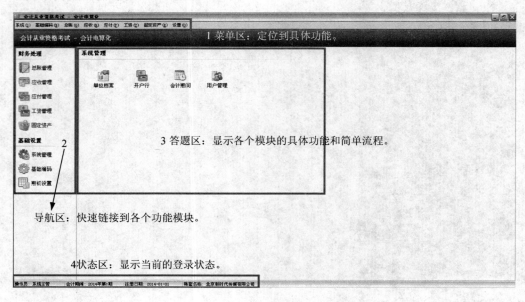

附图 2-1　考试软件界面

二、各菜单及模块的功能情况

1）"系统"菜单如附图 2-2 所示。

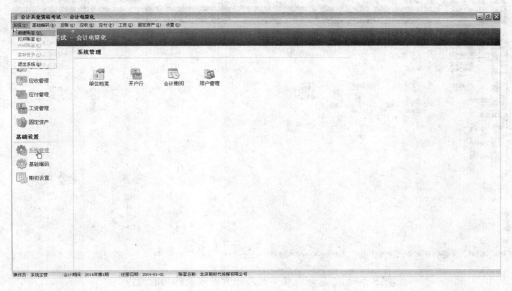

附图 2-2 "系统"菜单

2）"基础编码"菜单及其内容如附图 2-3 所示，绝大部分与以前所学软件相同，注意新增加了"固定资产类别"和"固定资产变动方式"两个项目。

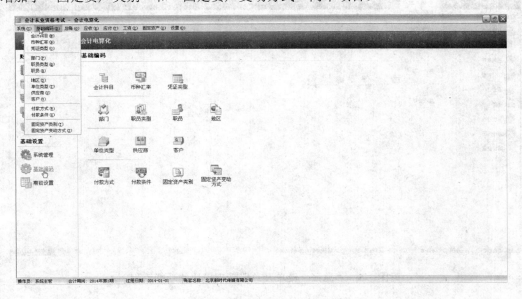

附图 2-3 "基础编码"菜单及其内容

3）"总账"菜单及总账管理模块的功能流程如附图2-4所示。注意，"科目期初"在"总账"下拉菜单的最下面。

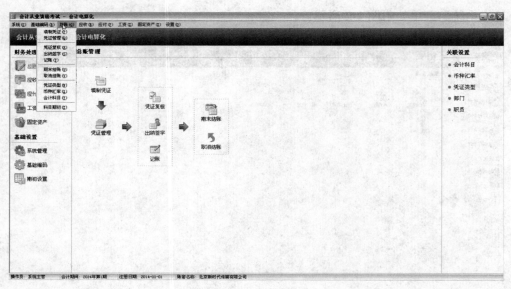

附图2-4 "总账"菜单及总账管理模块的功能流程

4）"应收"菜单及应收管理模块的功能流程如附图2-5所示。

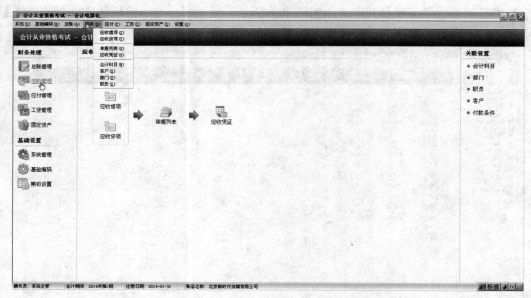

附图2-5 "总账"菜单及总账管理模块的功能流程

5）"应付"菜单及应付管理模块的功能流程如附图 2-6 所示。

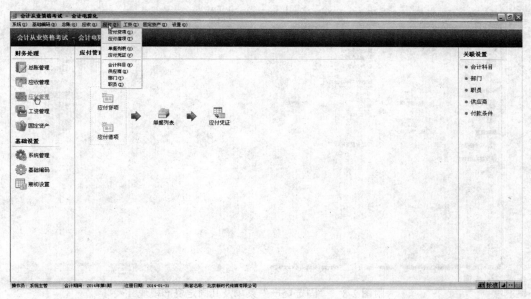

附图 2-6 "应付"菜单及应付管理模块

6）"工资"菜单及工资管理模块的功能流程如附图 2-7 所示。

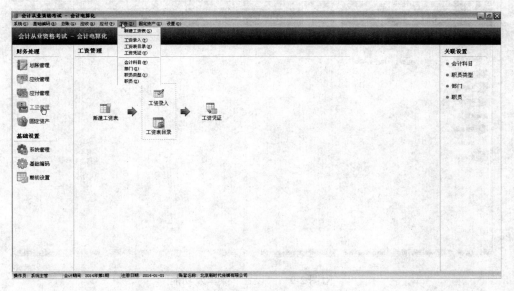

附图 2-7 "工资"菜单及工资管理模块

7)"固定资产"菜单及其固定资产模块的功能流程如附图 2-8 所示。

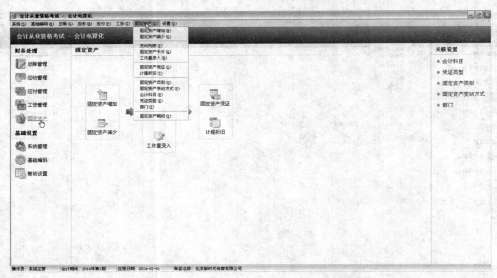

附图 2-8　"固定资产"菜单及其固定资产模块

8)"设置"菜单及功能如附图 2-9 所示。

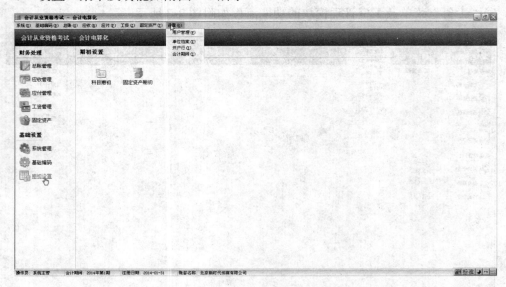

附图 2-9　"设置"菜单及功能

参 考 文 献

广东省会计从业资格考试命题研究组. 2011. 2011 年广东省初级会计电算化习题集. 北京：中国财政经济出版社.

华译会计. 2015. 会计电算化应试指导. 上海：立信会计出版社.

会计从业资格考试辅导教材编写组. 2006. 初级会计电算化. 北京：中国财政经济出版社.

李良敏. 2007. 会计电算化实训教程. 大连：大连出版社.